Katherine Woodward Thomas
Lass uns in Frieden auseinandergehen

Katherine Woodward Thomas

Lass uns in Frieden auseinandergehen

Wenn die Liebe endet …

Die 5 Schritte des »Conscious Uncoupling«

Aus dem Englischen übersetzt
von Karin Weingart

INTEGRAL

Die amerikanische Originalausgabe erschien 2015 unter dem Titel »Conscious Uncoupling« bei Harmony Books, an imprint of the Crown Publishing Group, a division of Penguin Random House LLC, New York, USA.

Der Verlag weist ausdrücklich darauf hin, dass im Text enthaltene externe Links vom Verlag nur bis zum Zeitpunkt der Buchveröffentlichung eingesehen werden konnten. Auf spätere Veränderungen hat der Verlag keinerlei Einfluss. Eine Haftung des Verlags ist daher ausgeschlossen.

Verlagsgruppe Random House FSC® N001967

Integral Verlag
Integral ist ein Verlag der Verlagsgruppe Random House GmbH.

ISBN 978-3-7787-9267-4
Erste Auflage 2016
Copyright © 2015 by Katherine Woodward Thomas
All rights reserved.
Copyright © der deutschsprachigen Ausgabe 2016 by Integral Verlag, München, in der Verlagsgruppe Random House GmbH
Neumarkter Straße 28, 81673 München
Alle Rechte sind vorbehalten. Printed in Germany.
Redaktion: Dr. Anita Krätzer
Umschlaggestaltung: Guter Punkt, München
unter Verwendung eines Motivs von © Mrs.Opossum/shutterstock
Satz: Satzwerk Huber, Germering
Druck und Bindung: GGP Media GmbH, Pößneck
www.integral-verlag.de

Für alle Sozialkünstler, Wegbereiterinnen von Veränderungen und Pioniere neuer Chancen im Umgang miteinander, die voller Großherzigkeit, Güte und scharfer Intelligenz nach besseren Möglichkeiten suchen …

sowie für Mark und Alexandria, die das *Trotz allem glücklich bis ans Lebensende* zu einem großen Vergnügen machen

Inhalt

Einleitung: Wenn die Liebe am Ende ist................ 9

Teil eins:
Der bessere Weg, sich zu trennen

Scham, Schuld und das Scheitern der
Liebesbeziehung...................................... 23
Bittere Trennungen, fiese Abschiede und
die Kunst, *trotz allem* wieder glücklich zu werden 37
Neue Möglichkeiten: »Conscious Uncoupling« –
eine Einführung...................................... 55
Wie und wann Sie dieses Programm durchführen
sollten.. 74

Teil zwei:
Die fünf Schritte des »Conscious Uncoupling«

Schritt eins: Sie finden zu emotionaler Freiheit.......... 97
Schritt zwei: Sie holen sich Ihre Kraft und
Ihr Leben zurück 134
Schritt drei: Sie brechen aus alten Verhaltensmustern aus
und heilen Ihr Herz 158

Schritt vier: Sie werden zum Alchemisten der Liebe...... 194
Schritt fünf: *Trotz allem* wieder glücklich werden........ 241

PS: Immer schöner, die Liebe....................... 290
Das Glaubensbekenntnis des gemeinsamen
Auseinandergehens 294

Ein herzliches Dankeschön geht an 297
Hilfsangebote online 301
Literatur... 303
Anmerkungen....................................... 313

Einleitung:
Wenn die Liebe am Ende ist

*»Irgendwo unter der Oberfläche der entzückenden
Anfangszeiten verbergen sich in jeder intimen Beziehung die
Ingredienzien einer totalen Katastrophe.«*

ELIZABETH GILBERT

Vor dem Traualtar, an der Seite der ganz großen Liebe, rechnet niemand mit einer künftigen Enttäuschung. Geschweige denn damit, dass seine Ehe einmal in die fünfzigprozentige Scheidungsrate eingehen könnte. Denn in unserem Glauben an die ewige Liebe sind wir unerschütterlich und zu allem bereit ... bis dass der Tod uns scheidet.

Ich bin die Verfasserin des Bestsellers *Calling in »The One«. 7 Weeks to Attract the Love of Your Life*. Überall auf der Welt folgen Zigtausende meinen Tipps zum Abbau innerer Blockaden und gehen glückliche Liebesbeziehungen ein. Unter diesen Umständen zu behaupten, dass ich im Anschluss an mein erstes das vorliegende Buch hätte schreiben wollen, wäre eine Riesenlüge. Ich wollte es genauso wenig, wie Sie es lesen wollen.

Als mir dämmerte, dass meine zehnjährige Ehe in die Brüche ging, betete ich. Aber es waren nicht etwa fromme Gebete, die ich in den Himmel schickte. Ich lag auf dem Rücken irgendwo auf der Wiese in einem Park nahe bei unserem Haus, schaute in das unendliche Blau über meinem Kopf und versuchte mir einen Reim auf die höchst unwillkommene Entwicklung zu machen, die die Dinge genommen hatten. Und das einzige Gebet, das mir in dem Moment angebracht schien, lautete: »Hey, das kann doch nicht euer Ernst sein!« Ich war ja so sauer. Mehr als wütend auf die unsichtbaren Mächte des Lebens und der Liebe, die sich offenbar zusammengerottet hatten, um sich auf meine Kosten einen Spaß zu machen. Um mir nach einer reichlich verkorksten Kindheit nun das verdiente Happy End zu verderben. Ein Happy End zumal, das ich in meinem ersten Buch doch so schön beschrieben – und öffentlich gemacht – hatte.

Das war ziemlich peinlich. Gelinde gesagt.

> *»Sie werden zwar nicht alles steuern können, was in Ihrem Leben geschieht, aber Sie können beschließen, sich davon nicht unterkriegen zu lassen.«*
>
> Maya Angelou

Doch als ich schließlich begriffen hatte, dass die auf mich zukommende Trennung eine Tatsache war, der ich mich würde stellen müssen, beschloss ich, das Beste daraus zu machen. Denn wie viele Tausende meiner Altersgruppe war auch ich ein Scheidungskind. Das Produkt einer fürchterlichen, nichts weniger als einvernehmlichen Trennungsgeschichte, zu der auch zwei überaus brutale Sorgerechtsprozesse gehörten. Mit dem Ergebnis, dass ich meinen Vater von meinem elften Lebensjahr an praktisch nicht mehr zu Gesicht bekam. Das war der Zeitpunkt, an dem er schließlich das Handtuch warf und auf alle elterlichen Rechte verzichtete, weil er mit den ständigen Aggressionen meiner Mutter einfach nicht mehr klarkam. Und als ich nun selbst die Scheidung vor mir sah, wusste ich nur eines mit Sicherheit: Meiner Tochter würde ich so etwas nicht antun. Nie im Leben.

Im Laufe der Zeit bekam ich dann mit, dass ich mir darüber keine Sorgen zu machen brauchte. Unsere Scheidung verlief nicht nur zivilisiert, sondern ausgesprochen freundlich, respektvoll und human. Getragen wurde sie von einem Geist der Großzügigkeit und des Wohlwollens, der auch freundschaftliche Gesten und gegenseitige Unterstützung ermöglichte. Mark, mein Exmann, und ich taten alles in unserer Kraft Stehende, um weder einander noch natürlich vor allem unserer kleinen Tochter unnötig wehzutun. Deren größte Sorge bestand darin, dass sie den Kontakt zu ihrem Vater verlieren könnte, wie sie es bei zwei ihrer Freundinnen mitbekommen hatte. Doch da wir uns einig waren, was den weiteren Familienzusammenhalt und das Wohl unserer Tochter betraf, konnten wir ihr glaubwürdig versichern, dass sie davor keine Angst haben musste.

Unsere Scheidung unterschied sich meilenweit von den üblen Trennungen, die ich zuvor durchgemacht hatte – bei denen ich monatelang weder essen noch schlafen konnte und so zornerfüllt war, dass ich kaum durch den Tag kam, ohne irgendeinem armen Unbeteiligten, der mir über den Weg lief, den Kopf abzureißen. Einmal war ich sogar so durcheinander, dass ich nach fast zehn Jahren wieder mit dem Rauchen anfing und mir vor lauter Stress büschelweise die Haare ausfielen. Die übelste Trennung, die ich durchgemacht habe, war die von Frank, meinem Freund auf der Highschool. Darüber bin ich ewig nicht hinweggekommen. Fast zwanzig Jahre lang habe ich immer wieder von ihm geträumt. Nur um mich beim Aufwachen sofort daran zu erinnern, dass tatsächlich Schluss war und er Tausende von Kilometern von mir entfernt bei seiner einschüchternd schönen Ehefrau und den drei gemeinsamen Kindern lebte. Glücklich bis ans Lebensende ...

Ja, die Schattenseiten der Liebe kenne ich nur allzu gut. Weshalb ich nach dem ersten schmerzhaften Schock sofort mit der

Analyse angefangen habe. Ich wollte nämlich unbedingt herausfinden, wie genau es Mark und mir gelungen war, unsere eheliche Gemeinschaft mit so viel Güte und Anstand aufzugeben. Denn irgendwie schienen wir da auf etwas unschätzbar Wertvolles gestoßen zu sein. Das machten mir die Reaktionen unseres unmittelbaren Umfeldes nur noch deutlicher: Die meisten schüttelten erst einmal den Kopf und wunderten sich. Dann räumten sie ein, nie ein Ehepaar erlebt zu haben, das mit so viel gegenseitiger Rücksicht und Fürsorge auseinanderging.

Es war schon eine merkwürdige Fügung des Schicksals: Ich, die ich mich so sehr nach einem glücklichen Ende meiner unglücklichen Kindheit gesehnt hatte, schien doch tatsächlich eine andere, neue Form von Happy End entdeckt zu haben. Die Möglichkeit, sich in Würde, Güte und Ehrenhaftigkeit zu trennen, ohne sich oder den anderen dabei zu lädieren. Ich mache, wie ich in aller Bescheidenheit behaupten darf, die beste Zitronenlimonade der Welt. Und nun machte ich allem Anschein nach auch aus dieser Situation das Beste. Denn irgendwann wurde mir klar, was in der Phase unserer Trennung zwischen Mark und mir geschehen war: Wir hatten einen Fünf-Schritte-Prozess durchlaufen, an dessen Ende wir und alle Beteiligten nicht etwa verletzt, isoliert und am Boden zerstört dastanden, sondern heil, gesund und unversehrt.

Für mich, die ich an die Liebe glaube und eine glühende Verfechterin der Ehe beziehungsweise fester, dauerhafter Beziehungen bin, gibt es kaum etwas Unerfreulicheres als Trennungen. Gleichauf nur mit Erderwärmung, Diskriminierung älterer Menschen und Kinderarmut. Wie konnte es dazu kommen, dass ich trotz all meiner Abneigung gegen Trennung und Scheidung genau diesen Weg eingeschlagen habe. Was hatte sich zwischen Mark und mir abgespielt, das so schlimm war, dass ich es wagte, mich auf die Trennung von Heim und Herd einzulassen und mich von all meinen lang gehegten Hoffnungen und Träumen zu verabschieden?

Die meisten Ehen gehen ja in Form Tausender kleiner Puzzlestückchen den Bach runter, die für sich genommen kaum der Rede wert sind. Bei mir und Mark war es kurz gesagt so, dass ich mich verändert habe, und damit meine ich: radikal verändert. Um Fairness habe ich mich dabei nicht immer bemüht. Es war einfach Berufsrisiko – die Schattenseite eines Lehrerinnendaseins im Dienste von persönlichem Wachstum und unaufhörlicher Weiterentwicklung. Mein Mann hat mich nie betrogen, mich nicht misshandelt, und Alkoholiker oder Spieler war er auch nicht. Doch im Laufe der Jahre sind unsere Wertvorstellungen weiter und weiter auseinandergedriftet. Ich bin der totale Veränderungsjunkie, gehe stets an meine Grenzen und die der anderen, immer in dem Bemühen, das Potenzial, das in uns allen steckt, voll auszuschöpfen. Der warmherzige Mark dagegen hängt dem spirituellen Ideal der totalen Akzeptanz von allem, was ist, an und verspürt nicht das geringste Bedürfnis nach Veränderung. Während es mich fasziniert, auch in den dunkelsten Winkeln der Psyche herumzubuddeln, um die innersten Antriebskräfte zu erkunden und zu läutern, schert er sich möglichst wenig um die Schwächen der Menschen und stellt stattdessen das Schöne und Gute, das jedes Lebewesen an sich hat, in den Vordergrund. Es geht nicht darum, dass einer von uns unrecht hätte und der andere recht. Beide Lebenseinstellungen sind vollkommen in Ordnung. Vielen Paaren gelingt es ja auch, derartige Gegensätze auszubalancieren und einander so wunderbar zu ergänzen, dass jeder davon profitieren kann. Mark und mich aber brachten die Gespräche über die wichtigsten Dinge, die uns wirklich am Herzen lagen, irgendwann nicht mehr weiter. Es gelang uns nicht, uns auf gemeinsame Visionen oder Ziele zu verständigen, auch wenn wir das beide dringend gebraucht hätten. Und so gern wir uns auch mochten, bald wurde uns klar, dass uns eigentlich fast nur noch die Liebe zu unserer Tochter verband.

Nun, hätten wir das Licht der Welt fünfzig Jahre früher erblickt, wären wir um des Kindes willen wahrscheinlich zusammengeblieben, ohne groß darüber nachzudenken. Andererseits hätten wir dann vermutlich gar nicht erst geheiratet, denn zu der Zeit waren fast überall in den Vereinigten Staaten gemischtrassige Ehen noch verboten; legalisiert wurden sie erst nach einem Urteil des Supreme Court im Jahr 1967. Wären ich als Weiße und der Afroamerikaner Mark früher ein Paar geworden, hätten wir alles aufs Spiel setzen müssen, auch unser Leben. Aber glücklicherweise entwickelt sich die Kultur ja immer weiter. Abgesehen davon stellen Millionen von Menschen in der westlichen Welt heute höhere Erwartungen an die Ehe, und ich gehöre auch dazu. Nur der Kinder wegen zusammenzubleiben reicht uns nicht mehr. Die Autorin und Ehehistorikerin Stephanie Coontz weist darauf hin, dass sich Beziehungen in den letzten drei Dekaden entscheidender verändert haben als in den dreitausend Jahren zuvor.[1] Und wie viele in meiner Generation wollte eben auch ich mehr von der Ehe, als es meiner Mutter und vor ihr meiner Großmutter vergönnt gewesen war. Was nicht etwa bedeutete, dass Mark und ich nicht alles dafür getan hätten, unsere Tochter zu einer ausgeglichenen, gesunden und glücklichen Persönlichkeit heranwachsen zu lassen. Selbstverständlich haben wir das getan; absolut alles drehte sich bei uns darum. Aber sollten wir deshalb wirklich für den Rest unseres Lebens mit niemand anderem mehr ins Bett gehen dürfen?

Ich meine, Mark ist echt sexy ... aber: hallo?

> »Aus allem, was kaputtgeht,
> webe ich mir einen Fallschirm.«
>
> WILLIAM STAFFORD

Als eingefleischte Evolutionärin bin ich der festen Überzeugung, dass der Aufbau einer weiseren, aufgeklärteren und höher entwickelten Gesellschaft nur möglich ist, wenn sich die *Menschen* bemühen, weiser und aufgeklärter zu werden, und sich immer weiterentwickeln. Originelle, ungewöhnliche oder sogar aus dem Rahmen fallende Varianten auf dem Gebiet der Liebe faszinieren mich deshalb sehr. Wie Millionen »Kulturschaffende« (ein Begriff von Paul H. Ray und Sherry Ruth Anderson: *Cultural Creatives*) überall auf der Welt probiere auch ich gern neue Möglichkeiten des Zusammenlebens aus. Hinzu kommt: Als zugelassene Ehe- und Familientherapeutin fühle ich mich der humanistischen Psychologie und insbesondere dem Human Potential Movement verpflichtet, das die Ausschöpfung des gesamten menschlichen Potenzials in den Mittelpunkt stellt, sowohl individuell als auch auf sozialer Ebene. Alles in allem könnte man also zu Recht behaupten, dass es mir einfach nicht gegeben ist, in einer Ehe zu verharren, nur weil die Gesellschaft der Auffassung ist, es sei das Beste für die Kinder. Wissenschaftlich spricht zwar durchaus einiges für diese Auffassung, doch lässt sie eine kreative Antwort auf die Frage vermissen, wie sich ein ausgeglichenes, stabiles und liebevolles Familienleben auch nach der Scheidung weiterführen lässt. Als mir das klar wurde, war meine Neugier geweckt. Und ich begann mich intensiv damit zu beschäftigen, was wir als Gesellschaft tun können, um diesen Umstand zu verbessern.

Die Reise, die vor uns liegt

Die Ergebnisse meiner Recherche erfahren Sie auf den folgenden Seiten. Ich möchte Sie bitten, mich auf eine tief gehende innere Reise zu begleiten. Unsere Destinationen: Heilung, Veränderung, Entfaltung und Neuerfindung der eigenen Person. Für den Anfang möchte ich Sie auffordern, zwei Dinge zu überdenken: zunächst einmal die altgedienten Auffassungen in Sachen Trennung und Scheidung, dann aber auch die weit verbreitete Annahme, eine Beziehung, die nicht durch den Tod eines der Partner beendet wird, sei gescheitert. Ich möchte ein Bewusstsein dafür schaffen, dass wir aufgrund dieser kollektiven Annahme nie über primitive, destruktive Formen des Auseinandergehens hinausgekommen sind. Sie gehen aber auf Kosten des Wohlbefindens sowie der Ernsthaftigkeit der Beziehung – und wir fügen uns und den Kinder dabei mitunter so viel Schaden zu, dass die gesamte Zukunft davon überschattet wird. Deshalb präsentiere ich hier eine neue, friedfertige Möglichkeit, Liebesbeziehungen zu beenden, das »Conscious Uncoupling« (wörtlich: »bewusstes Ent-paaren«), das gemeinsame Auseinandergehen.

Im zweiten Teil begleite ich Sie dann durch Ihren persönlichen »Conscious-Uncoupling«-Prozess, gebe Ihnen Tipps und Ratschläge, wie Sie die fünf Schritte, aus denen er sich zusammensetzt, am besten bewältigen, vom ersten, »Sie finden zur emotionalen Freiheit«, bis zum letzten, »Trotz allem wieder glücklich werden«. Dabei gebe ich Ihnen jeweils praktische Instrumente an die Hand und führe Sie in die Fertigkeiten ein, die Sie brauchen, um die bevorstehenden Veränderungen optimal bewältigen und schließlich sogar mehr als wiederhergestellt daraus hervorgehen zu können.

Mein moralisches Dilemma

Ich habe, wie ich zugeben muss, lange gezögert, dieses Buch zu schreiben, und es immer wieder vor mir hergeschoben. Zum allergrößten Teil lag dies daran, dass ich auf gar keinen Fall irgendjemanden ermuntern will, eine langfristig angelegte Bindung leichtfertig zu lösen. Denn wohin führt es denn sonst, wenn die gesellschaftliche Schande wegfällt, als die eine »gescheiterte« Beziehung gegenwärtig noch gilt? Oder die Angst, den Kindern das Leben zu verderben, wenn sie, wie es bisher heißt, aus einer »kaputten« Familie kommen? Nein, zur Steigerung der Scheidungsrate will ich unter keinen Umständen auch nur das geringste bisschen beitragen.

Da ich, wie gesagt, eine starke Befürworterin langer, verbindlicher Beziehungen bin, tue ich, was immer ich kann, um den Paaren das Zusammenbleiben zu ermöglichen. Wer mich eines »Conscious Uncoupling« wegen aufsucht, muss sich darauf gefasst machen, dass ich ihn erst einmal ziemlich löchere und ihm auch vorhalte, dass es für diese Entscheidung noch zu früh sein könnte. Und weil ich eben dermaßen Feuer und Flamme für ernsthafte Liebesbeziehungen bin, freue ich mich auch sehr über die jüngste Erweiterung der Ehe-Landschaft in den Vereinigten Staaten, die es jetzt auch unseren homosexuellen Freunden und Freundinnen ermöglicht, ihre Verbindungen zu legalisieren und so zur Stärkung unserer Gesellschaft beizutragen. Sie können mir also wirklich glauben, wenn ich sage, dass ich das »Conscious Uncoupling« nicht etwa entwickelt habe, weil ich Trennungen auf die leichte Schulter nähme oder irgendjemanden vorschnell in dieser Entscheidung bestätigen wollte. Im Gegenteil. Unter der Überschrift »Wie und wann Sie dieses Programm durchführen sollten« gehe ich später noch genau darauf ein, unter welchen Umständen es das Beste ist, zusammenzubleiben.

> »Das Leben ist nicht immer gerecht. Manchmal kann man
> sich sogar schon einen Splitter einziehen,
> wenn man den Regenbogen runterrutscht.«
>
> CHERRALEA MORGEN

Worauf es mir aber am meisten ankommt: In einer Welt, in der sich pro Jahr mehr Menschen scheiden lassen, als neue Autos gekauft werden, sollten wir schleunigst lernen, friedlicher und freundschaftlicher auseinanderzugehen. Und genau das ist der Dreh- und Angelpunkt dieses Buches.

Für wen ich dieses Buch geschrieben habe

Der »Conscious-Uncoupling«-Prozess eignet sich nicht etwa nur für Verheiratete, sondern für jeden, der unter dem Verlust einer Liebe leidet. Denn abgesehen davon, dass Trennungen wahnsinnig wehtun, stellen sie auch einen entscheidenden Wendepunkt dar, der Ihnen eine schwerwiegende Entscheidung abverlangt. In Ihrer momentanen Verzweiflung können Sie aufgeben und sich zurückziehen, um Ihr Herz vor weiteren Verletzungen zu schützen – Sie verurteilen sich dabei jedoch zu einem ärmlicheren Leben. Es könnte aber auch sein, dass es Ihnen gelingt, diese tragische Erfahrung als Chance zu begreifen; als Chance, klüger, tiefgründiger, reifer und liebesfähiger zu werden. Eine Trennung bietet also, kurz gesagt, die einmalige Gelegenheit für ein spirituelles Erwachen. Das Sie, was Authentizität, Mitgefühl, Lebenserfahrung, Tiefgang und – ich traue es mich kaum zu sagen – auch Freude angeht, auf eine ganz neue Ebene katapultiert. Letzteres ist allerdings nur möglich, wenn Sie es sich nicht bloß rational, sondern auch emotional fest vornehmen und dieses Ziel ganz bewusst ansteuern.

>»Wenn uns das Leben Steine vorsetzt, können wir
entscheiden, ob wir daraus eine Brücke bauen wollen
oder eine Mauer.«

ANONYM

Dieses Buch ist genau richtig für Sie, wenn Sie den Mut aufbringen, sich Ihrem gegenwärtigen Liebeskummer mit ganzer Kraft zu stellen. Wenn Sie bereit sind, sich mithilfe Ihres Schmerzes von den Lügen zu befreien, die Sie schon viel zu lange toleriert haben, oder Abschied von Verhaltensmustern zu nehmen, derer Sie sich bislang nicht einmal bewusst waren. Die Lektüre würde ich Ihnen auch empfehlen, wenn Sie in dieser »Schlappe« die Chance sehen, sich endlich nicht mehr kleinmachen zu lassen, und aufhören wollen, Ihr Licht unter den Scheffel zu stellen. Oder wenn Sie bereit sind, trotz oder gerade wegen dieses qualvollen Verlustes Ihr Herz zu öffnen, damit Sie sich selbst und andere intensiver lieben können. Und nicht zuletzt ist dieses Buch etwas für Sie, wenn Sie die Kraft aufbringen wollen, etwas Schönes aus der gegebenen Situation zu machen – nicht nur für sich, sondern für alle, die Ihnen am Herzen liegen.

Ich wünschte, ich könnte Ihnen versprechen, dass Ihre Trennung durch den Prozess des »Conscious Uncoupling« vollkommen schmerzlos wird, aber das geht leider nicht. Denn wir Menschen sind biologisch darauf programmiert, uns aneinander zu binden; und deshalb führt einfach kein Weg daran vorbei, dass ein bisschen Blut fließt (oder auch etwas mehr), wenn diese Bande zerschnitten werden, und sei es auch noch so achtsam. Nachdem ich nun aber bereits Tausenden von Menschen durch diesen Prozess hindurchhelfen durfte, kann ich Ihnen wenigstens das versprechen: Auch Sie und alle, die Sie lieben, werden wohlbehalten daraus hervorgehen. Sobald Sie das tiefe Tal einmal durchschritten haben, wird Ihr künftiges Leben nicht bloß erträglich werden, sondern schöner und besser sein als zuvor. Mit Fug und Recht werden Sie auf eine neue Liebe hoffen können, die aus einem offenen, glücklichen, vertrauensvollen Herzen kommt, das Ihnen die Sicherheit gibt, alte Fehler nie mehr zu wiederholen. Und noch etwas kann ich Ihnen versprechen: Wenn Sie eines Tages auf diese grauenhaft schwierige Phase Ihres Lebens zurückschauen, werden Sie dankbar sein, dass Sie in der Lage waren, aus dem Schlimmsten, was Ihnen je zugestoßen ist, das rundum Beste zu machen.

> *»Wenn Liebe die Antwort ist, könnten Sie dann bitte die Frage noch mal wiederholen?«*
> LILY TOMLIN

Teil eins:

Der bessere Weg, sich zu trennen

Scham, Schuld und das Scheitern der Liebesbeziehung

»Jeder, der es einmal durchgemacht hat, weiß: Verliebt hat man sich schnell, aber wehe, es geht zu Ende ...«
MARTHA BECK

Was Trennungen besonders schlimm macht, ist die Kränkung, die damit einhergeht. Die Dinge haben sich nicht so entwickelt, wie sie es hätten tun sollen. Das Ziel wird verfehlt, dem wir uns insgeheim doch alle verschrieben haben – jenem »Glücklich bis an ihr Lebensende«. Und das gilt als ein so verheerendes Scheitern, dass man schnell das Gefühl bekommt, sich von diesem Schlag nie mehr erholen zu können. Nicht von dem Schock, nicht von dem Kummer. Und schon gar nicht von der Scham.

So traurig mich das Ende meiner Ehe auch machte, muss ich doch zugeben, dass ich das Gefühl der Demütigung und den drohenden Gesichtsverlust fast noch schlimmer fand (schließlich konnte ich meine Scheidung ja schwer verheimlichen). Das kollektive Drehbuch unserer Gesellschaft lässt in Sachen Ehe praktisch keinen Spielraum. Zusammengefasst lautet es etwa so: Hält die Verbindung, taugt sie was; geht sie kaputt, war sie von vornherein nichts wert. Einzige Ausnahme: Einer der Ehepartner hat sich etwas wirklich Schlimmes zuschulden kommen lassen, aber wirklich schlimm ...

Wollte ich die Leute über die bevorstehende Trennung von Mark und mir informieren, konnte ich mich also auf einiges gefasst machen. Vor allem auf die ebenso versteckte wie sich automatisch einstellende Entwertung unserer gesamten Beziehung beziehungsweise eines von uns oder gar beider. Ich konnte sie förmlich hören, die Reaktionen. Es wurde natürlich nicht laut ausgesprochen, aber insgeheim – und so geheim bleibt das ja nie – dachten die anderen: *Hmh, dann war das wohl doch nichts Gescheites.* Oder: *Na ja, viel habe ich von ihm* (beziehungsweise ihr, je nach Gesprächspartner) *eh nie gehalten.* Allein schon der Gedanke weckte in mir das Bedürfnis, zu Hause zu bleiben, mich in eine Decke zu wickeln und nichts anderes zu tun, als Liebesfilme zu gucken und dabei Erdnussbutter mit Stückchen drin direkt aus dem Glas zu futtern. Filme im Übrigen, in denen sich die zwei am Ende kriegen und … klar doch! … glücklich sind bis an ihr Lebensende.

Die allermeisten von uns gehen stillschweigend davon aus, dass wahre Liebe das ganze Leben zu halten hat, insbesondere natürlich, wenn sie in Anwesenheit der Angehörigen und Freunde vor dem Altar besiegelt wurde. Denn spätestens seit sie in der Erstausgabe des Gebetbuchs der anglikanischen Kirche 1549 auftauchte, ist die Formel »… bis dass der Tod uns scheidet« fester Bestandteil der meisten kirchlichen Trauzeremonien. Die Idee dahinter reicht aber noch viel weiter zurück. Denken wir nur an die Witwenverbrennung im alten Indien oder an die chinesische Praxis, Mädchen die Füße so straff einzubinden, dass sie verkrüppeln, um sicherzustellen, dass die jungen Frauen ihrem späteren Ehemann nicht weglaufen konnten: Die Vorstellung von der Unauflösbarkeit der Ehe scheint also eigentlich schon … fast immer geherrscht zu haben.

Wir neigen sogar dazu, unsere Beziehungen nach ihrer Dauer zu bewerten. Für jeden »großen« Jahrestag werden die empfohlenen Geschenke kostbarer: etwas aus Zinn zum zehnten, aus Silber zum fünfundzwanzigsten und aus Gold zum fünfzigsten. Und sogar noch beim Schreiben dieses Buches überlege ich, welches Geschenk ich Mark wohl hätte machen können, wäre ich nur noch ein bisschen länger bei ihm geblieben: einen hübschen zinnernen Schlüsselanhänger vielleicht oder besser ein Paar schicke Manschettenknöpfe aus dem Material? Ich weiß noch, dass ich lange vor unserer Hochzeit einmal abends auf der Couch lag und einige wissenschaftliche Artikel studierte, die ich für meinen Abschluss im Fach Klinische Psychologie brauchte. In einem davon stolperte ich über den folgenden Satz eines renommierten Psychologen: »Grund, eine goldene Hochzeit zu feiern, gibt es eigentlich erst, wenn man weiß, was die Beziehung mit den Seelen der Eheleute angestellt hat.« Dass sich tatsächlich jemand traute, an unserem Ideal der lebenslänglichen ehelichen Gemeinschaft zu kratzen ... so etwas hatte ich nie zuvor gehört oder gelesen.

Was uns wieder zu unserem kollektiven Drehbuch zurückführt, der Annahme: *Endet eine Liebesbeziehung aus einem anderen Grund als dem Tod eines der Partner, ist sie gescheitert.*

Im Ernst: Kennen wir denn auch nur eine einzige Liebesgeschichte, die mit einer freundlichen, respektvollen Trennung endet? Bei der die Liebe erhalten bleibt und bloß eine andere Form annimmt – zum Nutzen und Frommen aller? Eine Trennung, die niemanden zum Schuldigen macht oder ihn beschämt? Sondern bei der beide erhobenen Hauptes auseinandergehen können, in dem Wissen, für alles, was sie füreinander und für die Gesellschaft getan haben, geschätzt zu werden?

Würde sich doch gut anhören, oder?

In einer Kultur, die Trennung mit Scheitern gleichsetzt, gilt es schnell als Schande, wenn eine Liebesbeziehung zu Ende geht. Und unter solchen Umständen ist es schon beinahe normal, dass man nicht nur leidet, sondern sich auch noch entehrt und erniedrigt fühlt, insbesondere wenn man derjenige ist, der verlassen wurde. Dabei ist Liebeskummer doch so schon schwer genug zu ertragen, auch ohne Scham und die zusätzliche Einbuße des gesellschaftlichen Status.

Etymologisch geht *shame* (»Schande«, »Scham«) auf das Verb »sich bedecken« zurück. Der Tatbestand selbst ist durch das Bedürfnis gekennzeichnet, wegzulaufen und sich vor der Öffentlichkeit zu verstecken. Genau so ging es Leslie, einer früheren Klientin von mir, als ihr Mann nach nur siebenmonatiger Ehe zu dem Schluss kam, die Hochzeit sei ein großer Fehler gewesen. Auf einem Spaziergang in den Hollywood Hills teilte er ihr mit, dass er sie verlassen und allein nach England zurückgehen werde. Es verschlug Leslie fast die Sprache, aber immerhin brachte sie noch die eine oder andere Frage heraus: Ob er eine Affäre habe? Nein. Ob er England so vermisse? Nein. Ob sie sexuell eine Enttäuschung für ihn sei? Auch nicht. Es war ihm einfach nur klar geworden, dass er nicht verheiratet sein wollte. Was in gewisser Weise alles nur noch schlimmer machte. Leslie wurde von Schamgefühlen geradezu überflutet. Sie musste ihrem Mann eine schlechte Ehefrau gewesen sein. Nichts an ihr konnte liebenswert sein, wenn selbst der Gatte sie zurückwies.

Wie besessen von ihren Sorgen war sie: »Was werden nur die Leute von mir denken?«, »Wie soll ich bloß mit der Demütigung fertigwerden, wieder Single zu sein?« Sie schämte sich so, dass sie niemandem sagte, was geschehen war. Statt ihre Freundinnen und Freunde anzurufen und um Unterstützung zu bitten, ging sie nicht mehr ans Telefon. Statt jemanden aus der Familie zu bitten, ihr in dieser Situation beizustehen, zog sie die Vorhänge zu und wurde zur Eremitin. Monatelang isolierte sie sich – bloß um das Gesicht zu wahren und sich die »Schande« nicht eingestehen zu müssen, dass sie verlassen worden war. Ja, so sind wir Menschen: Immer dann, wenn wir der Unterstützung und Verbundenheit am meisten bedürfen, bringen wir es fertig, unter der Bettdecke Zuflucht zu suchen und uns wegzuducken, verzehrt vom Gefühl sozialer Unzulänglichkeit.

Von Schuldgefühlen unterscheidet sich Scham der kulturvergleichenden Anthropologin und Professorin der Columbia University Ruth Benedict (1887–1948) zufolge insofern, als sich ein schlechtes Gewissen zumeist einstellt, wenn wir unseren eigenen Grundwerten zuwider*handeln*, während wir Scham empfinden, wenn wir gegen äußere Regeln verstoßen und den von der Gesellschaft an uns gestellten Erwartungen nicht entsprechen – was zur Folge hat, dass wir das Gefühl bekommen, von Grund auf schlecht zu *sein* und im Unrecht. Wer sich dem negativen Urteil der anderen ausgesetzt fühlt, auch wenn es noch so nett und mitleidig daherkommt, versinkt leicht in der tiefen, dunklen See der Scham.

Erwartungen gelten als die »Mutter allen Kummers« und enttäuschte Erwartungen sorgen tatsächlich oft für Verwirrung und totales inneres Chaos. Denn wenn die Wirklichkeit unseren Plänen zuwiderläuft, geraten wir leicht in Gefahr, psychisch den Halt zu verlieren. Dann ist es ganz so, als hätten wir uns im Wald verirrt und suchten verzweifelt nach einem Weg, der auf bekanntes Terrain zurückführt. Dem Hirn ist es bei Weitem lieber, wenn wir die Zukunft eindeutig vorhersagen können. Das ist auch der Grund für das Entstehen der Geschichten und Verhaltensmuster, auf die sich eine Kultur verständigt: Sie sollen als gesellschaftliche Normen Orientierungshilfe und Berechenbarkeit bieten.

Eine enge Freundin von mir, die nach den neuesten Erkenntnissen der Hirnforschung arbeitende Trainerin für Führungskräfte Dr. Karey Pohn, konnte im Rahmen ihrer Studien am Neuroleadership Institute[2] bestätigen, dass im Gehirn große

Mengen an Dopamin ausgeschüttet werden – eine Belohnungsreaktion –, wenn unsere Erwartungen Wirklichkeit werden. Es gibt uns ein gutes Gefühl. Bleibt das Leben dagegen hinter unseren Erwartungen zurück, erhöht sich das Stressniveau erheblich und das Gehirn wird in einen Zustand versetzt, in den es auch bei drohender Gefahr gerät. Der Cortisolspiegel im Blut steigt, Funktionen des Immunsystems werden heruntergefahren und das limbische System – Sitz der emotionalen Reaktivität – schaltet in den Kampf-oder-Flucht-Modus um, während der Dopamin- und Oxytocinspiegel stark abfällt und uns in einen Sumpf von Kummer und Elend stürzen lässt.

»Glücklich bis ans Lebensende«: der Ursprung des Mythos

Im Herzen war ich schon immer eine kleine Amateuranthropologin. Und als solche neige ich dazu, meine persönlichen Erfahrungen zu verallgemeinern. Das heißt, dass ich in vielerlei Hinsicht mein eigenes Versuchskaninchen bin und mir anhand meiner Gedanken, Annahmen, Gefühle und Neigungen oft Aufschluss über den Menschen als solchen verschaffe. Vor diesem Hintergrund können Sie sich bestimmt vorstellen, wie neugierig mich mein Minderwertigkeitsgefühl und die Scham machten, die ich empfand, als meine Ehe am Ende war. Das Erste, was mir auffiel, war, wie entblößt und ungeschützt ich mich fühlte, nachdem ich meinen Ehering abgelegt hatte. Oft ertappte ich mich dabei, dass ich die Hand in die Hosentasche steckte, um meinen so schrecklich nackten Ringfinger zu verbergen. Auch bemerkte ich, dass ich mich Menschen unterlegen fühlte, die dem Anschein nach in einer glücklichen Beziehung lebten, und Angst hatte, von oben herab behandelt zu werden, nun, da ich wieder Single war.

*»Ich habe nicht versagt. Ich habe mit Erfolg zehntausend
Wege entdeckt, die zu keinem Ergebnis führen.«*

THOMAS A. EDISON

Mein Verstand rebellierte gegen die Vorstellung, emotional aber hatte ich mit meinem neuen Familienstand auch an gesellschaftlichem Status verloren. Da ich jedoch das Privileg genoss, schon lange lehrend tätig zu sein, brauchte ich in diesen Gefühlen wenigstens kein krankhaftes Einzelschicksal zu sehen, sondern konnte sie als das erkennen, was sie sind: eine Erfahrung, die viele machen – wenn nicht alle irgendwann einmal in ihrem Leben. Die aus einer Trennung resultierende emotionale Verwundbarkeit quält ähnlich durchdringend wie das Kreischen von Fingernägeln, die über eine Schiefertafel fahren; jedenfalls ist das für besonders sensible Menschen so, und von denen gibt es ja eine Menge.

Mich brachten diese Zusammenhänge auf die Idee, nach den Ursprüngen der kollektiven Ideale zu fahnden, die die meisten von uns in ihrem Bann halten und an denen ich wie Millionen andere so kläglich gescheitert bin. Mit dem »Und sie lebten glücklich bis an ihr Lebensende« fing ich an. Wie eine erste schnelle Internetsuche ergab, handelte es sich dabei um eine der Formeln, mit denen die Leute in früheren Zeiten die Geschichten beendeten, die sie sich abends am Feuer erzählten. Aber es gab auch andere. Ein in Persien gängiger Spruch zum Beispiel lautete: »Diese Geschichte ist jetzt zwar zu Ende, zu erzählen aber gibt es noch viel.« Eindeutig ein Vorläufer jener Cliffhanger, mit denen die Fans der heutigen wöchentlich ausgestrahlten Seifenopern wohlvertraut sein dürften. In Norwegen und Deutschland etwa wurde auch gern die clevere Formulierung »Und wenn sie nicht gestorben sind, dann leben sie noch heute« verwendet. Meine persönliche Lieblingsformel aber stammt von den alten Hebräern: »Glücklich und in Wohlstand leben sie auch heute noch.«

Ich grub ein wenig tiefer. Und fand heraus, dass es märchenhafte Motive zwar auch schon in der alten indischen, chinesischen, griechischen, hebräischen und römischen Literatur gab, das Genre »Märchen« als solches aber erst Ende des 16. Jahrhunderts entstand.[3] Und zwar insbesondere in Venedig. Hätten Sie gedacht, dass Ihr Verlangen, bis zum Tod glücklich mit Ihrer großen Liebe vereint zu bleiben, seinen Ursprung bei den romantischen Italienern hatte, die in ihren Gondeln durch die Kanäle der Lagunenstadt schipperten? Von den bekannteren und etablierteren Volkssagen jener Zeit unterschieden sich die Märchen durch ihre Magie, das Abenteuerliche – und durch ein Happy End, bei dem die Begegnung mit der wahren Liebe immer auch mit großem Wohlstand einherging.

Aber wie konnte es dazu kommen?, fragte ich mich. Und warum gerade zu jener Zeit? Was hatte es mit dem Venedig Ende des 16. Jahrhunderts auf sich, dass sich der Mythos vom »Glücklich bis ans Lebensende« dort so schnell durchsetzen und innerhalb relativ kurzer Zeit die Anspruchshaltung der Menschen fast überall auf der Welt prägen konnte? Noch einmal zur Erinnerung: Wir sprechen hier von einem Zeitraum von kaum mehr als vier Jahrhunderten, in dem diese eine Idee unsere Welt ganz entscheidend veränderte. Und im Maßstab der Evolution stellen vierhundert Jahre lediglich einen weltgeschichtlichen Schluckauf dar. Vor dieser Zeit war es bei der Partnerwahl und Eheschließung nie um *Liebe* gegangen. Ebenso wenig um *Glücklichsein*. Worum es jedoch durchaus ging, war das »Bis ans Lebensende« – und darüber hinaus. Denn alles drehte sich um Ländereien, Handel, Kommerz und Macht: Dinge, die man nicht so gern verliert. Es ging ums Überleben, um das tief im Menschen verankerte Bedürfnis nach Sicherheit.

Die leidvollen Ursprünge unseres Liebesideals

Bei meiner Suche nach den Quellen unserer heutigen Vorstellungen von der romantischen Liebe stieß ich auf zwei extreme Umstände, die das Leben der Bewohner Venedigs zur damaligen Zeit entscheidend prägten. Der erste war die geringe Lebenserwartung von weniger als vierzig Jahren. Was natürlich nicht heißen soll, dass jeder an seinem vierzigsten Geburtstag tot umfiel. Es gab durchaus viele, die fünfzig, sechzig oder siebzig Jahre alt wurden. Aber die Mehrzahl (genauer gesagt: 60 Prozent) der Europäer verstarb in der damaligen Zeit vor dem sechzehnten Geburtstag.

Meine Güte! Ich weiß nicht, ob Sie sich in die Lage der Venezianer vor vierhundert Jahren versetzen und sich ihren Kummer, ihre Trauer vorstellen können: Mehr als jedes zweite der Kinder, die sie, die ihre Freunde, Geschwister und Nachbarn zur Welt brachten, hatte keine Chance, auch nur erwachsen zu werden. Als ich mir die Zeit nahm, das richtig auf mich wirken zu lassen, wurde mir mit einem Mal bewusst, dass die Formel »Glücklich bis an ihr Lebensende« ja eigentlich lautet: »Sie lebten *alle* glücklich bis ans Lebensende«. Das war mir vorher nie aufgefallen. Aber in einer Welt, in der die Kinder nur eine so geringe Überlebenschance hatten, war es wahrscheinlich eine wirklich, wirklich gute Idee, die Eltern dabei zu unterstützen, dass sie gemeinsam durch dick und dünn gingen, um ihren Nachkommen die unter diesen Umständen bestmöglichen Ausgangsbedingungen zu sichern.

Der zweite Faktor, der das Leben seinerzeit entscheidend prägte, war die bedrückend starre Gesellschaftsstruktur. Im damaligen Venedig gab es zwar eine florierende Adelsschicht, die überwiegende Mehrheit der Bevölkerung jedoch lebte in bitterer Armut und hatte trotz harter Arbeit praktisch keine Möglichkeit, wirtschaftlich auf einen grünen Zweig zu kommen. Weiter erschwert, wenn nicht gar unmöglich wurde ein eventueller gesellschaftlicher Aufstieg durch ein in den Zwanzigerjahren des 16. Jahrhunderts eingeführtes Gesetz, das es den Adeligen verbot, außerhalb ihres Standes zu heiraten. Denn vergessen wir nicht: Dies alles spielte sich in den Zeiten vor der »Liebesheirat« ab, als die Eheschließung noch allein dem Erhalt des Wohlstandes diente. Ihre beschränkten wirtschaftlichen Möglichkeiten im Verbund mit diesem rigide gehandhabten Verbot fesselten die Armen Venedigs an den Status quo – ohne die geringste Hoffnung, jemals aus ihrer Situation herauszukommen.

Doch glücklicherweise konnten sie in den Zeiten nach der Renaissance wenigstens schon lesen. Und sich deshalb in die realitätsfernen Bücher flüchten, die ihnen die Chance eines gesellschaftlichen Aufstiegs zumindest vorgaukelten. Wer könnte es ihnen verdenken, dass sie die aufkommenden Märchenbücher geradezu verschlangen. Als Schöpfer dieses neuen Literaturgenres gilt übrigens der italienische Schriftsteller und Verleger Giovanni Francesco Straparola. Die von ihm gesammelten und aufgeschriebenen Märchen waren zwar stilistisch noch nicht so ausgefeilt wie die der Franzosen ein Jahrhundert später; doch mit all ihrer Magie und Zauberei boten sie trotzdem eine willkommene Auszeit von der harten Realität des Alltagslebens. Nicht zuletzt aufgrund der romantischen Liebesgeschichten, an deren Ende sich das Leben der Heldenfigur selbstverständlich entscheidend zum Besseren wandelt, denn alle sind schließlich glücklich bis an ihr Lebensende. Allerdings an einem fernen, abgelegenen Ort. (Wir erinnern uns: In Venedig war dieses Glück wegen des Verbots der Eheschließung zwischen Adeligen und Leuten aus dem Volk ja nicht möglich.)

Ich muss zugeben: Diese Venezianer, die letztlich nicht bereit waren, sich der Unterdrückung zu beugen, in die sie hineingeboren wurden, haben mich tief beeindruckt. Und in dem Mythos vom »Glücklich bis ans Lebensende« sehe ich mittlerweile sogar die Anfänge des Human Potential Movement. Denn beides stellt ja eine Ermutigung dar, sich von den aktuellen Lebensbedingungen nicht unterkriegen zu lassen und allen Widrigkeiten zum Trotz ein Leben in Fülle anzustreben. Früher hatte ich immer gedacht, das Human Potential Movement gehe auf Geistesgrößen wie William James, Viktor Frankl, Abraham Maslow, Carl Rogers, Jean Houston und Milton Erickson zurück. Aber dabei hatte ich wohl den starken Schultern, auf denen sie alle standen, viel zu wenig Aufmerksamkeit gewidmet. Denn für die überaus transformierende Praxis der geistigen Vorwegnahme eines besseren Lebens war letztlich der unermüdliche Giovanni Francesco Straparola verantwortlich.

Ein Plädoyer für die Weiterentwicklung unserer Liebesbeziehungen

So inspirierend das alles sein mag, ist es allmählich doch an der Zeit, einmal zu überlegen, ob sich der »Glücklich-bis-ans Lebensende«-Mythos nicht inzwischen überlebt hat und womöglich neu betrachtet beziehungsweise revidiert werden sollte. Denn die Gepflogenheiten des Datings, Zusammenfindens und Heiratens sind historisch nie lange gleich geblieben. Angefangen bei der Mitte des 18. Jahrhunderts noch radikal neuen Idee der romantischen Liebe als Ehegrund über die »traditionelle« Arbeitsteilung zwischen den Geschlechtern bis hin zum Zwei-Väter-Haushalt, der jedes halbe Jahr einmal Wochenendbesuch von der leiblichen Mutter erhält: Auf dem Gebiet der Liebe waren die Sitten, Gebräuche und Lebensformen immer in Bewegung. Und das wird auch so bleiben.

Dr. Helen Fisher, der hochrenommierten Beziehungsanthropologin und Professorin an der Rutgers University, zufolge ist heute serielle Monogamie die Norm.[4] Demnach werden die meisten von uns im Laufe ihres Lebens zwei oder drei bedeutende Liebesbeziehungen haben. Was aber natürlich auch beinhaltet, dass die meisten von uns eine oder zwei bedeutende Trennungen durchleben werden. So, wie es früher eine Selbstverständlichkeit war, die eine wahre Liebe zu ehelichen, bindet man sich heute eben *nicht* mehr unbedingt fürs Leben. Angesichts der Tatsache, dass mehr als 40 Prozent aller Erstehen und sogar 60 beziehungsweise 70 Prozent der Zweit- und Drittehen geschieden werden,[5] sollten wir allmählich einsehen, dass es mittlerweile ganz normal ist, wenn wir im Laufe unseres Lebens mehrere Partner haben. Denn es führt nun einmal kein Weg daran vorbei: Die Mehrheit von uns wird nicht mit einem einzigen Menschen zusammenbleiben und ihm in guten wie in schlechten Tagen die Treue halten, bis dass der Tod sie scheidet. Wir leben in einer Zeit, in der wir fast jeden Aspekt des Lebens – Arbeitswelt, Schlafgewohnheiten, Erziehungspraktiken, Ernährung und Computerprogramme, um nur einige zu nennen – ständig updaten müssen, wenn wir mit den steigenden Anforderungen Schritt halten wollen, die an uns gestellt werden. Wir sollten deshalb überlegen, ob wir nicht auch unser überkommenes, allzu simples Modell der romantischen Liebe in den Ruhestand schicken müssten. Unsere unrealistischen Fantasien von einem Leben, das wir führen *könnten*, verabschieden und Vorstellungen entwickeln, die zu dem Leben passen, das wir *tatsächlich* führen.

Einem jüngeren *New-York-Times*-Artikel zufolge sind heute mehr Menschen über fünfzig geschieden als verwitwet.[6] Die Scheidungsrate langjähriger Ehen hat sich seit 1990 fast verdoppelt. Was ja auch nicht von ungefähr kommt: Dank Viagra und Hormonersatztherapien sind wir heute noch bis ins hohe Alter sexuell aktiv, wovon unsere Großeltern höchstens hätten träumen können. Während Oma die Erwartungen auf ein Mindestmaß zurückschraubte und sich mit ihrem wöchentlichen Bridge-Kränzchen zufriedengab, als sie ins sechste Lebensjahrzehnt eintrat, starten wir dann erst richtig durch, gönnen uns ein Umstyling, nehmen vielleicht an dem einen oder anderen Marathon teil und peilen die nächste große Liebe an. Auf Online-Datingseiten stellen die »Silver Seekers« über sechzig die mit am schnellsten wachsende Usergruppe dar.[7] Diejenigen unter uns, die sich bereits im »Rentenalter« befinden, erwarten mehr vom Leben, als einmal in der Woche die Enkel zu bespaßen. Der allwöchentliche Spaß mit dem Liebsten darf schon auch noch sein.

> »Auch Scheitern stellt eine Möglichkeit dar, herauszufinden, wie man etwas besser machen kann.«
> MARIAN WRIGHT EDELMAN

Ich hoffe, dass wir bald in einen Diskurs eintreten, der es uns ermöglicht, den heutigen Bedingungen des Lebens und der Liebe besser gerecht zu werden, insbesondere in puncto Trennung. Statt unsere Beziehungen weiterhin anhand ihrer Dauer zu beurteilen, sollten wir schleunigst anfangen, uns Fragen zu stellen wie »Was habe ich daraus gelernt?« und »Was kann ich künftig besser machen?«.

Ich bin der festen Überzeugung, dass die Liebe tatsächlich alle Schwierigkeiten überwinden kann. Und damit stehe ich offenbar auch nicht allein. Denn wie Andrew J. Cherlin, der Autor des hochangesehenen Buches *The Marriage-Go-Round*, feststellt, haben wir Amerikaner zwar eine der höchsten Scheidungsraten in der westlichen Welt,[8] zugleich aber werden bei uns auch besonders viele Ehen geschlossen: Prognosen zufolge heiraten fast 90 Prozent von uns in ihrem Leben mindestens einmal, ungeachtet der geringen Wahrscheinlichkeit, dass die Verbindung für immer hält. Unser Versuch, das »Happy End« neu zu definieren, ist also keinesfalls ein Beweis dafür, dass wir den Glauben an die Liebe verloren hätten, ganz im Gegenteil: Unser Vertrauen in die ewige Liebe ist unerschütterlich. Doch angesichts der Gegebenheiten unserer Zeit – wozu auch das postmoderne Spannungsverhältnis zwischen der Stabilität der Ehe und den Idealen von individueller Freiheit, Selbstverwirklichung und persönlichem Wachstum gehören – müssen wir es einfach akzeptieren, dass sich so viele Paare scheiden lassen. Und dies könnte vielleicht sogar die Essenz der wahren Liebe sein: zu lernen, wie man »*trotz allem* glücklich« sein kann bis ans Lebensende, wie man das Unverzeihliche vergeben, voller Hoffnung im Herzen und Gutmütigkeit in Wort und Tat weitermachen kann.

Doch bevor wir uns mit der Weiterentwicklung und Ausdehnung der Liebe beschäftigen können, müssen wir noch eine Weile bei ihren Schattenseiten verweilen und den armseligen Schwestern der Scham einen kleinen Besuch abstatten. Schnallen Sie sich an, denn jetzt tauchen wir kurz in die unberechenbare, primitive Hölle von Hass, Rache und anderen verstörend düsteren Aspekten der Liebe ein.

Bittere Trennungen, fiese Abschiede und die Kunst, *trotz allem* wieder glücklich zu werden

»Wenn ihr uns stecht, bluten wir nicht? ... Wenn ihr uns vergiftet, sterben wir nicht? Und wenn ihr uns beleidigt, sollen wir uns nicht rächen?«

AUS »DER KAUFMANN VON VENEDIG« VON WILLIAM SHAKESPEARE

New York 1959 an einem schönen Herbsttag. Ein junger, gut aussehender und schick gekleideter Rechtsanwalt lenkte seinen hellblauen Cadillac in eine Straße, die er selten befuhr, als ihm eine schöne junge Frau mit rabenschwarzem Haar auffiel, die auf einer Parkbank saß. Zu seinem Freund auf dem Beifahrersitz sagte der Mann: »Schau dir doch nur mal dieses Mädchen an! Die muss ich haben.« Und er hielt den Wagen an ... So begann eine der berühmt-berüchtigtsten Liebesgeschichten unserer Tage: die ebenso leidenschaftliche wie verstörend obsessive Romanze zwischen Burt Pugach und Linda Riss.[9]

Als Burt anfing, ihr den Hof zu machen, konnte Linda nicht ahnen, dass er bereits verheiratet war und ein Töchterchen mit Handicap hatte. Sofort verzaubert, ließ sie sich auf Burt ein, hoffte, in ihm womöglich ihren künftigen Ehemann getroffen zu haben, mit dem sie eine Familie gründen konnte. Und er schien diese Zukunftsvision zu teilen: ging mit Linda einen Verlobungsring aussuchen und besichtigte Häuser mit ihr. Doch als sie die Wahrheit herausfand, tat sie das, was man Ende der Fünfzigerjahre von jeder anständigen Frau erwartete: Sie brach die Beziehung sofort ab. Oder sie versuchte es jedenfalls. Denn Burt, der es gewohnt war, immer sofort seinen Willen zu bekommen, konnte Lindas Nein nicht akzeptieren und fing an, sie zu stalken, zu bedrohen und ihr nachzustellen – alles im Namen der Liebe. Als er von Lindas Vater erfuhr, dass sie sich mit einem anderen verloben wollte, drehte er vollkommen durch. Er engagierte drei Männer, die Linda ätzende Kalilauge ins Gesicht schütten sollten. Sie erblindete bei dieser Attacke und blieb für ihr Leben gezeichnet.

Burts hasserfüllte Rage legte sich bald, nicht aber seine Liebe zu Linda. Während der nächsten vierzehn Jahre, die er im Gefängnis verbrachte, schrieb er ihr unzählige Liebesbriefe, in denen er sie um Vergebung bat und ihr ewige Ergebenheit schwor. Ein Jahr nach seiner Haftentlassung waren die beiden verheiratet und blieben bis zu Lindas Krebstod mit fünfundsiebzig fast vierzig Jahre zusammen.

Solche Geschichten machen uns – die wir scheinbar immun sind gegen ein derartiges Durcheinander von Liebe, Hass, Leidenschaft und Rache – zu Voyeuren, die sich einen Einblick in die Schattenseiten der Liebe ergaunern. Doch was uns von Burt Pugach unterscheidet, ist bloß der Charakter. Denn Sie und ich verfügen über ein Gewissen, das uns einen so abscheulichen Racheakt verbietet. Die Biologie aber drängt uns, genau wie Burt, eigentlich zu etwas anderem. So weit wie er würden wir zwar nie gehen, wenn wir von der Person, die wir lieben, verlassen werden. Unsere biologische Disposition aber ist genau dieselbe.

In einem TED Talk, den sie vor nicht allzu langer Zeit hielt, berichtete Dr. Helen Fisher, was im Hirn geschieht, wenn wir den Laufpass bekommen.[10] Und einer gewissen traurigen Ironie entbehren diese Vorgänge nicht. Denn der Teil des Hirns, der aktiviert wird, wenn wir uns verlieben, ist genau derselbe, der auch – und sogar in noch stärkerem Maße – stimuliert wird, sobald wir verlassen werden. Und statt dass es uns nun veranlasst, das Augenmerk auf einen Neuanfang zu richten, wie es der Vernunft entsprechen würde, ist unser Hirn so veranlagt, dass es das Verlangen nach ebender Person, die wir verlieren, steigert. Auf diese Weise bleiben wir qualvoll mit ihr verbandelt, ganz so, als würden wir ängstlich und in einem Zustand größter Gier, Bedürftigkeit und Sehnsucht verzweifelt versuchen, die Titanic zur Umkehr zu bewegen. Wie schon der Dichter Terenz einst sagte: »Je geringer meine Hoffnung, desto heißer meine Liebe.«

In diesem anfänglichen Proteststadium sind wir gänzlich in Alarmbereitschaft und nur auf eins fokussiert – ganz ähnlich wie Tierbabys, die von ihrer Mutter verlassen werden. In unserer ganzen Hektik und Verzweiflung gehen wir im Versuch, die Zuneigung des geliebten Menschen wiederzugewinnen, an unsere Grenzen und schrecken vor kaum etwas zurück, um unser nervöses Verlangen zu stillen. Denn von dieser einen Person verschmäht zu werden, setzt Hirnaktivitäten in Gang, die mit denen vergleichbar sind, die sich bei Kokainabhängigen abspielen, wenn sie in höchster Erregung der nächsten Line entgegenfiebern. Liebesentzug ist genau wie Drogenentzug und wird häufig von denselben rücksichtslosen, destruktiven Impulsen begleitet, die Drogensüchtige auf der Jagd nach dem nächsten Schuss hinter Gitter bringen.

Wenn die heiße Liebe in blinden Hass umschlägt

In der Literatur werden Geschichten ohne Happy End gemeinhin als Tragödien bezeichnet. Und traurig, aber wahr: Wenn es den Partnern nicht gelingt, den Topf voll Gold am Ende des

Regenbogens zu finden, gerät auch so manche Beziehung zu einer Tragödie. Die Kreisläufe im Hirn, die Belohnung und Wut steuern, sind aufs Engste miteinander verschlungen, und sobald wir einsehen müssen, dass wir das Objekt unserer Zuneigung beim besten Willen nicht zurückgewinnen werden, kann die Hölle losbrechen.

Denken wir nur an Christina Reber.[11] Die Dreiundvierzigjährige aus Muncie, Indiana, geriet überall in den USA in die Schlagzeilen, nachdem sie in einem bösartigen, hasserfüllten Racheakt auf ihren vierzehn Jahre älteren Freund losgegangen war, der sich von ihr getrennt hatte. Brodelnd vor Wut wie eine Furie kam sie im Vollrausch in sein Haus gestürmt. Sie rannte auf den Mann zu, der seelenruhig am Computer arbeitete, schlug mehrfach auf seinen Kopf ein, griff ihm dann in den Schritt und zog mit aller Kraft an seinem Hodensack. In seiner Qual versuchte der Mann verzweifelt, den Angriff abzuwenden, doch vergebens. Schließlich landeten die beiden in einem erbitterten Kampf auf dem Fußboden. Wo Christina in wilder Entschlossenheit, dem Mann wehzutun, den sie wenige Tage zuvor noch zu lieben meinte, ihm die Hoden halb aus dem Körper riss und ihn liegen ließ. Schließlich gelang es ihm, das Telefon zu erreichen und den Notruf zu wählen. Schnell kam ein Krankenwagen, er wurde in die nächstgelegene Klinik gebracht und behandelt.

Bestimmt gibt es psychologische Faktoren, die einige von uns anfälliger machen für derartige Ausraster als andere. Trotzdem. Wenn wir selbstzerstörerische Tendenzen, mangelnde Impulskontrolle und unzureichende Urteilsfähigkeit einmal außer Acht lassen: Wer von uns könnte sich nicht in die Gefühlsverfassung hineinversetzen, die Christina Reber dazu gebracht hat, sich aufzuführen wie eine durchgeknallte Furie? Ich meine – tun würden wir so etwas natürlich nie. Aber gedacht haben wir schon mal daran, oder etwa nicht? Und die Gefühle kennen wir doch auch, nicht wahr? Und hatten so unsere Fantasien … Es kann einfach nicht sein, dass nur mir das so geht. Schließlich hat sich »You Oughta Know«, das Lied meiner Freundin Alanis Morissette, ja nicht von ungefähr mehr als dreiunddreißig Millionen Mal verkauft – Tendenz: steigend. Ein Song, der sich hervorragend dafür eignet, aus voller Lunge herausgeschrien zu werden bei hundertsechzig auf der Autobahn, wenn einen keiner hören kann. »Hast du mich schon vergessen, Mr Doppelzüngig?/Ich störe dich nur ungern beim Abendessen./Aber für mich war es ein Schlag ins Gesicht, wie schnell du mich ersetzt hast./Musst du manchmal an mich denken, wenn du sie f…st?«[12] Mannomann, das tut fast so gut wie ein schneller, herzhafter Tritt in den … Sie wissen schon. Los, nun geben Sie es endlich zu. Wir sind doch unter uns und ich verspreche auch, dass ich es niemandem weitererzähle. Denn tief im Inneren des Herzens sitzt doch bei uns allen so eine durchgeknallte Furie.

> *»Der Himmel kennt keine Rage, die jenem Zorn gleichkommt, der aus Liebe entstand. Und die Hölle kann nicht wüten wie eine verschmähte Frau.«*
> WILLIAM CONGREVE

Schlecht fühlen müssen wir uns deswegen nicht. Denn allem Anschein nach ist es für einen verletzten Menschen nur allzu natürlich, anderen wehtun zu wollen. Genau wie jene Tierbabys, die als Reaktion auf das Weggehen der Mutter überwachsam sind, werden wohl auch wir ein kleines bisschen irre, wenn sich die wichtigste Bezugsperson von uns abwendet. Unsere Beziehung ist unser Zuhause, und wenn dieses bedroht wird, dreht das Hirn eben schnell einmal durch. Es setzt die Ausschüttung der Kampf-oder-Flucht-Hormone in Gang. Mit der Folge, dass sich unser Denken genau in dem Moment verlangsamt, in dem sich der Bewegungsimpuls beschleunigt. Was keine unbedingt günstige Konstellation darstellt. Aber selbst die Gutmütigsten unter uns können eben in die Fänge der Biologie geraten und die merkwürdigsten Verhaltensweisen an den Tag legen.

Eines Tages suchte mich Rita auf, eine entzückende sechsunddreißigjährige Grundschullehrerin aus Kansas, die das ganze Leben damit verbrachte, aus ihren Schülern anständige Menschen zu machen, indem sie ihnen den Unterschied zwischen Gut und Böse nahebrachte. Den Blick zu Boden gerichtet, bekannte sie widerstrebend und unter Tränen, dass sie sich aus lauter Verzweiflung über ihre Trennung hatte hinreißen lassen, spätabends zum Haus ihres Exfreundes zu fahren, nur um sich die Bestätigung dafür abzuholen, dass sie bereits durch eine andere ersetzt worden war. Denn da stand er. »Ihr« grüner Honda Accord parkte direkt neben seinem brandneuen dunkelblauen Mercedes in der Auffahrt zu seinem Haus. Überwältigt von Trauer und blindwütiger Raserei sprang Rita mit einem schnellen Satz aus dem Wagen und ratschte, bevor sie auch nur darüber nachdenken konnte, mit ihrem Autoschlüssel die gesamte Seite des Mercedes entlang. Ihre ganze Verletztheit hieb sie in den Lack und hinterließ darin einen nicht zu übersehenden Kratzer. Danach fühlte sie sich befreit und erstarkt – etwa zwanzig Sekunden lang. Bevor sie vom Entsetzen gepackt wurde, zu ihrem Wagen zurückrannte und in höchster Eile davonpreschte, voller Angst, dass man ihr auf die Schliche kommen könnte. Ihr Ex wusste natürlich sofort, was Sache war. Denn wer sonst hätte so etwas tun sollen? Dass Ritas Vergeltungsakt ihn nicht dazu veranlasste, seine neue Freundin in die Wüste zu schicken, versteht sich von selbst. Höchstwahrscheinlich wurde sein Bestreben, sich so weit wie möglich von Rita zu entfernen, dadurch eher noch verstärkt. Und sie ging in seine Geschichte als die Irre ein, die ihm seinen brandneuen Wagen zerkratzt hatte.

Als Rita mich aufsuchte, litt sie bereits seit Monaten unter Verfolgungswahn, fühlte sich total gedemütigt, schämte sich in Grund und Boden. Ständig stellte sie sich vor, wer wohl alles hinter ihrem Rücken über sie tuschelte und sich über ihre Gestörtheit lustig machte. Sie war von ihrem eigenen Verhalten zutiefst gekränkt und konnte sich diese Dummheit partout nicht verzeihen.

> »Das Verrückte an Rachegefühlen ist, dass sie selbst eine Nonne zur Mörderin machen können.«
>
> KEVIS HENDRICKSON

Ja, manchmal tun und sagen wir Dinge, die wir uns nie hätten vorstellen können. Und diese primitiven Anteile von uns zu akzeptieren, fällt wirklich schwer. Doch hier kommt wieder einmal Dr. Helen Fisher zu Hilfe.[13] Denn sie macht uns unser irres Selbst verständlich, indem sie erklärt, das Umschlagen der Liebe in Wut und Hass sei ein »evolutionäres Relikt aus der Vergangenheit«; damit helfe uns die Natur einfach, uns von der betreffenden Person beziehungsweise der Beziehung zu ihr zu distanzieren. Wobei es durchaus mal zum Overkill kommen kann. Wow!

Doch bevor alles außer Kontrolle gerät, rufen die meisten doch lieber eine Freundin oder einen Freund an. Und gemäß dem Ehrenkodex guter Freundschaft sagen ihnen diese Leutchen dann Dinge wie »Der ist doch eh ein Idiot. Keine Träne ist der wert«, »Die konnte ich sowieso nie leiden. Vergiss sie, sie war doch nur auf dein Geld aus« oder »Dieser Loser! Hat dich überhaupt nicht verdient!«. Um ihnen über die Sache hinwegzuhelfen, bestätigen sie ihre Freunde in ihrer Haltung. Sie werten die von ihnen geliebte Person und die Beziehung ab, reden sie klein und verunglimpfen sie. Was im ersten Moment vielleicht sogar etwas bringt. Letztlich aber führt es nicht zu der erhofften Erleichterung. Es ist höchstens ein Trostpflaster – und eigentlich nicht einmal das. Denn der Versuch, sich von dem geliebten Menschen zu distanzieren, indem man anfängt, ihn zu hassen, erinnert doch fatal an die primitive medizinische Praxis der Lobotomie (ein gezielter tiefer Schnitt ins Gehirn) als Maßnahme gegen Depressionen. Vielleicht hilft es für den Moment, wenn Sie sich verschließen und einen Panzer anlegen, um Ihr Herz gegen das bisherige Objekt der Zuneigung zu verhärten. Dann aber ... bleiben Sie mit einem verschlossenen, verhärteten Herzen zurück. Und das nur, weil Sie sich dem Hass verschrieben haben.

> »Dieses ›Auge um Auge‹ lässt schließlich
> die ganze Welt erblinden.«
> MAHATMA GANDHI

Preis und Folgen negativer Bindungen

Nicht Hass ist das Gegenteil von Liebe, sondern Gleichgültigkeit. Eine auf Hass beruhende – negative – Verbundenheit ist genauso stark wie das – positive – Band der Liebe und fesselt uns nicht weniger an den anderen als diese. Menschliche Bindungen stellen einen ständigen Energieaustausch dar. Dabei geht es um Interesse am anderen, um die geistige Beschäftigung mit ihm und um Engagement, positives oder negatives. Diese emotionale Bezugnahme auf den anderen bedarf keiner Gespräche oder persönlicher Begegnungen. Das kennen wir ja alle: Wir denken an eine Person, von der wir lange nichts gehört haben, und fünf Minuten später ruft sie an. Oder wie der Komponist Claude Debussy einmal sagte: »Musik ist das, was sich zwischen den Noten abspielt.« Ganz ähnlich verhält es sich auch mit den menschlichen Beziehungen:

Sie realisieren sich zwischen den Worten, die wir wechseln. Mit der Rückgabe der Wohnungsschlüssel ist der Einfluss, den wir aufeinander haben, noch lange nicht beendet. Und jeder Versuch, eine Bindung durch Verachtung zu lösen, kann nur in der Perpetuierung des Liebeskummers münden.

> »Gar schlimm und schwer zu heilen ist die Leidenschaft, sobald zusammen Freund mit Freund in Zwist gerät.«
> AUS »MEDEA« VON EURIPIDES

Kürzlich traf ich mich mit dem Autor des Buches *Die Neurobiologie menschlicher Beziehungen*, dem Psychologieprofessor an der Pepperdine University Dr. Louis Cozolino. Ich wollte mir von ihm darlegen lassen, was sich im Hirn abspielt, wenn wir das Gefühl haben, etwas zerreiße uns das Herz. Zunächst erklärte er mir, dass der wichtigste Auftrag des Hirns darin bestehe, uns vor Gefahren zu bewahren und unser Überleben zu sichern. Dabei interessiert es sich für unsere spirituellen Bestrebungen genauso wenig wie für unser Selbstbild des lieben, netten Menschen. Und da das Gehirn ein soziales Organ ist, so veranlagt, dass es an Beziehungen festhält, lässt es nur äußerst ungern los. In der Welt des Gehirns ist eine negative Bindung immer noch besser als gar keine, denn das würde den existenziellen Tod bedeuten. Und so weigert es sich eben einfach, die Beziehung zu lösen. Auch wenn Sie tief im Inneren noch so genau wissen, dass Sie besser gehen sollten; auch wenn Ihre Partnerschaft weit, weit häufiger schlecht läuft als gut; auch wenn das Lügen und/oder Belogenwerden schon anfängt, Sie körperlich krank zu machen.

Im Rahmen einer Studie an der University of California haben Dr. Naomi Eisenberger und Dr. Matthew Lieberman herausgefunden, dass die Zurückweisung seitens eines geliebten

Menschen im Hirn dieselbe Alarmbereitschaft hervorruft wie eine Bedrohung auf Leben und Tod.[14] Was uns daran erinnert, dass in der Frühzeit der Menschheit die Zugehörigkeit zu einem Stamm überlebenswichtig war und Verstoßung aus dem Clan den beinahe sicheren Tod bedeutete. Nicht allzu viel anders ergeht es uns Heutigen: Wenn uns der geliebte Mensch zu verlassen droht, geraten wir in Panik und das Herz beginnt wild (um sich) zu schlagen. Von der Person, die wir lieben, verschmäht zu werden, versetzt uns in Todesangst. Und selbst wenn die Trennung längst beschlossene Sache ist, kann das Hirn noch verzweifelt an der Beziehung festhalten wollen, auf ganz unterschiedliche Art und Weise.

Zum Beispiel in Form eines zänkischen, überaus ekligen Trennungsprozesses, bei dem die Partner einander voller Hass und Verachtung entgegentreten, sich darin immer weiter hochschaukeln, bis schließlich einer (oder auch beide) nur noch darauf aus ist, die Oberhand zu gewinnen und/oder sich zu rächen. Wenn das Hirn sich dabei selbst überlassen bleibt, kann ein solches negatives Engagement für den anderen bis zum Lebensende anhalten. Die Exfrau eines Mannes, den ich einmal kannte, kam nie darüber hinweg, dass er sie siebzehn Jahre zuvor wegen einer anderen verlassen hatte. Katholisch erzogen, war sie immer davon ausgegangen, dass ihre Ehe ewig halten würde. Und da sie ihrem Ex drei Kinder geschenkt hatte, fand sie, dass ihr alles Geld zustand, das er – vor und nach der Scheidung – verdient hatte und verdiente. Nun hatte sie es sich zur Lebensaufgabe gemacht, sich so viel davon zu holen wie irgend möglich. Und selbst nach all den Jahren hockte sie sich noch regelmäßig an den Computer, Abend für Abend, um seine Geschäfte zu recherchieren und sich »ihren« Anteil an dem erwirtschafteten Profit auszurechnen. Irgendein geldgieriger Anwalt fand sich immer, der bereit war, für sie vor Gericht zu ziehen.

Als ich den Ex der Frau kennenlernte, erzählte er, dass er sich vor ihren Nachstellungen nicht einen Tag lang sicher gefühlt hatte – seit beinahe zwanzig Jahren.

Da es ihr in der langen Zeit nach der Trennung nicht gelungen war, sich ein neues Leben aufzubauen, hatte sie sich in einen Schatten ihrer selbst verwandelt. In Ermangelung eines Freundeskreises und ohne eigenes Geld (abgesehen von dem, das sie ihrem Ex abluchsen konnte) drehte sich ihr ganzes Leben ausschließlich darum, die negative Verbundenheit mit diesem Mann aufrechtzuerhalten.

Eine andere Art und Weise des ungesunden Festhaltens an einer Beziehung besteht absurderweise darin, allzu schnell Schluss zu machen. Der drängende Impuls, sich aus der Verbindung zu lösen, kann zu dem Versuch führen, sich die betreffende Person in einem einzigen großen Befreiungsschlag aus dem Herzen zu reißen. Grausamer und unfreundlicher lässt sich eine Liebesbeziehung kaum beenden. Die Person, die es trifft, wird dadurch höchstwahrscheinlich so verletzt, dass sie sich wie am Boden zerstört fühlt. Wo sie vielleicht liegen bleiben möchte, bis alles Herzblut ihren Körper verlassen hat. Solcherart Trennungen können ein Broken-Heart-Syndrom[15] hervorrufen. Bei dieser Gebrochenes-Herz-Krankheit, wie man auf Deutsch auch sagt, handelt es sich um eine stressbedingte, plötzlich auftretende Kardiomyokardie, deren Symptome denen eines Herzinfarktes ähneln. In sehr seltenen Fällen kann der Schock einer solchen Blitz-Trennung sogar zum Tod führen. Eine liebende Person, der ihre Beziehung um die Ohren fliegt, oft sogar ohne jede Vorwarnung oder gegen ihren erklärten Willen, fühlt sich nachher oft wie eine leere Hülse und sieht sich vor die makabre Aufgabe gestellt, mutterseelenallein mit dem plötzlichen Tod der Liebe zurechtzukommen. Das kann zur Folge haben, dass sie wie besessen den Schock immer wieder durchkaut, sich jedes noch so kleine Detail vor Augen führt – bis hin zu dem gefürchteten Moment der Detonation selbst.

Eine Klientin von mir musste diese Erfahrung machen. Janet war Mitte vierzig, als ihr verheirateter Freund sie nach dreijähriger Beziehung verließ. Er hatte ihr verschiedentlich versichert, dass er sich bald scheiden lassen wolle. Doch als seine Frau ihm auf die Schliche kam, war davon plötzlich nicht mehr die Rede. Statt nun aber Janet in aller Freundlichkeit zu erklären, dass er versuchen wolle, seine Ehe zu retten, wie man es hätte erwarten können, ging er auf sie los. Er rief bei ihr an, um ihr eiskalt und vollkommen herzlos vorzuwerfen, sie habe ihn manipuliert und zur Untreue verleitet. Er stellte die Tatsachen vollkommen auf den Kopf. Indem er seine eigenen Schwächen auf sie projizierte, machte er aus Janet eine bösartige Verführerin und stieß sie, bildlich gesprochen, vor den Bus, um sein Selbstbild des guten, ehrenhaften Mannes aufrechterhalten zu können und sich wieder mit seiner Frau zu versöhnen. Schwersttraumatisiert, fühlte sich Janet wie das Opfer eines schlimmen Gewaltverbrechens und brauchte viele Monate, bis sie sich notdürftig die Granatsplitter von der Seele gepflückt hatte. Denn tief in ihrem Inneren bewahrte sie nicht die schönen Erinnerungen an die Beziehung zu ihrem Freund, sondern den grauenhaften Moment des Anschlags: jenes klägliche Telefonat, in dem sich ihr die beleidigendsten und hässlichsten Aspekte der Liebe offenbart hatten. Mehr als ein Jahr lang konnte Janet kaum mehr durchatmen, essen oder schlafen. Geschweige denn sich vorstellen, dass sie je wieder offen für eine neue Liebe sein könnte.

Dies sind die Gefahren der Arten von Trennung, wie sie viele von uns kennen. Bei ihnen greifen die primitiven Selbstschutzmechanismen, mit denen wir am Ende einer Liebesbeziehung unser Herz vor Verletzungen bewahren wollen. Doch sie lassen es schließlich zu Stein verhärten.

Ein gebrochenes Herz heilt nicht von selbst

Sobald Sie jemanden einmal wirklich an sich herangelassen haben und sich Ihre Identität schon mit der des anderen verschmolzen hat, wird ein abrupter Schnitt schwer, auch wenn Ihnen der Abbruch der Beziehung vom Verstand her noch so sehr geraten scheint. Äußerlich mag die Trennung schnell gehen, für die innere Abnabelung aber gilt dies nur selten. Haben Sie jemals versucht, verfilzte Haare zu entwirren? So ähnlich können Sie sich das vorstellen. Psychisch sind Sie dermaßen eng mit dem anderen verwoben, dass Sie es für ein Ding der Unmöglichkeit halten, das alles wieder auseinanderzudividieren. Welche Meinung ist wirklich die Ihre? Welche Überzeugung entspricht im Grunde mehr der des anderen? Welches Ziel wollen Sie auch weiterhin anstreben, welches aufgeben? All das kann schwer zu entknoten sein. Ganz so, als würden Sie aus einem Haus ausziehen, das von oben bis unten mit lauter abgegriffenen alten Büchern, jeder Menge Krimskrams und selbst gezimmertem Mobiliar vollgestopft ist: Ihre Psyche sieht sich jetzt vor die Aufgabe gestellt, jedes einzelne Teil zu klassifizieren und gegebenenfalls auszusortieren, damit Sie Ihre Autonomie zurückgewinnen und Ihr Leben neu gestalten können.

> »Vor dem Bau einer Mauer wüsste ich gern,
> was ich damit umfriede und was ich abhalte.«
> ROBERT FROST

Mein drittes Lebensjahrzehnt habe ich im Greenwich Village verbracht. Habe gekellnert und in Kleinkunstschuppen auf der Bühne gestanden – in der Hoffnung, als nächste Edith Piaf entdeckt zu werden. Eines meiner damaligen absoluten Lieblingslieder (das ich auch heute noch sehr mag) stammte von Jerry

Herman und war durch die Interpretation der wunderbaren Barbara Cook bekannt geworden. Es trug den Titel »Time Heals Everything« – »Die Zeit heilt alles« –, und ich zelebrierte jede seiner samtigen Textzeilen wie eine heilige Ode an die Sehnsucht. Das Klagelied endete mit der traurigen Erkenntnis, dass die Zeit alles heilt ... »nur nicht meine Liebe zu dir«.

Ich wusste genau, was ich da sang. Seit Jahren hatte ich ein gebrochenes Herz. Trug immer noch schwer an der langwierigen, unverarbeiteten Trauer über eine chaotische, verwirrende Kindheit voller Verluste und hatte mir meinen Kummer umgelegt wie einen dicken, schweren Umhang. Oft wurde ich auf die Traurigkeit in meinen Augen angesprochen. Dabei gab ich mir doch solche Mühe, sie zu verbergen. Deshalb spreche ich aus Erfahrung: Solange wir uns nicht aktiv darum bemühen, unseren Herzschmerz zu überwinden, und keine Schritte unternehmen, etwas Schönes aus unserem Leben zu machen, können und werden die Qualen des erlittenen Verlusts unsere nächsten Lebensjahre genauso überschatten, wie es körperliche Schmerzen tun würden.

> *»Mit der Zeit, heißt es immer, verändere sich alles. Aber das stimmt gar nicht. Das müssen schon wir tun.«*
> ANDY WARHOL

Ein schlecht verarbeiteter Verlust und die daraus resultierenden psychischen Verletzungen können Sie für Ihre gesamte Zukunft zum Opfer der Schattenseiten der Liebe machen und Sie zu einem ärmeren Leben mit beschränkter Liebesfähigkeit verurteilen. Unter amerikanischen Psychotherapeuten gibt es Bestrebungen, die sogenannte verlängerte Trauerstörung, die auch als komplizierte Trauer bezeichnet wird, ins DSM, das *Diagnostic and Statistical Manual of Mental Disorders* (»Diagnostischer und statistischer Leitfaden psychischer Störungen«) aufzunehmen.[16] Von der Mayo Clinic wird die komplizierte Trauer als ein Zustand chronischen, übersteigerten Trauerns beschrieben, der sich durch innerliche Taubheit, große Sehnsucht, Reizbarkeit, ein Gefühl der Sinnlosigkeit, Depressionen und Vertrauensverlust auszeichnet. Man steckt im Morast von Bedauern, Reue, Kummer und Scham fest, empfindet das Leben als freudlos und hat nicht die geringste Hoffnung, dass es sich je zum Besseren verändern könnte. Das Risiko, an einer verlängerten Trauerstörung zu erkranken, erhöht sich, wenn die Betreffenden schon früher zu Ängsten und Depressionen neigten oder wenn die Trennung eine besondere Erschütterung für sie darstellte beziehungsweise vollkommen überraschend kam. Eine komplizierte Trauer kann sich jedoch auch einstellen, wenn die Entwicklung, die zur Trennung geführt hat, Ihre schlimmsten Befürchtungen über sich selbst bestätigt oder andere unverarbeitete Verluste hinzukommen. Selbstverständlich ist nicht jeder gleich anfällig für eine Trauerstörung. Ein gewisses Risiko aber besteht für uns alle, denn der Verlust einer Liebesbeziehung kann uns nicht nur das Herz brechen, sondern unsere gesamte psychische Verfassung in Mitleidenschaft ziehen.

Entgegen der allgemeinen Auffassung heilt die Zeit keineswegs alle Wunden. Das müssen wir schon selbst tun. Deshalb sollten Sie Ihr gebrochenes Herz mit genauso viel liebevoller Aufmerksamkeit behandeln wie etwa ein gebrochenes Bein.[17] Stellen Sie sich nur einmal kurz vor, Sie hätten sich den Oberschenkelknochen gebrochen: Bewegungsunfähig liegen Sie auf der Krankenbahre, stöhnend vor Schmerz. Und dann kommt der Arzt mit dem Röntgenbild. Er schaut auf Sie herab und sagt ganz freundlich: »Ach, das braucht nur etwas Zeit. Es wird Ihnen schon bald wieder sehr viel besser gehen.« Nun, genau wie ein gebrochenes Bein braucht auch ein gebrochenes Herz sehr viel Pflege, Therapie und Aufmerksamkeit, wenn es ordentlich verheilen soll. Oder würde es Ihnen etwa nichts ausmachen, wenn es nachher nie mehr höherschlägt, nie mehr so offen ist wie früher und die blauen Flecken nicht weggehen? Denn das ist das psychische Äquivalent zu einem schlecht ausgeheilten Beinbruch, der ein Hinken hinterlässt und Schmerzen verursacht, sobald das Wetter umschlägt.

Vielleicht sind Ihre Qualen momentan so groß, dass Sie fürchten, daran zu sterben. Da Sie aber geistesgegenwärtig genug waren, sich dieses Buch zu besorgen, und es schon bis hierher gelesen haben, kann ich Ihnen guten Gewissens versichern, dass Sie überleben werden. Sollten Sie allerdings die Schotten dicht machen, sich dem Leben verschließen und Ihre erlittene Enttäuschung als Ausrede hernehmen, um sich vor der Liebe zu verstecken, ja: sollten Sie all Ihre Hoffnungen begraben haben und sich totstellen, nur um nicht noch einmal so verletzt zu werden, dann können Sie sich auch gleich der großen Armee der lebenden Toten anschließen. Denn einen geliebten Menschen aufzugeben, ist das eine. Sich selbst aufzugeben aber etwas vollkommen anderes.

Das Gute an einer schlimmen Trennung

Ihnen angesichts der entsetzlichen Schmerzen, die Sie gerade erleiden, gut zureden und Sie auffordern zu wollen, die Trennung zu Ihrem großen Durchbruch zu machen – beziehungsweise einen Triumph aus dem Trauma –, ist eine ziemlich heikle Angelegenheit, das sehe ich natürlich ein. Die verrückten, kaum zu beschreibenden Emotionen, die Sie gerade überschwemmen wie eine einzige riesige Flutwelle, darf, kann und will ich bestimmt nicht auf die leichte Schulter nehmen. Hoffnungslosigkeit, Hass,

Verzweiflung, Niedergeschlagenheit werfen Sie hin und her, schleudern Sie immer wieder gegen die Felsen.

Aber ich habe eine Rettungsleine für Sie. Und ich möchte Sie aufs Eindringlichste bitten, danach zu greifen. Das, was Sie da gerade durchmachen, ist wahrscheinlich eine der schmerzlichsten Erfahrungen Ihres Lebens. Zugleich aber bietet es die Chance eines radikalen Aufbruchs zu neuen Ufern. Momentan, da Sie sich mitten im Auge des Orkans befinden, hört sich das für Sie wahrscheinlich total bescheuert an und es geht Ihnen am Allerwertesten vorbei. Aber das wird sich bald ändern, da bin ich mir ganz sicher.

> »Du kennst das doch: Wenn du jemandem begegnest, der wie eine leere, tote Hülle auf dich wirkt, und du stellst dir die Frage: Was ist mit ihm oder mit ihr passiert? Diese Leute haben alle einmal, irgendwann in ihrem Leben – so wie du jetzt auch – an einer Kreuzung gestanden. Und da mussten sie sich dann entscheiden: Geh ich den linken Weg oder den rechten? Sei nicht so ein verdammter Feigling.
> Entscheide dich!«
>
> Patti in dem Film »Unter der Sonne der Toskana«

Das Gute an der Trennung ist, dass Sie vom Leben, diesem großen Gleichmacher, in die Knie gezwungen wurden. Ihr Liebeskummer hat alles an und in Ihnen auf den Kopf gestellt und auch noch im letzten Winkel Ihrer Psyche jede Lüge aufgespürt, mit der Sie je gelebt haben. Jetzt starren Ihnen alle Ängste, die Sie irgendwann einmal unter den Teppich gekehrt, bagatellisiert oder geleugnet haben, direkt ins Gesicht. Jede Gelegenheit, bei der Sie Ihre Macht abgetreten, Ihren inneren Überzeugungen zuwidergehandelt, Ihre Gefühle und Bedürfnisse hintangestellt, sich als armes Opfer gefühlt oder mit weniger abgefunden haben, als Ihnen zustand – all das steht jetzt auf dem Prüfstand. Sie können sich nicht mehr verstecken. Das Leben hat Sie geknackt und verlangt von Ihnen nun ebenso gewaltsam wie gnadenlos, dass Sie sich weiterentwickeln und über sich hinauswachsen. Oder in den unsterblichen Worten des großartigen Leonard Cohen ausgedrückt: »Alles hat einen Riss. So kommt das Licht hinein.«

Die einzige Möglichkeit, den Verlust der Aufmerksamkeit und der Zuneigung Ihres Lieblingsmenschen zu überwinden, besteht darin, den wilden, feurigen Schmerz zum Katalysator Ihres Aufbruchs zu machen und Sie selbst zu dem Menschen, der Sie eigentlich sind. Ob Sie es nun waren, der die Trennung vollzog, oder ob Sie verlassen wurden; ob die Trennung erst fünf Minuten oder schon fünf Monate, fünf Jahre her ist: Dieses Buch wird Ihnen helfen, alles ins rechte Licht zu rücken, und Sie sicher, wohlbehalten und gesund in das neue, schöne Leben begleiten, das Ihrer harrt, sobald Sie dies alles hinter sich gebracht haben.

Neue Möglichkeiten: »Conscious Uncoupling« – eine Einführung

»Traurigen Herzens sind wir übereingekommen, uns zu trennen ... Wir lieben uns zwar noch sehr, werden aber nicht mehr zusammenkommen. Doch sind und bleiben wir eine Familie und stehen uns in gewisser Weise heute sogar näher als je zuvor.«

Gwyneth Paltrow und Chris Martin

Als eine bildhübsche Schauspielerin und ihr Ehemann, ein begabter Musiker, ihre Trennung öffentlich machten, verwendeten sie einen Begriff, der daraufhin in aller Munde war: »Conscious Uncoupling« (wörtlich: »bewusstes Ent-Paaren«). Dafür werde ich ihnen ewig dankbar sein. Denn innerhalb der folgenden vierundzwanzig Stunden begannen Millionen Menschen auf der ganzen Welt über Möglichkeiten zu diskutieren, wie wir unsere Liebesbeziehungen mit mehr Bedacht beenden können, ohne all den Streit und die Feindseligkeiten, die wir sonst so kennen und im Grunde schon beinahe für normal halten.

Zu der Zeit befand ich mich gerade in einem Retreat-Zentrum tief im Dschungel von Costa Rica, um in Ruhe das Exposé für ein neues Buch zu schreiben. In dem Buch (aus dem schließlich *dieses* Buch geworden ist) wollte ich mich ganz dem Prozess des »Conscious Uncoupling« zur besseren Beendigung von

Beziehungen widmen, den ich entwickelt hatte und seit 2009 auch unterrichtete. Denn mir war, wie vielen meiner Kolleginnen und Kollegen auch, schon lange klar, dass ein Paradigmenwechsel auf diesem Gebiet nicht nur möglich sein müsste, sondern auch dringend erforderlich war.

Nun hatte ich mich zwar an den entlegensten Ort begeben, den ich finden konnte, um möglichst ohne Ablenkung arbeiten zu können, aber in unserer heutigen digitalen Welt kann man sich ja eigentlich nirgends mehr verstecken. Was dazu führte, dass ich mich schon wenige Stunden nach der Ankündigung Gwyneth Paltrows und Chris Martins in einem Zimmerchen wiederfand, das nicht viel größer war als ein Kleiderschrank, und pausenlos am Telefon hing, dem einzigen Festnetzanschluss, den das Retreat-Zentrum für Gäste zur Verfügung hatte. Reporter von überall auf der Welt riefen an, um mir nur die eine simple Frage zu stellen:

Was um alles in der Welt ist unter einem »Conscious Uncoupling« zu verstehen?

Und das antwortete ich ihnen: »Conscious Uncoupling« bezeichnet eine Trennung beziehungsweise Scheidung, die sich durch ein Höchstmaß an Gutmütigkeit, Großzügigkeit und gegenseitigem Respekt auszeichnet. Dabei bemühen sich die (Ex-)Partner nach Kräften, den Schaden für sich selbst, den jeweils anderen und gegebenenfalls die Kinder so gering wie möglich zu halten und bewusst nach neuen Übereinkünften und Strukturen zu suchen, die allen Beteiligten eine gute Zukunft eröffnen.

Wohl am bekanntesten geworden ist das »Conscious Uncoupling« für das Klima der Freundlichkeit, in dem es sich abspielt, für die großherzige Güte, die dabei zum Tragen kommt, und das ernsthafte Bemühen, aus den richtigen Gründen das Richtige zu tun. Kurz gesagt handelt es sich also um eine Trennung, bei der die unbewussten, primitiven und biologisch bedingten Impulse, um sich zu schlagen, den anderen zu bestrafen, sich an ihm zu rächen und/oder ihn sonst wie zu verletzen, erfolgreich überwunden, bekämpft und in Schach gehalten werden.

Zugegeben, das ist leichter gesagt als getan.

Denn wie wir gesehen haben, ist das Hirn ja nicht gerade ein Fan davon, wichtige Beziehungen umzumodeln. Bei meinem bereits erwähnten Gespräch mit Dr. Louis Cozolino in seinem gemütlichen Büro in den Beverly Hills erkundigte ich mich auch, was sich eigentlich im Hirn abspielt, dass es selbst die Nettesten von uns dazu treiben kann, plötzlich zu übelwollenden Raubtieren zu werden. Der gute Doktor, der dem Schauspieler Harry Hamlin übrigens wie aus dem Gesicht geschnitten ist, bis hin zur Frisur, gab sich alle Mühe, es mir zu erklären: Im Unterschied zur Bauchspeicheldrüse, zu den Nieren oder der Leber ist das Gehirn ein soziales Organ, das sich im Laufe der Jahrmillionen so entwickelt hat, als bestünde seine Hauptaufgabe darin, sich mit den Hirnen seiner Mitmenschen zu vernetzen. Aufgrund dieses Bindungs-Schaltkreises entsteht ein interaktives System, das neben anderem die Funktion hat, Stimmung und Emotionen zu steuern.[18] Diese »Soziostase«, wie man in der Neurowissenschaft sagt, ist der Grund dafür, dass wir so abhängig – ja beinahe schon *süchtig* abhängig – von unseren Liebsten sind. Mit anderen Worten: Letzten Endes ist Angststeuerung der Kern jeder Bindung. Und unsere engsten Beziehungen haben die Aufgabe, uns zu beruhigen, wenn wir in Gefahr geraten, die Kontrolle zu verlieren.

Wie das funktioniert, erklärt mir Dr. Cozolino anhand der Kämpfe zweier Schimpansen, die oft auf Leben und Tod gehen. Sobald klar ist, wer von den beiden den Kürzeren zieht, rennt das Betatier, um sein Leben zu retten, oft auf eine Schimpansenmutter zu, entreißt ihr ihr Baby und hält es seinem wütenden

Widersacher direkt vor die Nase. Beim Anblick des Kleinen fällt der Testosteronspiegel im Blut des Alphaschimpansen sofort drastisch ab und er beruhigt sich so weit, dass der Tod des Unterlegenen an Wahrscheinlichkeit verliert. Das Baby hat in diesem Moment die Emotionen des Alphatieres kanalisiert.

Mir wird langsam klar, warum wir uns nach keinem Menschen mehr sehnen als nach dem, den wir lieben – auch wenn er uns äußerst brutal misshandelt und beleidigt. Wir sind abhängig von ihm, so abhängig wie ein Heroinsüchtiger von der Nadel. Fair ist das nicht, aber wir scheinen von Natur aus so veranlagt zu sein, dass der Einzige, der uns beruhigen kann, wenn wir in Panik geraten, ausgerechnet die Person ist, die uns diese überwältigende Angst einjagt. Allmählich begreife ich auch, warum wir im Zuge einer Trennung so ausflippen und von derart entsetzlichen Emotionen erschüttert werden, dass wir praktisch den Verstand verlieren. Das Kappen einer engen Verbindung versetzt uns in höchste Angst, verringert unsere Fähigkeit, die Emotionen unter Kontrolle zu halten, weil wir uns noch nicht an die neue Situation gewöhnt und noch keine anderen Möglichkeiten gefunden haben, zur Ruhe zu kommen und keinen Nervenzusammenbruch zu erleiden.

Wir alle wissen: Hat die Angst in unserem Leben erst einmal die Oberhand gewonnen, bringen wir die blödesten und auch destruktivsten Dinge fertig. Denn Angst macht dumm, schlicht und ergreifend. Aber genau in dem Moment, in dem wir unseren Verstand am dringendsten brauchen, weil unglaublich wichtige Entscheidungen zu treffen sind, mit deren Folgen wir die nächsten Jahre über leben müssen, setzt er aus. Denn das Hirn ist offenbar so programmiert, dass es in solchen Augenblicken das Denken praktisch ganz einstellt.

Während ich mir das bewusst mache, nimmt mein Respekt vor Menschen, die mit Bedacht an ihre Trennung herangehen, nur noch zu. Menschen, die ganz bewusst den im limbischen System des Hirns beheimateten Impulsen widerstehen, das Haus abzufackeln, alles Porzellan zu zerdeppern oder seine teuren Anzüge zur Wohlfahrt zu geben. Menschen, die stattdessen vernünftig handeln, Entscheidungen treffen, die sie mit ihrem Gewissen vereinbaren können. Diese entstammen dem Kortex, dem rationalen Teil des Gehirns, der uns davor bewahren kann, dass wir uns wie ein waidwundes Tier aufführen. Ohne ihn wäre ein Verhalten, bei dem die Ethik über unsere Emotionen triumphiert, völlig unmöglich.

Das Beispiel von Dianna und Brian

Zur praktischen Umsetzung des Ideals eines bewussten, friedlichen Auseinandergehens habe ich einen fünfstufigen Prozess entwickelt, der es ermöglicht, das verminte Gelände der verlorenen Liebe sicher zu durchqueren – unversehrt an Herz, Psyche und Seele. Um menschlich weiterzukommen, müssen wir den ganzen Schmerz des Liebeskummers nutzen, um alte, quälende Verhaltensmuster zu überwinden und nach dem Beziehungsende ein womöglich sogar noch schöneres Leben zu führen als früher. Wir werden sozusagen in einen tiefen Brunnen voller Leid gestoßen und vor die beängstigende Wahl gestellt: untergehen oder schwimmen lernen.

Dianna entschied sich für Letzteres. Allerdings war ich mir am Anfang unserer Zusammenarbeit alles andere als sicher, in welche Richtung sie losschwimmen würde.

Das Erste, was mir an Dianna, einer attraktiven Anwältin für Immobilienrecht, Mitte vierzig, auffiel, als sie im Vorzimmer meiner Praxis hektisch in einer Klatschzeitschrift blätterte, war ihr adrettes dunkelblaues Wollkostüm. Das Zweite: der Zorn in ihren Augen, als sie aufblickte, um mir Guten Tag zu sagen. Erst als wir die Tür hinter uns geschlossen hatten und in meinem Büro allein waren, änderte sich ihre Miene, wurde weicher, traurig vor Schmerz, vor Verwirrung. Und bevor ich mich auch nur hinsetzen konnte, sprudelte es schon aus ihr heraus: Ihr Ehemann Brian, angehender Filmemacher und Hauptbezugsperson der gemeinsamen vierjährigen Tochter Stephanie, hatte eine Affäre. Wenige Tage zuvor war Dianna von ihm informiert worden, dass er sie der anderen wegen verlassen wolle und beabsichtige, die Scheidung einzureichen.

Dianne war schockiert und wütend zugleich. Jahrelang hatte sie regelmäßig Überstunden gemacht, um Brian, der, wie sie sagte, an seiner »eingebildeten Filmkarriere« werkelte, finanziell unterstützen zu können. Auf die Intensität ihrer Wut auf Brian und sein ungerechtes, beleidigendes Verhalten war sie nicht vorbereitet. So malte sie sich zum Beispiel in allen Einzelheiten aus, wie sie seine gesamte Kleidung mit einem Bleichmittel übergoss, sich in den Rechner hackte, um seine Drehbuchentwürfe zu löschen, und im Haus seiner Geliebten die Fensterscheiben einwarf. Diese Gefühle empfand sie als so beängstigend, dass sie sich selbst nicht mehr recht über den Weg traute. So als bedürfe es nur einer kleinen Provokation und sie würde die Kontrolle verlieren und ihre Fantasien in die Tat umsetzen. Zuerst hatte sie entsprechend gehandelt: sich einen aggressiven Scheidungsanwalt gesucht, der ihr versicherte, dass Brian nur das bekäme, was er in die Ehe eingebracht hatte. Dann aber hielt sie inne, atmete einmal tief durch, schaute mir direkt in die Augen und sagte, dass sie sich nicht so feindselig und gehässig verhalten wolle wie ihre Eltern bei der Scheidung vor etwa dreißig Jahren – was bei ihr als Kind und Jugendlicher wiederholt zu Phasen tiefer Niedergeschlagenheit und Verzweiflung geführt hatte.

Gemeinsam versuchten Dianna und ich, ihre Situation zu analysieren. Wie würde es sich auf Tochter Stephanie auswirken, wenn sie zwischen zwei Elternteilen hin und her gerissen wäre, die sich ständig in den Haaren lagen? Was konnte es für Diannes künftige Liebesbeziehungen bedeuten, wenn sie ihren Rachegelüsten jetzt nachgab? Wollte sie Brian und seiner Geliebten tatsächlich die Macht geben, darüber zu bestimmen, was für eine Art Mensch sie war? Wie konnte man unter den gegebenen Umständen – an denen sich wahrscheinlich nichts mehr ändern würde – das für alle Beteiligten Beste herausholen?

Das war der Anfang unserer Zusammenarbeit. Wir begannen mit dem ersten Schritt des »Conscious-Uncoupling«-Prozesses, »Sie finden zur emotionalen Freiheit«. Dabei lernte Dianne, die Intensität ihrer unbändig schwierigen Emotionen zu nutzen und ihre *destruktiven* Impulse in die *konstruktiven* Energien einer nachhaltigen Veränderung zum Positiven zu transformieren. Diese konstruktiven Energien würden ihr helfen können, über die Frau hinauszuwachsen, die sie in der Beziehung zu Brian gewesen war – unsicher, gefällig, sich selbst verleugnend und unterwürfig.

In dem Maße, in dem sie von ihrer rasenden Wut abließ, machte sich eine Schwermut in Dianne breit, die sie schier zu verschlingen drohte. Nach einer langen Pause räumte sie schließlich ein, dass diese Traurigkeit nichts Neues für sie war. Schon lange bevor sie Brian kennenlernte, hatte sie Einzug in ihr Leben gehalten. Dianne war bei ihrer alkoholkranken Mutter aufgewachsen, die kaum mit ihr gesprochen hatte, auch wenn das Mädchen noch so brav und gut in der Schule war und überhaupt alles tat, um Mama zu gefallen. Das Gefühl, nie genügend Unterstützung zu erfahren und sich allein durchs Leben schlagen zu müssen, kannte sie also bereits in sehr jungen Jahren. Nun wollte sie ihren Zusammenbruch nutzen, um das alte

Muster des Sich-mutterseelenallein-Fühlens hinter sich zu lassen und sich ein ganz neues Leben aufzubauen.

Anschließend wendeten wir uns Schritt zwei zu, »Sie holen sich Ihre Kraft und Ihr Leben zurück«. Er sollte bewirken, dass sich Dianne nicht mehr auf die Dinge konzentrierte, die Brian ihr angetan hatte, sondern ihre Aufmerksamkeit auf sich richtete: darauf, welche Rolle sie selbst in dem ganzen Prozess gespielt hatte. Was ihr beileibe nicht leichtfiel. Doch wurde ihr irgendwann klar, dass sie sich dieser Frage stellen musste, wenn sie je noch einmal lieben und nicht dieselben Fehler wiederholen wollte.

Kleinlaut räumte sie ein, dass Brian bereits seit zwei Jahren immer wieder vorgeschlagen hatte, eine Eheberatung aufzusuchen, weil ihn die zahlreichen Überstunden, die sie machte, frustrierten. Dianne aber war viel zu beschäftigt gewesen, um auch nur darüber nachzudenken. Jetzt begann sie eine Verbindung herzustellen: zwischen der Vernachlässigung, die sie selbst als Kind erfahren hatte, und ihrem nachlässigen Verhalten Brian und Tochter Stephanie gegenüber. Dazu zu stehen, war eine Qual für Dianne. Doch sobald sie der Wahrheit einmal ins Auge geschaut hatte, war sie frei, ihr Leben in vielerlei Hinsicht entscheidend zu verändern. Darüber hinaus begann sie, den Lauf der Ereignisse in ihrer ganzen Komplexität zu begreifen und sich nicht mehr nur als Opfer zu sehen, was ja höchstens die halbe Wahrheit war. Und das Risiko barg, dass sie künftigen Verehrern von vornherein mit Misstrauen begegnete.

Im dritten Schritt, »Sie brechen aus alten Verhaltensmustern aus und heilen Ihr Herz«, wendeten wir uns Diannes »Ursprungswunde« zu – dem Gefühl, heimatlos und vertrieben zu sein, das sich während des Trennungsprozesses ihrer Eltern eingestellt hatte. Mit meiner Hilfe machte sie sich die Geschichte bewusst, die sie sich als Reaktion auf diese Erfahrung zusammengebastelt hatte: »Ich bin ganz allein«, »Männer verlassen einen eh immer« und »Das, was ich wirklich brauche, kriege ich von niemandem«. Nachdem sie einen Schritt zurückgetreten war und ihr Leben wie einen Kinofilm auf sich hatte wirken lassen, versuchte sie sich klarzumachen, auf welche Weise sie diese Geschichte seither immer wieder reproduziert hatte. Das Ergebnis überraschte sie selbst: Wie oft hatte sie anderen aufgrund ihres Denkens und Verhaltens den Zugang zu sich erschwert. Sie rühmte sich ihrer Autonomie. Als Person, der ihre Unabhängigkeit über alles ging, bat sie nur selten jemanden um Hilfe und war kaum einmal bereit, Unterstützung anzunehmen. Anderen ihre Gefühle zu vermitteln, fiel ihr schwer, und sie präsentierte sich stets als eine Frau, die alles unter Kontrolle hatte und nichts von ihren Mitmenschen brauchte. Doch sobald sie erkannt hatte, dass sie selbst die Urheberin ihrer enttäuschenden Liebesgeschichte war, wurde ihr zugleich bewusst, dass sie auch die Verantwortung für ihre Einsamkeit trug.

Dianne beschloss, dieses qualvolle Muster abzulegen und ihre alten Überzeugungen zu hinterfragen. Sie erkannte, dass sie durchaus liebesfähig war und ein großes Bedürfnis nach Nähe und Zuneigung hatte. Ab sofort, entschied sie, sollte ihr Leben nicht mehr unter dem Diktat ihrer früheren Verluste und Einbußen stehen. Sie begann, nach anderen Wegen in Beziehungen zu suchen, die es ihr auch ermöglichten, sich eine neue Lebensgeschichte aufzubauen. Ihrem Wunsch nach glücklichen, gesunden Beziehungen entsprechend, fing sie an, auf die Menschen in ihrem Umfeld zuzugehen – auf Kolleginnen und Kollegen, Angehörige, Freunde und auch auf Brian, den einzigen Vater, den ihre Tochter Stephanie je haben würde.

Im vierten Schritt, »Sie werden zum Alchemisten der Liebe«, lernte Dianne, die Reste ihres Grolls auf Brian zu beseitigen, indem sie die Verantwortung für das nachlässige Verhalten übernahm, das sie ihm gegenüber an den Tag gelegt hatte. Für seine destruktive Reaktion darauf war sie nicht zuständig. Aber sie räumte ein, dass ihm ihr Verhalten sehr wehgetan haben musste. Diese großherzige Haltung wiederum veranlasste Brian, es ihr gleichzutun und für die unreife, verletzende Art geradezustehen, auf die er sich von Dianne getrennt hatte. Es tat ihm wirklich leid und nun begriff er auch, wie verheerend sich sein Handeln nicht nur auf seine Expartnerin ausgewirkt hatte, sondern auch auf Stephanie.

Dianne wollte ihre Beziehung zu Brian nicht länger dadurch definieren, dass er sie betrogen hatte. Und statt ihn nun dafür zu bestrafen, dass er einer anderen Frau den Vorzug gab, beschloss sie, noch einen weiteren Schritt auf ihn zuzugehen. Als Zeichen ihres guten Willens, als Dankeschön für die gemeinsame Zeit und die wundervolle Tochter, die er ihr geschenkt hatte, bot sie Brian eine nicht unbeträchtliche Finanzspritze an. In einem freundlichen Begleitbrief schrieb sie, dass sie ihm verziehen habe und sich das Gleiche auch von ihm erhoffe. Das Geld, schlug sie vor, könne er ja für den Kurzfilm verwenden, den er im ganzen Trubel ihrer Trennung vollkommen vernachlässigt hatte. Brian konnte diese großzügige Geste kaum fassen und war Dianne überaus dankbar. Das Geld steckte er tatsächlich in den Film – und der wurde dann auch zum Start seiner eigentlichen Karriere.

Tief berührt von Diannes Freundlichkeit revanchierte er sich bei ihr, indem er seine Arbeitszeiten so legte, dass er unter der Woche jeden Nachmittag auf Stephanie aufpassen konnte und Dianne somit die Kosten für eine Betreuung sparte. Dass ihr Vater sie täglich von der Schule abholte und sich um sie kümmerte, verstärkte in dem Mädchen das Gefühl der Zugehörigkeit zu ihm. Das alles sind nur einige der vielen positiven Faktoren, durch die sich die Beziehung zwischen Dianne und Brian mittlerweile auszeichnet.

Aufgrund dieser und anderer im fünften Schritt, »*Trotz allem glücklich werden*«, vorgeschlagener Gesten, die sich auf den erweiterten Familien- und Freundeskreis beziehen, kann sich Stephanie heute frei in beiden Haushalten bewegen und sich dabei wohlfühlen. Zudem ist ihre Familie durch die Trennung größer geworden – auch kein schlechter Nebeneffekt des »Conscious Uncoupling«.

Zwar muss nicht jede Trennungsgeschichte in einer neuen Liebe münden, um sich als »Happy End« zu qualifizieren, trotzdem freue ich mich, berichten zu dürfen, dass sich Diannes Anstrengungen auch insofern ausgezahlt haben, als sie die Zuneigung eines freundlichen, liebevollen Mannes gewonnen hat, der viel Freude in ihr Leben bringt. Aufgrund ihres Liebeskummers ist sie präsenter, achtsamer und bewusster geworden. Zudem hat sie eingesehen, dass jede menschliche Beziehung Aufmerksamkeit braucht, wenn sie stark und lebendig bleiben soll. Und so simpel sich das auch anhört: Zuvor hatte Dianne es nicht begriffen. Darüber hinaus hat sie gelernt, ihre eigenen Gefühle und Bedürfnisse ernst zu nehmen, und verausgabt sich jetzt nicht mehr der Selbstbestätigung wegen. Statt rund um die Uhr zu schuften, damit sich die Träume und kreativen Hoffnungen anderer erfüllen können, wie sie es während ihrer Ehe mit Brian getan hatte, stellt sie jetzt ihre eigene Kreativität in den Vordergrund und schreibt gerade an ihrem ersten Roman. Insgesamt ist Diannas Leben wahrhaftiger und »runder« geworden, als es je zuvor war – wofür sie eine tiefe Dankbarkeit empfindet.

Die Lektionen, die uns die Liebe erteilt, können bitter sein und der Preis der Weisheit ist oft hoch. Doch solchen anfänglich eher unliebsamen Lehrstunden wohnt ein immenses Befreiungspotenzial inne, das es uns ermöglicht, künftig ein authentischeres, sinnvolleres Leben zu führen. Dr. Ginette Paris, nach C. G. Jung arbeitende Psychologin und Verfasserin des Buches

Heartbreak, führt uns in Erinnerung, dass »der einzige Schmerz, der sich im Leben vermeiden lässt, aus einem gefesselten Herzen resultiert«.[19] Vor Verletzungen können wir uns nicht unbedingt schützen, davor, dass wir uns von erlittenen Verlusten in Fesseln schlagen lassen, jedoch schon. Und zwar, indem wir etwas Gutes daraus machen. Und genau dies ist die Chance, die ein gebrochenes Herz zu bieten hat.

Sich großzügig, gutmütig und elegant zeigen

Ein Lehrer des Buddhismus, Ken McLeod, spricht über die Idee des Karmas, das viele spirituell Suchende als Ursache und Wirkung unseres Handelns betrachten.[20] Wenn ich mehr Gas gebe, beschleunigt mein Wagen. Wenn ich jemanden attackiere, kann es sein, dass der Angreifer zurückschlägt. Entweder direkt oder das Leben stellt auf eine andere Weise das Gleichgewicht wieder her, zum Beispiel dadurch, dass ich später einen kleinen Autounfall habe oder mir auf dem Markt die Geldbörse gestohlen wird. Manchmal benehmen wir uns sogar nur deshalb anständig, weil wir uns kein »schlechtes Karma« aufladen und für unser egoistisches, unreifes Verhalten nicht bestraft werden wollen. Doch diese Interpretation von Karma entbehrt der Nuancen, die bei Übersetzungen von einer Sprache beziehungsweise einer Kultur in die andere oft verloren gehen.

> *»Ich hätte lieber Augen, die nicht sehen, Ohren, die nicht hören, Lippen, die nicht sprechen können, als ein Herz, das nicht lieben kann.«*
> ROBERT TIZON

Im Tibetischen lautet das Wort *karma* korrekt eigentlich Las-rGyu-aBras: »Tun – Saat – Ergebnis«. Wie Ken McLeod darlegt, fügen die Tibeter zur Erklärung abstrakterer Begriffe oft zwei oder auch mehrere Wörter zusammen, beispielsweise *nah* und *weit weg* für das Konzept der Entfernung, *groß* und *klein* für die Idee von Größe. Der ursprünglichen Definition nach bedeutet »Karma« daher, dass wir mit jeder unserer Handlungen ein Samenkorn ausbringen, das sich zu einem bestimmten Ergebnis auswächst. Die dahinterliegende Vorstellung geht also insofern über den Zusammenhang von Ursache und Wirkung einzelner Handlungen hinaus, als die Gesamtheit unseres Tuns das Leben auf Dauer in eine bestimmte Richtung lenkt. Wenn wir im Zuge einer Trennung von der Biologie her zu überstürztem Handeln gedrängt werden, besteht die Herausforderung darin, dass wir der Versuchung widerstehen, die Samen der Böswilligkeit und der Rache auszubringen – denn an den bitteren Früchten, die daraus hervorgehen würden, hätten wir die nächsten Jahre über zu kauen. Deshalb sollten wir lieber Vergebung aussäen, Gutmütigkeit und Großzügigkeit, damit aus unserem Handeln für uns und die, die wir lieben, ein Füllhorn von Schönem werden kann. Denn aus allem, was Sie tun, aus jeder Ihrer Entscheidungen erwächst etwas. Nicht nur für Sie persönlich, sondern auch für Ihr Umfeld. Bewusstes Handeln und Entscheiden versetzt Sie vielleicht nicht in dieselben Hochgefühle, wie es ein Rachefeldzug tun würde, dafür sprießen daraus aber auch keine Giftpflanzen bei Ihnen im Hof. Und wenn alles gut geht, ist die »Ernte« sogar ein viel reicheres, wunderschönes Leben.

Das Ziel eines gemeinsamen friedfertigen Auseinandergehens besteht nicht unbedingt darin, dass die Gerechtigkeit wiederhergestellt und Wiedergutmachung geleistet wird oder man die Bestätigung erhält, stets im Recht gewesen zu sein. Das Ziel eines gemeinsamen friedfertigen Auseinandergehens liegt vielmehr darin, sich zu befreien. Durch diese Erfahrung gestärkt, kann man sich und seinen Lieben ein glückliches, gesundes, rundum gutes Leben ermöglichen. Im Grunde geht es darum, alles Hässliche und Verrottende zu Kompost zu verarbeiten, aus dem ein herrliches Leben erwachsen kann. Als Reaktion auf die von zwei miteinander verhakten limbischen Systemen erschaffene toxische Abwärtsspirale suchen wir ganz bewusst nach Möglichkeiten, den Schneeballeffekt zornerfüllten Redens und Handelns zu unterbinden. Für die Wiederherstellung der Harmonie gibt es nichts Besseres als eine Geste wahrhaftiger Großzügigkeit. Denn damit gießt man sozusagen kühles klares Wasser auf die Glut aus Verletzungen und Ressentiments, die sich leicht zu einer zerstörerischen, alles erfassenden Feuersbrunst auswachsen kann, und bringt alle Beteiligten wieder zur Vernunft, in ihren Kortex zurück. Und nur so können wir die Sicherheit und das Wohlbefinden aller gewährleisten. Kaum jemand von uns wird sich finanziell eine so bedeutende Großzügigkeit leisten können, wie Dianne sie an den Tag gelegt hat. Aber wir alle sind zu schönen, aufrichtigen Gesten der Freundlichkeit gegenüber dem/der Verflossenen imstande, die unserem Leben die richtige Richtung geben.

Die Entscheidung, sich angesichts eines leidvollen Verlustes großzügig zu zeigen, bringt das Beste in uns zum Vorschein. Das englische Wort für »großzügig«, *generous*, geht etymologisch auf dieselbe Wurzel zurück wie *genesis* (»Entstehung«) und *to generate* (»erzeugen«). Die Silbe *gen* steht für »etwas hervorbringen«. Und jede großzügige – generöse – Geste lässt etwas Neues entstehen. Bringt einen schönen Neuanfang hervor und befreit uns aus dem Teufelskreis von Reaktivität und Vergeltungssucht. Dies ist nicht zu verwechseln mit einem aus Co-Abhängigkeit geborenen Geben, das stets darauf lauert, etwas zurückzubekommen, sei es Anerkennung, Bestätigung, Sicherheit oder Liebe. Echte

Großzügigkeit erwartet keine Gegenleistungen. Echte Großzügigkeit stellt eine gesunde Form der Liebe zum Universum dar, einen einfachen Akt der Güte, der das Leben vollumfänglich bejaht – selbst im Angesicht von Kummer und Enttäuschung.

Eine Möglichkeit, sich großzügig zu zeigen, besteht in der Segnung des früheren Liebespartners. Trennungen enden oft – offen oder unausgesprochen – mit wütenden Verwünschungen, und deshalb kann ein von Herzen kommendes gutes Wort unglaublich bewegend sein.

> *»Für Menschen, die ein Auge dafür haben,*
> *wachsen überall Blumen.«*
> HENRI MATISSE

Nach dreißigjähriger Ehe teilte Doju ihrem Mann Lucio mit, dass sie die Scheidung wollte. Und sie konnte nicht einmal genau erklären, warum eigentlich. Die Ehe, die sie führten, war in vielerlei Hinsicht ideal. In ihrem Zentrum stand die Hingabe zum Buddhismus. Ebenso gewissenhaft wie unverdrossen übten sie sich gemeinsam in der Nicht-Anhaftung, im Loslassen von Selbsttäuschungen. Jetzt fühlte sich Lucio wie am Boden zerstört. Mit allem hatte er gerechnet, aber nicht damit, dass sich seine Frau nach so vielen Jahren von ihm trennen könnte. Nie zuvor waren seine buddhistischen Überzeugungen derart auf die Probe gestellt worden. Doju dagegen fühlte sich von der Ehe in ihren Möglichkeiten beschnitten. Lucio war ihr immer ein ausgesprochen liebevoller Gefährte gewesen. Aber in der Rolle der Gattin fühlte sich Doju nicht mehr wohl, sie empfand sie zunehmend als Unterdrückung. Und sie war nicht länger bereit, sich damit zu bescheiden. Wenn auch widerstrebend, gab Lucio aus Respekt vor Doju ihrem Wunsch nach, von dem Ehegelübde entbunden zu werden. Er fuhr sie sogar zum Flughafen, als sie zu ihrer Familie zurückkehrte, die Tausende von Kilometern entfernt lebte. Nachdem sie ihr Gepäck aufgegeben hatten und er sie noch zur Sicherheitskontrolle begleitete, schaute Lucio Doju ganz tief in die Augen. In diesem Moment mussten beide weinen. Doch dann stahl sich ein Lächeln auf Lucios Gesicht. Er trat einen Schritt zurück und verbeugte sich in tiefer Liebe und Ehrerbietung vor seiner Frau. Er segnete ihre Entscheidung, die Ehe zu beenden, und wünschte ihr für die Zukunft nur das Beste. Doju senkte den Kopf, um diesen Segen in Empfang zu nehmen. Dann drehte sie sich um und ging ... in ihr neues Leben. Auch jetzt noch, da sie mir diese Geschichte erzählt – zehn Jahre später –, treten ihr die Tränen in die Augen. So sehr hatten Lucios Großzügigkeit, Güte und Freundlichkeit sie bewegt.

Eines meiner Lieblingsgedichte hat der Sufi-Dichter Hafiz bereits im 14. Jahrhundert geschrieben. »Was die Sonne nie sagt« heißt es:

> »*Selbst nach all dieser Zeit*
> *Sagt die Sonne zur Erde nie:*
> ›*Du bist mir was schuldig.*‹
> *Und schau, was eine solche Liebe vermag:*
> *Sie beleuchtet den ganzen Himmel.*«
>
> HAFIZ

Wenn ich Sie ermutige, großzügig zu sein, will ich damit nicht sagen, dass Sie auf Dinge, die Ihnen von Rechts wegen zustehen, leichtfertig verzichten sollten, sobald Sie jetzt anfangen, sich ein neues Leben aufzubauen. Aber bei all der Dunkelheit, von der Sie momentan umgeben sind, kann es schön sein, sich vor Augen zu führen, dass man sich selbst zum Licht machen kann, wenn es schon sonst nirgendwo eine Lampe gibt.

Ein neues Narrativ für das Ende einer Liebesbeziehung

>*»Ich unterscheide die Dinge nur danach, ob sie schön sind oder nicht. ... In Kategorien wie ›gut‹ oder ›schlecht‹ denke ich überhaupt nicht. Nur schön oder hässlich. Denn ich glaube, dass viel Nettes hässlich ist und viel Ekliges hübsch.«*
>
> JOHN FOWLER

Der Visionär Buckminster Fuller sagte einmal: »Dadurch, dass Sie gegen die real existierende Wirklichkeit ankämpfen, lässt sich nie etwas verändern. Dafür bedarf es vielmehr eines neuen Modells, das das bisherige obsolet macht.«[21] Auch beim »Conscious Uncoupling« geht es weniger um den Versuch, ein altes, überkommenes System auszubessern, als vielmehr darum, ein neues zu etablieren, das uns befähigt, auf gesündere, klügere Weise und sogar glücklicher auseinanderzugehen. Darum bemühen sich viele intelligente, engagierte Persönlichkeiten auf therapeutischem und familienrechtlichem Gebiet schon seit Langem, und ihre Verdienste sind gar nicht hoch genug einzuschätzen. Denn eine Idee, für die die Zeit reif ist, geht ja nie auf eine einzige Person zurück, sondern wird immer von Gruppen von Menschen vertreten, die jahrelang den Boden dafür bereiten, dass sie sich schließlich durchsetzen kann.

Wenn wir jetzt allmählich beginnen, ein lebensbejahenderes Narrativ für Trennungen und Scheidungen zu entwickeln, sollten wir womöglich auch unseren Sprachgebrauch überdenken. Ein guter Freund von mir, der Filmemacher Kit Thomas, machte mich kürzlich auf die negativen Konnotationen der Begriffe aufmerksam, die wir im Zusammenhang mit Trennungen verwenden. Da geht es implizit oft um Schuldzuweisungen. Und selbst ein Wort wie »Ex« für den oder die Verflossene hat seine Schwächen. Der Ausdruck »Conscious Uncoupling« dagegen eröffnet uns schon als solcher eine ganze Welt neuer Möglichkeiten, wie es nach der Beendigung einer Liebesbeziehung weitergehen kann. Und daran, glaube ich, liegt es auch, dass er sich so schnell durchsetzen konnte. Denn der Sprache wohnt schöpferische Kraft inne, sie kann uns inspirieren und zeigen, was alles denk- und umsetzbar ist.

In diesem Buch geht es zwar hauptsächlich um die Beendigung von Liebesbeziehungen, zu Kummer und Verlusten aber kommt es auch in ganz anderen Lebensbereichen. Nachdem sich der Begriff »Conscious Uncoupling« herumgesprochen hatte, stieß ich zu meiner Überraschung in Zeitungen und Zeitschriften überall auf der Welt auf Cartoons zum Thema, in denen es aber interessanterweise nicht um die Liebe ging, sondern um Schlussstriche auf beruflichem, politischem oder sonstigem Gebiet. In einer mobilen Welt wie der unseren, in der sich Wohnort, Arbeitsplatz, Freundeskreis und Glaubensgemeinschaft beinahe so häufig ändern, wie wir im Auto das Öl wechseln, ent-paaren wir uns im Grunde ständig. Und da wir fortwährend von unserem bisherigen Leben Abschied nehmen, um ein neues zu beginnen, würde es uns gut anstehen, Wege zu finden, dies so zu tun, dass wir alle in jeder Hinsicht davon profitieren.

Viele Paare versuchen, im Guten auseinanderzugehen, aber nur den wenigsten gelingt es, die biochemischen Gegebenheiten im Gehirn zu überwinden, das eine Trennung als lebensbedrohlich empfindet. Der fünfstufige Prozess des »Conscious Uncoupling«, um den es in diesem Buch geht, stellt eine Anleitung dar, wie wir in einer der stressigsten, schwierigsten Phasen des Lebens das Beste aus uns herausholen können. Und ich würde mir wünschen, dass diese fünf Schritte für ein freundschaftliches

Auseinandergehen eine ähnlich wegweisende Funktion erfüllen wie die fünf Trauerphasen nach Elisabeth Kübler-Ross auf ihrem Gebiet. Ähnlich wie das von ihr vorgelegte Modell ein Schlaglicht auf den Prozess des Trauerns und Abschiednehmens wirft, kann auch das »Conscious Uncoupling« helfen, vernünftige Entscheidungen selbst in Zeiten zu treffen, in denen es kaum möglich scheint, einen klaren Kopf zu bewahren.

Ob es Ihnen nun gefällt oder nicht: Eine Trennung schleudert Sie auf unbekanntes Terrain zwischen zwei Welten. Ganz der oder die Alte sind Sie nicht mehr – aber der neue Mensch, zu dem Sie erst werden, sind Sie auch noch nicht. Deshalb sollten Sie die Richtlinien des gemeinsamen Auseinandergehens wie eine Taschenlampe nutzen, die Ihnen hilft, sich in diesem tiefen Tal der Seele zu orientieren und ebenso sicher wie bereichert in Ihrem schönen neuen Leben anzukommen. Nicht nur *trotz* der Trennung, sondern paradoxerweise in mehr als einer Hinsicht gerade *deswegen*.

Wie und wann Sie dieses Programm durchführen sollten

*»Und wenn ihr euch von den Frauen scheidet
und sie nähern sich dem Ende ihrer Wartefrist,
dann solltet ihr sie entweder auf geziemende Art behalten
oder auf geziemende Art entlassen ...«*

<small>KORAN</small>

Nun, da Sie bis zu diesem Kapitel vorgedrungen sind, bekommen Sie vielleicht plötzlich das Gefühl, dass es jetzt ernst wird. Denn über das gemeinsame Auseinandergehen zu sprechen, ist das eine – die Frage, wie man es in die Praxis umsetzt, aber etwas ganz anderes. Doch alles auf sich zukommen zu lassen oder auf die lange Bank zu schieben, bringt gar nichts, denn auf diese Weise überlässt man allzu viel dem Zufall. Und weil nicht nur Ihr künftiges Lebensglück auf dem Spiel steht, sondern gegebenenfalls auch die Gesundheit und das Wohlbefinden Ihrer Kinder, möchte ich Sie bitten, sich auf die stärksten, klügsten und mutigsten Aspekte Ihrer Persönlichkeit zu stützen. Fassen Sie den Beschluss, jetzt gleich das Richtige zu tun, indem Sie sich von ganzem Herzen auf den Prozess des »Conscious Uncoupling« einlassen.

Jedes miese Ende neigt dazu, noch lange nachzuklingen und die Zukunft zu belasten. Von allem, was ich bereue oder bedauere, erinnere ich die hässlichen Trennungen noch am deutlichsten. Sie bleiben – während ich die schönen Dinge längst vergessen habe. Wissenschaftlichen Studien zufolge überlagert ein schlimmes Ende die Erinnerung an die gesamte Beziehung und wirkt sich auch auf künftige Liebesverhältnisse aus.[22] Und obwohl Ihnen momentan wohl nichts ferner liegt als der Gedanke an eine neue Beziehung (weil Sie ja vollauf mit dem Ende Ihrer jetzigen beschäftigt sind), muss ich Sie doch warnen: Ihre nächste Beziehung beginnt nicht automatisch mit dem Kennenlernen eines oder einer »Neuen«, sondern hängt ganz davon ab, wie Sie aus dieser hier herauskommen. Denn Verdrängtes, unbereinigte Altlasten und ein gebrochenes Herz verschwinden nicht einfach so. Vielmehr lauern sie im Hintergrund, jederzeit bereit, zuzuschlagen und eine mögliche neue Liebe zu zerstören, bevor sie auch nur beginnen kann. Entweder das – oder sie schleichen sich in andere Beziehungen ein, um sie zu vergiften, und dazu gehört auch Ihr Verhältnis zu sich selbst.

> *»Der Sonne Scheiden und Musik am Schluss*
> *Bleibt, wie der letzte Schmack von Süßigkeiten,*
> *Mehr im Gedächtnis als die frühren Zeiten ...«*
>
> AUS »KÖNIG RICHARD II.« VON WILLIAM SHAKESPEARE

Deshalb ist ein gutes Ende zwar selten leicht, aber immer der Mühe wert.

Das »Conscious Uncoupling« stellt keine superschnelle, supereinfache Wunderkur gegen Liebeskummer dar. Und es handelt sich dabei auch nicht etwa um einen spirituell überlegenen Pfad, der Sie womöglich auf magische Weise vor jeglichem Leiden bewahrt. Der Verlust einer Liebe tut nun einmal weh, da beißt die Maus keinen Faden ab. Und so sehr ich mir auch wünschen würde, Ihnen versprechen zu können, dass Sie mit nur ein paar wenigen Schritten alle Ihre Qualen loswerden: Die organischen Rhythmen des Trauerprozesses lassen sich einfach nicht abkürzen. Aber Trauer, unsere meistgefürchtete Lehrerin, kommt nie mit leeren Händen. Sie mag durch Ihr Leben fegen und Ihnen viel von dem, was Sie zu wissen meinen und was Sie lieben, mit Gewalt entreißen, aber sie hat auch eine Menge kostbarer Geschenke im Gepäck. Und da sie Ihnen die Chance eröffnet, von Grund auf freundlicher, mitfühlender, weiser und mutiger zu werden, ist es manchmal das Beste, sich ihr einfach zu ergeben. Vielleicht möchten Sie ihr sogar anbieten, ein Momentchen bei Ihnen zu verweilen, und wenigstens versuchen, sich mit ihr anzufreunden. Weil Sie erkennen, dass sie dabei ist, etwas sehr Schönes in Ihnen zum Vorschein zu bringen. Oder lassen Sie es mich so ausdrücken: Wenn Sie in tiefster Nacht den dunkelsten aller Wälder durchstreifen, bleibt Ihnen ja auch nichts anderes, als sich mit der stillen Sanftheit des Mondlichts anzufreunden. Das Leben findet derweil auf wundersame Weise einen Weg, Sie nach Hause zu führen, Schritt für Schritt.

Ob dieses Programm auch etwas für Sie sein könnte?

Dieses Programm ist für jeden geeignet, der den aufrichtigen Wunsch hegt, das Ende einer Beziehung in Integrität, Wahrheit, Güte und Ehrenhaftigkeit zu durchleben. Dabei spielt es ebenso wenig eine Rolle, ob Sie dreißig Tage, dreißig Monate oder dreißig Jahre mit dem Partner zusammen waren, wie es darauf ankommt, ob Sie noch mitten in der Trennung stecken, sich bereits in der Erholungsphase befinden oder erst überlegen, ob Sie gehen wollen. Das Programm ist unter allen diesen Umständen etwas für Sie, unabhängig davon, ob die Trennung von Ihnen ausgegangen ist oder Sie es sind, der verlassen wurde. Es eignet sich für homosexuelle Menschen ebenso wie für Heterosexuelle und alle Zwischenformen der Liebe. Es kommt dabei auch nicht darauf an, ob es sich um eine monogame Beziehung handelt oder nicht, ob sie auf Dauer angelegt war oder Sie sich eine feste Bindung vielleicht erst wünschen. Jung, alt, reich, arm, gesund oder krank: Für jeden von uns stellt der Abbruch einer Liebesbeziehung einen Freifahrtschein in die Hölle dar. Wobei: Sollten Sie nach einer langen Zeit des Überlegens gerade erst den Mut gefunden haben, tatsächlich zu gehen, fühlen Sie sich momentan vielleicht sogar richtiggehend euphorisch – endlich frei! Aber auch in diesem Fall wäre das Programm für Sie geeignet, einfach um sicherzustellen, dass Sie eventuelle schädliche oder schwächende Muster in einer neuen Beziehung nicht wiederaufleben lassen.

Es gibt nur eine einzige Einschränkung: wenn Sie eine Beziehung allzu schnell beziehungsweise voreilig beenden wollen, die noch glücklich werden kann und/oder wenigstens eine – ernst gemeinte – letzte Chance verdient hat.

Gehen oder bleiben?

»Je älter man wird, desto deutlicher wird einem bewusst, dass man mit der einen Hälfte seines Seins ganz fest an etwas glauben kann, das man mit der anderen total ablehnt.«
CONSTANCE HOLME

Claudia und Andrew waren etwas über zwölf Jahre verheiratet, als Claudia eines Donnerstagnachmittags in mein Büro gestratzt kam, Platz nahm und sich erkundigte, wie sie ihrem Mann wohl am besten beibiegen könne, dass sie die Scheidung wollte. Seit ihrer Verlobung gut dreizehn Jahre zuvor, als sie noch bis über beide Ohren verliebt war, hatte ich Claudia nicht mehr gesehen. In der Zwischenzeit musste so einiges geschehen sein, und sie brannte darauf, mich auf den neusten Stand zu bringen. Sie und Andrew hatten mittlerweile drei Jungs im Alter von fünf, acht und elf Jahren. Bei ihrem Ältesten war eine Aufmerksamkeitsdefizit-Hyperaktivitätsstörung (ADHS) diagnostiziert worden, und Claudia verwendete einen Großteil ihrer Zeit darauf, ihm die Fähigkeiten beizubringen, die er brauchte, um trotz seiner Erkrankung gut im Leben klarzukommen. Doch was sie wirklich belastete, war gar nicht die ADHS ihres Sohnes, sondern die bei ihrem Mann. Andrew hatte diese Diagnose zwar nie offiziell gestellt bekommen, aber Claudia war sich trotzdem ganz sicher, dass er an ADHS litt. Sie begann, mir die vielen Belege für ihre Vermutung zu benennen, die sie im Laufe der Jahre gesammelt hatte. Außerdem zählte sie detailliert auf, was sie selbst für die Beziehung tat: Sie führte Andrews Terminkalender, kümmerte sich ebenso um die Bezahlung der Rechnungen wie um geschäftliche Angelegenheiten und sorgte dafür, dass seine beruflichen Leistungen nicht nachließen. Kurzum: Statt als Ehefrau verhielt sie sich eher wie Andrews Mutter. Mittlerweile war sie erschöpft und völlig am Ende, fühlte sich total überfordert – und wollte nur noch raus aus der Ehe.

Als wir zu analysieren begannen, wie es so weit hatte kommen können, fiel uns als Erstes auf, dass Andrew im Grunde ja nie auf ADHS getestet worden war. Und dass deshalb auch seine chronische Konzentrationsschwäche nicht behandelt wurde. Daher kamen wir zu dem Ergebnis, dass sie einen letzten Versuch machen sollte, bevor sie den drastischen Schritt unternahm, sich scheiden zu lassen und damit ihre Familie zu gefährden.

Als die Kinder an dem Abend im Bett waren, entzündete Claudia ein Feuer im Kamin, goss zwei Gläser Rotwein ein, reichte eines davon ihrem Mann und kündigte an, dass sie ihm etwas zu sagen hätte. Dann erzählte sie Andrew, ohne ihm irgendwelche Vorwürfe zu machen, wie überfordert sie sich fühle und dass sie der Verzweiflung nahe sei. Um ihm den Ernst der Lage zu verdeutlichen, vertraute sie ihm auch an, dass sie noch am Nachmittag kurz davor gestanden hatte, ihn zu verlassen. Zwar drängte Claudia schon seit Längerem darauf, dass er sich auf ADHS testen ließ, jetzt aber bewirkte ihre Offenheit, dass Andrew sich gleich für die folgende Woche einen Termin bei seinem Hausarzt geben ließ. Als ich einige Monate später ein weiteres Mal mit Claudia sprach, erfuhr ich, dass Andrews Test auf ADHS erwartungsgemäß positiv ausgefallen und er inzwischen in Behandlung war. Überdies hatten die beiden bei einer Fachfrau für die familiären Dynamiken bei ADHS eine Paartherapie begonnen. Seit unserem letzten Gespräch habe sich ihre Beziehung enorm verbessert, sagte Claudia. Andrew übernahm zunehmend Verantwortung für seine Defizite und verließ sich nicht mehr so sehr darauf, dass seine Frau diese ausglich. Damit entließ er sie zugleich aus der wenig verführerischen Rolle einer Mama. Ob die Ehe nun Bestand haben würde, war zwar noch nicht abschließend geklärt, aber sie machten große Fortschritte und schauten einer gemeinsamen Zukunft optimistischer entgegen als seit Jahren.

Denjenigen unter Ihnen, die wie Claudia mit ihrem Latein am Ende sind und kurz davor stehen, das Handtuch zu werfen, möchte ich sagen: Der »Conscious-Uncoupling«-Prozess sollte beim Versuch, zu einem friedlichen Umgang mit dem Partner zu finden, immer der letzte Schritt sein. Deshalb möchte ich Ihnen vor Augen führen, was Claudia alles unternommen hat, um ihre Ehe zu retten, und es Ihnen ebenfalls empfehlen.

Zunächst suchte sie sich professionelle Hilfe. Im Grunde war Claudia innerlich bereits entschlossen, die Scheidung einzureichen. Doch bevor sie es ihrem Mann mitteilte, machte sie erst noch einen Termin mit mir aus, um darüber zu sprechen. Und obwohl ihre Entscheidung eigentlich schon getroffen war, verfügte sie über genügend Aufgeschlossenheit, um diese zunächst hintanzustellen und andere Möglichkeiten der Lösung ihrer Eheprobleme zu erörtern. Sich nicht an einen Scheidungsanwalt zu wenden, sondern an eine psychologische Beraterin, erwies sich als sehr weise Wahl.

Erste Empfehlung zur Rettung Ihrer Beziehung
Wenn Sie sich nicht ganz sicher sind, ob Sie bleiben oder gehen wollen, würde ich empfehlen, dass Sie professionelle Beratung in Anspruch nehmen, damit Sie eine kluge Entscheidung treffen.

Das Zweite, was Claudia tat, war, dass sie mit ihrem Mann über ihre Gefühle sprach, und zwar ohne ihn zu beschämen oder zu beschuldigen – und bevor sie Nägel mit Köpfen machte. Statt ihre Empfindungen einfach bei ihm abzuladen, ihm ihre Probleme in die Schuhe zu schieben und dann selbstherrlich Schluss zu machen, gab Claudia ihrem Mann die Chance, wirklich zu begreifen, was ihr auf dem Herzen lag, und so darauf zu reagieren, dass die Ehe womöglich gerettet werden konnte. Diesen Schritt lassen viele aus; sie sprechen den Ernst der Lage erst an, wenn ihr Entschluss zu gehen unumstößlich ist. Vorher haben sie womöglich mehr oder weniger still vor sich hin gebrodelt, genörgelt und gejammert – und dies für Kommunikation gehalten. Dabei ist wissenschaftlich belegt, dass unsere Kommunikation zu mehr als 90 Prozent auf nonverbalem Wege stattfindet. Was bedeutet, dass ein gemeiner, herablassender Tonfall und entsprechende Mienen schon bei Ihrem Gegenüber angekommen sind, bevor

Sie auch nur ein Wort geäußert haben. Und der Betreffende fühlt sich darob getriezt, gedemütigt oder so in die Defensive getrieben, dass er kein Wort von dem versteht, was Sie dann tatsächlich sagen. Nörgeln und Jammern stellen keinesfalls den gelungenen Einstieg in einen authentischen, ernsthaften Dialog dar und führen eigentlich nie zum erhofften Resultat.

Zweite Empfehlung zur Rettung Ihrer Beziehung
Bevor Sie gehen, sollten Sie unbedingt den Mut aufbringen, mit Ihrem Partner über Ihre Gefühle zu sprechen, ohne ihn zu beschämen oder ihm Vorwürfe zu machen. Wichtig ist, dass Sie das Gespräch suchen, bevor Ihre Entscheidung, Schluss zu machen, ausgereift ist, damit dem anderen noch die Chance bleibt, sich zu äußern und gegebenenfalls etwas zu verändern.

Als ihr Mann dann aktiv wurde und Claudia sein Engagement für den Erhalt ihrer Ehe erkannte, verstärkte auch sie ihre Bemühungen. Beziehungen, an deren Verbesserung sich nur einer der beiden fortwährend abarbeitet, sind auf Dauer nicht tragfähig. Sollte Ihr Partner jedoch nach einer Aussprache beginnen, konkret etwas zu tun, um die Dinge zum Positiven zu verändern, würde ich Ihnen raten, dass Sie wenigstens versuchen, seinem Beispiel zu folgen. In vielen Beziehungen tanzen die Partner einen ständigen qualvollen Tango: Geht der eine einen Schritt auf den anderen zu, zieht der sich sofort zurück. Als Andrew jedoch Anstrengungen unternahm, auf Claudias Bedürfnisse einzugehen, zog sie sich nicht zurück und wies ihn auch nicht ab. Sie war bereit, sich unterstützen und lieben zu lassen. Vielleicht wollen Sie sich ja ein Beispiel an ihr nehmen. Möglicherweise ergibt sich ja dann etwas ganz Neues zwischen Ihnen beiden.

Dritte Empfehlung zur Rettung Ihrer Beziehung
Vielleicht reagiert Ihr Partner auf Ihre Probleme und Anliegen mit konkreten Schritten, um die Situation zu verbessern. Damit zeigt er, wie ernst er Ihre Sorgen nimmt, und Sie sollten sich alle Mühe geben, sich genauso intensiv für die Beziehung zu engagieren wie er. Versuchen Sie wirklich alles, bevor Sie wieder an eine Trennung denken.

Aus einer viel zitierten Studie der Rutgers University mit dem Titel »The State of Our Unions« (Deutsch etwa: »Bericht zur Lage unserer Beziehungen«) geht hervor, dass nur 38 Prozent aller Verheirateten in den USA ihre Ehe als glücklich bezeichnen.[23] Allzu schnell gehen wir demnach gar nicht auseinander. Offenbar neigen wir eher dazu, die Zähne zusammenzubeißen, die Ärmel hochzukrempeln, wenn es ganz dicke kommt, und das Beste daraus zu machen. Doch wenn nichts von all dem fruchtet, was die Leute getan haben, um die Beziehung am Laufen zu halten, werfen sie schließlich die Flinte ins Korn und machen Schluss.

Die drei häufigsten Trennungsgründe:[24] Erstens trennen sich Paare aufgrund des Verhaltens einer der Partner, weil er das Familienkonto geplündert, sich einen Seitensprung geleistet oder begonnen hat, Drogen zu konsumieren beziehungsweise zu viel Alkohol. Derartige Verhaltensweisen bedrohen die grundlegende Sicherheit der Beziehung und stellen einen Verstoß gegen die Übereinkünfte dar, auf der sie beruht. Sollte es bei Ihnen auch so sein, rate ich Ihnen, eine Eheberatung aufzusuchen, um herauszufinden, ob noch eine Chance besteht, die Beziehung nach diesem Verrat wieder funktionsfähig zu machen.

Der zweithäufigste Trennungsgrund: wenn es nach mitunter jahrelangen Versuchen, sich mit einem unvereinbaren, ineffektiven oder destruktiven Kommunikationsstil zu arrangieren, einfach nicht mehr geht. Nach Monaten oder sogar Jahren, in denen man sich aus Angst, den Partner zu verärgern, jedes Wort dreimal überlegt, sich nie verstanden gefühlt hat oder zusammengestaucht wurde, sobald man den Mund aufmachte, hört man schließlich ganz mit dem Reden auf. Andere haben sich vielleicht so daran gewöhnt, in einem emotionalen Kriegsgebiet zu leben, dass sie es für ganz normal halten, wenn sie sich über jede Kleinigkeit in die Haare geraten. Das Spektrum möglicher Kommunikationsstörungen ist also breit; es reicht von totalem Desinteresse – wenn einer oder auch beide resignieren, weil ihre Bedürfnisse nie berücksichtigt wurden, und sich emotional voneinander isolieren – bis hin zu einem aus allzu enger Verstrickung resultierenden Klima der kleingeistigen Kampfbereitschaft, in dem sich beide ständig belauern und nur darauf warten, den nächsten Streit anzetteln zu können. Egal, an welchem Ende des Spektrums: Solche Verbindungen beruhen auf einer grundlegenden Missachtung der Gefühle und Bedürfnisse des jeweils anderen. Daraus entsteht ein Bodensatz aus Groll und Verletztheit, der jederzeit explodieren kann. Davon hat dann einer der beiden irgendwann die Nase voll und will einfach nur noch weg. Sollte dies bei Ihnen der Fall sein, würde ich trotzdem empfehlen, dass Sie sich zunächst nach einem Experten für Techniken der Kommunikation umsehen, von denen erwiesen ist, dass sie wahre Wunder bewirken können.

Der dritthäufigste Trennungsgrund: Die Partner entwickeln sich auseinander. Was oft darauf zurückgeführt wird, dass bei einem oder beiden andere Interessen in den Vordergrund getreten wären oder man sich »entliebt« hätte. Ich glaube allerdings eher, dass sich bei vielen im Laufe der Jahre die Grundwerte ändern. Früher wurden die Menschen in ein bestimmtes Wertesystem hineingeboren, auf das sich die Gemeinschaft verständigt hatte, und brachen nie daraus aus. Doch die Welt, in der wir heute leben, ist bedeutend komplexer und nuancenreicher als die unserer Vorfahren. Unsere Kultur liebt die Veränderung. Und im Unterschied zu früheren Generationen, die treu und unerschütterlich an einem bestimmten eng gefassten Wertekatalog festhielten, sind wir heutzutage bestrebt, permanent den Horizont zu erweitern, uns höhere Ziele zu stecken und unser gesamtes Potenzial auszuschöpfen. Und da sich nun jeder berufen fühlt, stets das Beste aus sich zu machen, ist es natürlich auch kein Wunder, wenn unsere Beziehungen nicht mehr so stabil sind wie früher. Im Idealfall wachsen wir *miteinander*. Aber das wird nicht immer so sein.

Ergo: Die Entscheidung, auch in schweren Zeiten zu Ihrem Partner zu halten, ist nobel und spricht für ein hohes Maß an Integrität, Engagement und Charakterstärke. Sollte er Ihnen jedoch verbal oder durch sein Verhalten immer wieder Botschaften vermitteln wie »Deine Gefühle spielen für mich nicht die geringste Rolle«, »Deine Bedürfnisse gehen mir sonstwo vorbei« oder »Und ganz besonders wurst ist mir die ›Veränderung deiner Wertvorstellungen‹, es interessiert mich nicht, was für ein Mensch du geworden bist«, dann sollten Sie Ihren Entschluss vielleicht noch einmal überdenken.

Und ganz wichtig: Bei häuslicher Gewalt müssen Sie sofort das Weite suchen. Nicht einfach gehen, sondern *rennen*. Bringen Sie sich erst einmal in Sicherheit. Alles Weitere wird sich dann schon irgendwie regeln. Mit Fäusten kann man nicht verhandeln. Und auch ein drohender Angriff auf Ihre körperliche Integrität darf nicht verharmlost werden.

Sollten Sie nach all Ihren Überlegungen immer noch unsicher sein und sich hin und her gerissen fühlen, ob Sie gehen oder bleiben wollen, bietet sich der Prozess des »Conscious Uncoupling« an, um Klarheit zu gewinnen. Das Programm wird Ihnen mit der Zeit vor Augen führen, was sich an Ihrer Beziehung ändern lässt und was nicht. Es wird Ihnen helfen, nicht mehr immer nur zu reagieren, aus der Opferrolle herauszukommen und zu ermitteln, was Sie selbst zu den gegenwärtigen Problemen beigetragen haben. So werden Sie in die Lage versetzt, Einfluss auf die Dynamik Ihrer Beziehung zu nehmen. Außerdem wird der Prozess Sie von Altlasten befreien, die mit dieser gar nichts zu tun haben. Und schließlich erlernen Sie neue Kommunikationsmethoden, die das Verhältnis zu Ihrem Partner harmonisieren und für mehr gegenseitiges Verständnis sorgen. Aber in dem Maße, in dem Sie sich während dieses Prozesses selbst besser kennenlernen, laufen Sie natürlich Gefahr, dass Ihr Pendel mit einem Mal doch in Richtung Schlussmachen ausschlägt. Vielleicht weil Sie sich allzu sehr verändert haben. Oder weil Ihnen nicht mehr so viel an der Beziehung liegt. Eines jedenfalls ist sicher: Das »Conscious-Uncoupling«-Programm bringt einiges in Bewegung und löst allerlei Blockaden. Deshalb möchte ich Sie dringend auffordern, dass Sie sich erst dann darauf einlassen, wenn Sie sich hundertprozentig sicher sind, dass Sie auch tatsächlich bereit sind, die Beziehung aufzugeben, sollte es sich im Verlaufe des Prozesses als das einzig Richtige erweisen. Und auch das möchte ich Ihnen noch sagen: Möglicherweise treffen die Übungen, aus denen sich das Programm zusammensetzt, nicht exakt die Situation, in der Sie persönlich sich gegenwärtig befinden. In diesem Fall dürfen, ja: *sollten* Sie sie entsprechend abwandeln. So oder so: Meine besten Wünsche werden Sie auf Ihrem Weg begleiten.

> *»Wenn ihr jemanden liebt, dann lasst ihn gehen, denn wenn er zurückkehrt, hat er schon immer zu euch gehört. Kommt er nicht wieder, seid ihr nicht füreinander bestimmt.«*
>
> KHALIL GIBRAN

Und was, wenn Sie hoffen, wieder zusammenkommen zu können?

Eine Liebe aufzugeben ist schwer. Amanda, eine ganz entzückende Klientin von mir – Kinderärztin, Mitte fünfzig – klammerte sich ganze sechs Jahre lang an die Hoffnung, ihre frühere Freundin Benita zurückgewinnen zu können. In all der Zeit hatte sie kein einziges Rendezvous, so sehr vertraute sie darauf, wieder mit Benita zusammenzukommen. Die bedeutend Jüngere wohnte jedoch schon lange mit einer anderen zusammen und zog deren zwei Kinder mit auf. Aber ganz so, als könnte sie auch auf die Entfernung Amandas Gedanken lesen, meldete sie sich immer gerade in dem Moment, in dem diese ihre Hoffnungen auf Versöhnung aufgeben wollte, mit einer SMS, die Amanda innerlich wieder zurückholte. Im Zuge unserer Arbeit wurde Amanda klar, dass ihre Liebe zu Benita im Grunde mütterlicher Natur war. Das heißt, letztlich war es so, dass sie einer verlorenen Tochter eine Art emotionales Zuhause bot, ohne mit irgendeiner Gegenleistung rechnen zu können. Es fühlte sich für Amanda nun so an, als würde sie einen unausgesprochenen Vertrag mit Benita kündigen, wenn sie die Hoffnung, wieder mit ihr zusammenzukommen, ein für alle Mal ad acta legte. Dennoch beschloss sie, es endlich gut sein zu lassen. Wie erwartet, wurde sie in den folgenden zwei Tagen mit Nachrichten von Benita richtiggehend zugeschüttet: »Wie geht's dir?«, »Was ist los?«, »Vermisse dich!«. Doch statt darauf zu antworten, schickte Amanda nur gute Gedanken in Benitas Richtung. Denn ihr war inzwischen klar geworden, dass sie nur dann eine Chance auf eine neue Liebe hatte, wenn sie sich jetzt vollkommen zurückzog.

Der Abschied von der Hoffnung kann sich wie eine Beerdigungsfeier anfühlen und dieselbe Trauer auslösen wie eine tatsächliche Trennung. Es ist die düstere Erfahrung einer tiefen Einsamkeit. Doch wenn Sie jemals wieder lieben wollen, so wie Amanda es für sich beschloss, müssen Sie sich diesem Verlust stellen und dürfen die Augen nicht länger vor der Wirklichkeit verschließen: Es ist vorbei. Selbst wenn es noch ein bisschen hin und her geben sollte, kleine Annäherungen, die Wahrheit lautet: Da ist nichts mehr. Sie sind kein »Paar« mehr.

Doch davon auszugehen, dass Sie Ihre Beziehung loslassen müssten, *bevor* Sie mit dem »Conscious-Uncoupling«-Prozess beginnen, wäre ein bisschen so, als würden Sie vor dem Eintreffen der Reinemachekraft Ihr gesamtes Haus putzen. Zwar kann niemand sagen, ob Sie je wieder zusammenkommen oder nicht, eines aber ist sicher: Die Beziehung, wie sie früher war – und wie sie ganz offensichtlich nicht funktioniert hat –, muss sterben. Ob sie eines Tages in gesünderer, glücklicherer Form wiederauferstehen kann, wissen wir noch nicht. Aber die einzige Chance, dass es beim nächsten Anlauf – wenn es denn einen gibt – besser wird, besteht darin, die alte Beziehung radikal zu beenden. Und dadurch Raum zu schaffen für neue Möglichkeiten im Umgang miteinander, die sich eventuell ergeben können.

Viele der Techniken, Verhaltensweisen und Instrumente, die Sie im Zuge des »Conscious-Uncoupling«-Prozesses kennenlernen, werden Ihnen beim Aufbau einer künftigen Beziehung hilfreich sein. Was sich auch (aber eben keineswegs nur) auf die mögliche Wiederbelebung der Beziehung zum gegenwärtigen Objekt Ihres Sehnens bezieht. Sollten Sie auf ein neuerliches Zusammenkommen mit ihm hoffen, besteht die größte Gefahr darin, dass Sie sich insgeheim nur seinetwegen auf den Prozess einlassen, und das wäre gar nicht gut. Setzen Sie sich stattdessen das Ziel, einfach das Richtige aus den richtigen Gründen zu tun, wie immer diese auch aussehen mögen. Denn nur dann kann das Programm seine ganze Kraft entfalten.

Wenn Sie das Programm mit Ihrem Partner durchlaufen möchten

Ob Sie den »Conscious-Uncoupling«-Prozess allein durchlaufen oder parallel zu Ihrem baldigen Ex-Partner – eines dürfen wir nicht aus den Augen verlieren: Hier geht es um Ihre Trennung. Zwar soll Ihnen das Programm dabei helfen, dass Sie sie mit einem Minimum an Scham, Schuldzuweisung, Schaden und Kummer über die Bühne bringen, letztlich aber geht es vor allem um Ihre Selbstwerdung. Darum, Ihr bisheriges Beziehungszuhause zu verlassen und zu lernen, sich auch als alleinstehende Person wieder wohlzufühlen.

Trennungen sind immer chaotisch und sogar den gelungensten haften noch viel Unklarheit und Verlustgefühle an. Selbst bei Paaren, die sich bewusst für das gemeinsame Auseinandergehen entschieden haben, laufen die Prozesse nicht unbedingt gleichzeitig ab. So kann es zum Beispiel sein, dass Sie plötzlich das dringende Bedürfnis verspüren, sich mit Ihrem Partner auszusprechen – während er genau in diesem Moment keinen Austausch erträgt und einfach nur allein sein möchte. Oder wenn Sie gerade etwas Abstand brauchen, sucht er mit einem Mal Trost bei Ihnen. Aber so ist das nun einmal bei Trennungen. Das Gute am parallelen Absolvieren des Programms besteht darin, dass Sie eine gemeinsame Sprache finden und sich auch darauf verständigen können, wie es ohne gegenseitige Ressentiments weitergehen soll. Sie werden in die Lage versetzt, eine gemeinsame Vision für die Zukunft zu entwickeln, an der Sie sich beide orientieren können, insbesondere wenn wichtige Entscheidungen zu treffen sind. Die gemeinsame Durchführung des Programms gibt Ihnen die Chance, neue Vereinbarungen zu schließen, aus denen klar hervorgeht, was Sie künftig voneinander erwarten können und was nicht. Dadurch bewirken Sie ein

Gefühl von Sicherheit, Zusammenhalt und Berechenbarkeit, das bei »typischeren« Trennungen höchst selten entsteht, aber besonders wichtig ist, wenn Kinder mit im Spiel sind. Um Sie dabei zu unterstützen, gebe ich im Anschluss an jeden der fünf Schritte des Programms spezielle Hinweise für diejenigen unter Ihnen, die es gemeinsam durchlaufen.

Wenn Sie das Programm allein durchführen

»Bewusst ent-paaren« kann man sich auch allein. Nicht Ihr Ex hat es in der Hand, ob Sie die Trennung zum Katalysator Ihres Aufbruchs in ganz neue Gefilde machen. Wenn er sich wie das letzte Ekel aufführt, müssen Sie sich daran noch lange kein Beispiel nehmen. Für den Fall, dass Sie es doch tun, sollten Sie vielleicht einmal überlegen, ob Sie anderen Menschen nicht zu viel Macht einräumen – so auch die, darüber zu bestimmen, was für ein Mensch Sie sind.

Trennungen können das Beste in uns zum Vorschein bringen oder auch das Schlechteste. Sollte bei Ihrem Ex eher Letzteres der Fall sein, denken Sie daran, dass Freundlichkeit ansteckend ist und Sie bedeutend mehr Einfluss auf die Richtung haben, die die Trennung nimmt, als Sie vielleicht denken. So groß die Versuchung auch sein mag, sich vollkommen auf die Missetaten des anderen zu kaprizieren: Letztlich geht es bei dieser Trennung ausschließlich um *Sie*.

Dadurch, dass Sie Ihr Augenmerk hauptsächlich auf sich selbst lenken, lernen Sie, diese Erfahrung im Laufe der Zeit als Sprungbrett in ein ganz neues Leben zu betrachten. Sie werden aus Ihren alten Gefühls- und Verhaltensmustern herauswachsen, Ihren wahren Wert erkennen und sich so aus der Beziehung lösen, dass Sie künftig ganz neu lieben und geliebt werden können.

Offen gesagt, durchlaufen die meisten das Programm ohne Partner. Die Trennung kommt ja nicht von ungefähr, deshalb haben beide vermutlich auch unterschiedliche Vorstellungen davon, wie es jetzt weitergehen soll. Aber solche Differenzen kennen Sie vermutlich schon. Wenn Ihr Verflossener keine Veranlassung sieht, das Programm mit Ihnen zusammen durchzuführen, dann vielleicht, weil ihm geistiges Wachstum und persönliche Weiterentwicklung nicht so wichtig sind wie Ihnen. Wenn er Sie verlassen hat, kann es auch sein, dass er bereits seit Längerem mit dem Gedanken spielt zu gehen. Dann will er im jetzigen Moment nur noch raus aus der Beziehung. Er fürchtet vielleicht, dass das Programm für Sie nur ein Vorwand sein könnte, ihn wieder einzufangen. Womöglich ist er sogar bereit, sich auf die Grundlagen der fünf Schritte – Entgegenkommen und Respekt – zu verpflichten, hat aber keine Lust auf die tiefer gehenden Aspekte des Prozesses. In diesem Fall können Sie froh und dankbar sein, schließlich ist auch er daran interessiert, dass die Trennung anständig und möglichst konfliktfrei abläuft. Mehr brauchen Sie nicht von ihm zu verlangen. Denn zu allem anderen, was Sie benötigen, verhilft Ihnen das Programm des »Conscious Uncoupling«. Mit oder ohne Partner. Denn nicht vergessen: *Sie* sind der Patient, der da auf dem OP-Tisch liegt.

Womöglich wollen Sie ja auch gar nicht, dass Ihr Ex bei dem Programm mitmacht. Vielleicht, weil Sie das Gefühl haben, dass es besser für Sie ist, wenn Sie der Beziehung nicht mehr so viel Gewicht geben, oder weil Sie keinen Kontakt mehr wünschen. Für einen klaren Schnitt spricht vieles. Insbesondere, wenn die Hormone verrücktspielen, sobald man seine Stimme hört oder unverhofft ihr Gesicht erblickt. Beim »Conscious Uncoupling« geht es nicht unbedingt darum, dass nach dem Ende der Beziehung eine Freundschaft entsteht. Viel wichtiger ist ein klarer Schlussstrich, der ein Weiterleben ohne falsche Hoffnungen, ambivalente Bindungsgefühle und/oder verschwiemelte Träume ermöglicht.

Manche wenden sich dem Programm auch zu, weil sie einer Liebe nachtrauern, die sie bereits vor geraumer Zeit verloren haben. Der Ex lebt schon längst sein neues Leben, für ihn sind Sie zu einer bloßen Fußnote seiner Erinnerungen geworden. Sie aber haben bis heute nichts anderes im Kopf als den einen. Fühlen Sie sich angesprochen? Auch dann sind Sie hier genau richtig. Gerade Sie heiße ich herzlich willkommen. Denn für die ewig unter dem Verlust einer Liebesbeziehung Leidenden ist in meinem Herzen ein besonderes Plätzchen reserviert. Mir ging es nämlich auch einmal so.

Wie lange es dauern wird?

Das ist schwer zu sagen. Unter besonders hohem Leidensdruck ziehen sich manche über ein verlängertes Wochenende zurück, essen und schlafen kaum und haben das gesamte Programm nach zweiundsiebzig Stunden absolviert. Andere, die es langsam angehen und mit größter Sorgfalt, benötigen ein Jahr für die fünf Schritte. Bei den meisten liegt die Dauer des Prozesses irgendwo zwischen diesen Extremen.

Jedem, der zeitlich und räumlich die Möglichkeit hat, dem Programm täglich eine halbe Stunde zu widmen, empfehle ich, sich pro Woche einen Schritt vorzunehmen. Letztlich aber wissen nur Sie selbst, wie es am besten für Sie passt.

Holen Sie sich Unterstützung

Zum Beispiel für die Verarbeitung der Gefühle, die durch das Programm zutage gefördert werden, brauchen einige von Ihnen vielleicht etwas Hilfe. In diesem Fall sollten Sie sich gegebenenfalls an einen auf gütliche Trennungen spezialisierten Coach, eine geeignete Therapeutin, einen spirituellen oder Scheidungsberater wenden. Es gibt mittlerweile viele überaus mitfühlende, gern weiterempfohlene Experten für Liebeskummer, bestimmt auch in Ihrer Gegend. Und ich kann Ihnen wirklich nur ans Herz legen, sich Rat zu suchen, wenn Sie das Bedürfnis danach verspüren. Im Anhang des Buches finden Sie dazu auch einige Anlaufstellen.

> *»Verluste sind der Preis, den wir dafür zahlen, am Leben zu sein. Zugleich leisten sie einen erheblichen Beitrag zu unserem inneren Wachsen und Gedeihen.«*
>
> JUDITH VIORST

Was ich noch empfehlen möchte

Ihr wichtigstes Utensil ist ein »Conscious-Uncoupling«-Tagebuch, zu dem außer Ihnen absolut niemand Zugang hat. Darin können Sie sich zum Beispiel Ihre Antworten auf die Fragen notieren, die ich Ihnen im Folgenden verschiedentlich stellen werde, um Sie zum Nachdenken anzuregen. Sie müssen sich absolut frei fühlen können, sich Ihre ganze Wut vom Leib zu schreiben, die reine Wahrheit auszudrücken und gegebenenfalls auch Bekenntnisse abzulegen, die einem anderen Menschen gegenüber zu äußern, Sie sich nie trauen würden. Auch werde ich Sie im Rahmen des Programms mehrere Male auffordern, Musik zu hören oder sich künstlerisch zu betätigen. Damit möchte ich Sie dabei unterstützen, die wilden Energien rauszulassen, die in dem Prozess hochgespült werden. Sie sollten also über ein entsprechendes Elektrogerät verfügen. Und sich zudem mit Papier, Stiften, Farben und dergleichen eindecken.

Aber denken Sie vor allem auch an das Wichtigste: eine Großpackung Papiertaschentücher.

> »Gib Worte deinem Schmerz. Gram, der nicht spricht,
> Presst das beladene Herz, bis dass es bricht.«
> AUS »MACBETH« VON WILLIAM SHAKESPEARE

Teil zwei:

Die fünf Schritte des »Conscious Uncoupling«

Schritt eins: Sie finden zu emotionaler Freiheit

»Ob der Same im Erdboden, das Baby im Mutterleib oder Jesus in seinem Grab – alles neue Leben beginnt im Dunkeln.«
BARBARA BROWN TAYLOR

Im ersten Schritt des »Conscious-Uncoupling«-Prozesses lernen Sie, die Energien der wahnsinnig düsteren, schwierigen Emotionen zu nutzen, die Sie gerade haben – Wut, Hass, Angst und Verzweiflung etwa –, um alle *zerstörerischen* Impulse, die sich gegen Sie selbst oder andere richten können, in *konstruktive* Triebkräfte einer positiven Veränderung zu verwandeln. Sie streifen Ihre alten Verhaltensmuster in der Liebe ab und werden sich klar, dass Sie über genügend Kraft und Stärke verfügen, um diese Erschütterung zum Ausgangspunkt einer Verbesserung Ihres gesamten (Liebes-)Lebens zu machen.

Durch diesen Schritt werden Sie ein souveräneres Verhältnis zu Ihren Gefühlen bekommen, indem Sie lernen, diese großen, schier übermächtigen Emotionen zu nutzen, um bislang beispiellose Veränderungen für sich einzuleiten, die Trennung als Riesenchance sehen lernen, Ihre frustrierenden und destruktiven Muster in der Liebe ganz grundsätzlich zu transformieren, sich tief in Ihrem Inneren einen sicheren Zufluchtsort erschaffen, der Sie Ihre Emotionen besser aushalten und steuern lässt und der als unerschöpfliche Quelle von Stärke, Stabilität und Rückhalt fungiert, den Vorsatz fassen, dass Sie aus dem traurigen Ende Ihrer Beziehung etwas Schönes machen, aus dem Sie ganzheitlich geheilt hervorgehen.

Es ist ja nicht nur, dass Ihnen das Herz gebrochen wurde.

Wahrscheinlich hat auch das Gefühl von Sicherheit oder sogar Ihr Glaube an das Leben und die Liebe schlechthin gelitten. Egal, ob Sie die schwierige Entscheidung getroffen haben, sich zu trennen, oder in der verheerenden Lage sind, dass Sie verlassen wurden: Sie haben Verluste zu beklagen. Und die sind mit aller Wahrscheinlichkeit vielgestaltig, schwerwiegend und mehrschichtig: Die Herzensverbindung, die Ihr Zuhause war, die gemeinsamen Rituale und gewohnten Abläufe, aus denen Ihr Alltag bestand, das »Ich«, das Sie aus Ihrer Beziehung kannten, Ihr Platz in der Gesellschaft, die eindeutigen Gewissheiten des Lebens und die Zukunftspläne – mit all diesen Dingen ist es jetzt vorbei. An ihre Stelle sind Unmengen roher, wahnsinnig schmerzhafter und unvorhersehbarer Emotionen getreten, wahrscheinlich auch verletzter Stolz oder intensive Schuldgefühle. Ganz zu schweigen von der nicht gerade erfreulichen Perspektive, sich jetzt ein komplett neues Leben aufbauen zu müssen.

Trotzdem sehen viele ihren Liebeskummer als genau den Katalysator, den sie brauchten, um ihr Leben in vielerlei Hinsicht entscheidend zu verbessern. Man muss nur lernen, aus dem Tsunami der Emotionen eine positive Kraft zu machen. Dann wird man eines Tages an den Herzschmerz zurückdenken und in ihm die Chance erkennen, sich ein vollkommen neues, sinnhafteres und freieres Leben aufzubauen. Und wer würde sich die schon entgehen lassen wollen?

Der Schock der Trennung

Trennungen können uns mehr umhauen als ein unerwarteter Schlag in die Magengrube. Der Verlust einer Liebesbeziehung geht mit denselben Symptomen einer Traumatisierung einher, die auch bei Verbrechensopfern auftreten. Dr. Judith Herman von der Harvard Medical School, die Autorin des bahnbrechenden Werkes *Trauma and Recovery*, betrachtet das »Ende einer Verbindung« als einen so erheblichen Schock, dass sie ihn auf eine Stufe mit einem schweren Autounfall oder dem Tod eines nahen Angehörigen stellt. Und tatsächlich, wissenschaftliche Studien bestätigen, dass Menschen, die sich inmitten einer schmerzhaften Trennung befinden, genau dieselben Hirnaktivitäten aufweisen, die auch bei intensiver Trauer beobachtet werden.[25]

> »Erst in der Stunde der Trennung
> erkennt die Liebe ihre wahre Tiefe.«
>
> KHALIL GIBRAN

Wir sind Beziehungswesen, geboren, um Bindungen einzugehen, und zutiefst abhängig von den Banden, die wir knüpfen. Im Gegensatz zu unserem Selbstbild entschieden eigenständiger und autonomer Individuen (na danke auch), beweisen die neuesten Erkenntnisse der Neurowissenschaften, dass wir im Grunde ein ziemlich bedürftiger Haufen sind: Sowohl von der Biologie her als auch psychisch sind wir prädisponiert, so enge Bindungen einzugehen, dass wir uns auf Gedeih und Verderb auf die Menschen verlassen, die uns nahestehen. Und wir sind vollkommen hilflos, wenn wir unsere Emotionen plötzlich unabhängig von den anderen ordnen sollen. Aus diesem und anderen Gründen ist die Beendigung einer Beziehung unter

Umständen nicht weniger traumatisch als der Verlust einer Gliedmaße und kann uns in eine Katastrophe ohnegleichen stürzen. Das Ende einer Liebe ist weder für das weiche menschliche Herz eine Bagatelle noch für unser hochreaktives Gehirn. Bei großem Kummer sendet es Notfallsignale aus, die dramatische innere Erfahrungen entfesseln, wie etwa

- Angstattacken,
- den obsessiven Impuls, sich dem verlorenen Objekt der Liebe anzunähern (natürlich nur, um »noch mal zu reden«),
- übermäßig erhöhte Wachsamkeit und den blinden Wahn, ihn oder sie praktisch überall zu sehen, wo man auch hingeht,
- das Bedürfnis, sich zum Sterben einzuigeln, oder auch,
- den verwirrenden, beängstigende Drang, um sich zu schlagen und irgendjemandem etwas anzutun, unter Umständen auch sich selbst.

Und das alles bricht gern schon unmittelbar nach dem morgendlichen Aufstehen über uns herein.

> *»Silvia ist ich selbst; verbannt von ihr ist Selbst von Selbst:*
> *O tödliche Verbannung!«*
> AUS »DIE BEIDEN VERONESER« VON WILLIAM SHAKESPEARE

Wer immer den Ausdruck »krank vor Liebe« geprägt hat, wusste genau, wovon er sprach. Denn das Gehirn vermag einen psychischen Tod nicht vom physischen zu unterscheiden. Und da es Zurückweisung in ebendem Areal registriert, das auch den körperlichen Schmerz aktiviert,[26] können im ersten Stadium nach einer Trennung durchaus beunruhigende physische Symptome auftreten, zum Beispiel:
- Erhöhung der Körpertemperatur, eventuell einhergehend mit dem Gefühl, die Haut stehe in Flammen,

- beängstigend hohe Pulsrate,
- Freisetzung von Hormonen, die Schlaf- und Appetitlosigkeit auslösen können,
- Hypervigilanz und
- beträchtliche Schwächung des Immunsystems.

Ist die Trennung bei Ihnen schon etwas länger her, sodass Sie bereits in eine der nächsten Trauerphasen eingetreten sind:
- hat sich Ihr Puls womöglich verlangsamt,
- die Körpertemperatur ist gesunken,
- der Körper fühlt sich bleischwer an,
- Sie haben immer noch keinen Spaß am Essen und
- können kaum schlafen.

Nachdem alle Versuche, Ihre(n) Liebste(n) zur Rückkehr zu bewegen, gescheitert sind, haben Sie nun wahrscheinlich das Gefühl, sich in einem bodenlosen Abgrund der Depression, Resignation und Verzweiflung zu befinden – inklusive aller körperlichen Empfindungen, die mit einem solchen Zustand einhergehen.

Sollten dagegen Sie selbst die Beziehung aufgekündigt haben, sind Sie natürlich im Vorteil, weil sie sich vorbereiten konnten. Vermutlich haben Sie sich mit Herz und Verstand insgeheim schon vor einer ganzen Weile »entpaart«, bevor Sie schließlich all Ihren Mut zusammennahmen und Ihren Entschluss äußerten. Wahrscheinlich haben Sie sich vor Ihrem Abgang auch bereits nach möglichen neuen Interessensgebieten und Verbindungen umgesehen, um den Übergang für sich etwas abzufedern. Aber egal, welches Ihr Part war, das Ende einer Liebe kann ganz schön ans Herz gehen.

> »Mit dem Kummer war es wie mit dem Wind.
> Er kam in Böen.«
>
> MARJORIE KINNAN RAWLINGS

Da Trennungen zu den eher unterschätzten Traumata gehören, gibt es bedauerlicherweise nur wenige Hilfsangebote für Menschen, die einen solchen durch Mark und Bein gehenden Schock erleiden.

Dass Sie vielleicht
- die Person, für die Sie sich entschieden hatten, nicht für sich gewinnen konnten,
- von demjenigen Menschen verlassen wurden, der Sie doch vor allen Fährnissen der Welt beschützen sollte,
- ausgerechnet die Person, die Sie besser kannte als irgendjemand sonst, nicht wollte beziehungsweise zurückwies oder
- feststellen mussten, dass sich der Partner als wenig beziehungskompatibel herausstellte ...

kann jedoch eine durchaus alarmierende, überwältigende Erfahrung darstellen. Es kann Stürme von Kummer entfachen, die drohen, Sie mit sich zu reißen. Im Treibsand der Verzweiflung gefangen zu sein, fühlt sich nicht selten so an, als hätten überdimensionale Gefühle die Kontrolle übernommen und Sie zur Hilflosigkeit verdammt. Vollkommen unfähig, »die Sache hinter sich zu lassen«, wie es Ihnen in dieser Situation bestimmt von vielen vorgeschlagen wird.

Die Schwere des Traumas einschätzen

Bei Opfern von Verkehrsunfällen unterscheidet man die erlittenen Traumata nach ihrem Schweregrad. Analog könnte man es auch mit Menschen machen, die eine Trennung durchleben. So entspräche etwa eine Beziehung, die schon nach wenigen Monaten wieder gelöst wird, in dieser Metapher einem Blechschaden. Das Pärchen hatte einen schönen Start und große Hoffnungen für die Zukunft. Doch alsbald verlief die Liaison im Sande oder wurde jedenfalls nicht verbindlicher. Sie trifft sich vielleicht mit einem Neuen. Oder er ruft nicht mehr so oft an und tut nichts, um das Verhältnis aufrechtzuerhalten, bis es sich quasi von selbst erledigt. Auf einer Traumaskala von 1 bis 10 würde eine solche Trennung vielleicht einer 2, 3 oder 4 entsprechen.

Den zweiten Typ von Trennung könnte man mit einem »Alleinunfall« vergleichen, also einem Unfall, bei dem nur ein Fahrzeug beteiligt ist. Auf die Beziehung übertragen, nimmt die emotionale Übereinstimmung allmählich immer mehr ab. Konflikte charakterisieren die Verbindung mehr als Zugänglichkeit, Entgegenkommen und Verbindlichkeit, die für eine Liebesbeziehung unabdingbar sind. Auf die entscheidende Frage »Bist du für mich da?« würde die ehrliche Antwort immer häufiger ein ausweichendes, irgendwie unaufmerksames »Nicht so richtig« sein. Zu einer solchen Aushöhlung des Engagements für den anderen kommt es normalerweise, wenn sich die Wertvorstellungen eines der Partner verändern. Wenn er oder sie sich für Dinge zu interessieren beginnt, die dem anderen fremd sind oder die vielleicht sogar als bedrohlich empfunden werden. Die dadurch entstehende Kluft zwischen den beiden wird irgendwann so groß, dass sie sich nicht mehr überbrücken lässt. Dann fühlt sich einer (oder mitunter auch alle zwei) schließlich so allein, dass er keinen Grund mehr sieht, an der Beziehung festzuhalten. Die

Vielzahl der kleinen Zurückweisungen legt eine Trennung nahe und macht sie in gewisser Weise vorhersehbar. Dies reduziert zwar den Schockfaktor etwas; leicht zu ertragen macht das den Verlust trotzdem nicht. Auf der Traumaskala handelt es sich hier um eine 5, 6 oder 7, je nach den finanziellen und sozialen Folgen des Auseinandergehens.

Die dritte mögliche Form der Trennung wäre analog zum Straßenverkehr die »Frontalkollision«. Die Streitigkeiten überlagern schließlich alles andere. Die betreffenden Beziehungen werden durch Machtkämpfe, ungelöste Konflikte und die komplizierte Dynamik einer Abwärtsspirale aus Beleidigungen und mürrischem Schweigen charakterisiert, die die Liebe alsbald zu einem Schlachtfeld machen. Von ihren zahllosen verstörenden, traumatisierenden Konfrontationen fühlen sich beide Partner überfordert. Bis schließlich einer das Handtuch wirft. Womöglich haben die beiden vorher Jahre in die Beziehung und den Aufbau einer gemeinsamen Zukunft investiert. Und jetzt stehen sie vor den Trümmern und müssen irgendwie Ordnung schaffen – eine folgenschwere Aufgabe, die beim einen oder anderen durchaus den Impuls zum Klammern und Festhalten auslösen kann. Auf der Traumaskala würde eine solche Trennung irgendwo zwischen einer 6 und einer 10 rangieren, abhängig von den Auswirkungen, die der Verlust hat, und der Frage, ob man ihn hat kommen sehen oder nicht.

Und dann ist da schließlich noch die niederschmetternde Trennung eines »Personenunfalls mit Getöteten und Unfallflucht«. Auf der Skala mit Sicherheit eine 9 oder 10, weil Sie – so Sie davon betroffen sind – keinesfalls damit rechnen konnten. Oder wenn doch, so waren Sie derart mit präventiver Schadensabwehr beschäftigt, dass Sie der Realität nicht ins Auge geschaut haben. Und weil Sie die Warnsignale nicht wahrhaben wollten, werden Sie jetzt eiskalt von der Trennung erwischt. In Form eines

Betrugs, der wie aus heiterem Himmel über Sie hereinbricht, in Form unzähliger Lügen und destruktiver Verhaltensweisen, die aus Ihrer Liebe eine Lachnummer zu machen drohen.

Egal, in welche Kategorie Ihre Trennung auch fallen mag, sie stellt einen traumatischen Schlag dar, und Sie werden reichlich liebevolle Pflege brauchen, um sich nachhaltig davon zu erholen. Denn die Geschehnisse am Ende einer intimen Beziehung bestimmen die Richtung, in der das Leben später weitergeht: entweder ärmlicher und reduziert oder offener und gestärkt. Welche dieser Optionen ich mir für Sie wünsche, dürfte wohl auf der Hand liegen.

Fragen Sie sich:
»Wie schwer hat mich die Trennung traumatisiert?« Orientieren Sie sich dabei an der Skala von 1 (fast gar nicht) bis 10 (total).

Das alarmierende Gefühl der Verunsicherung

Die Liebe bietet Schutz vor den Stürmen des Lebens. Wo aber können wir uns hinwenden, wenn ausgerechnet unsere intimste Verbindung zur schlimmsten Bedrohung wird? Unsere Liebesbeziehungen sind die Sonne, um die wir kreisen, die Luft, die wir atmen, das wahre Zuhause unseres Herzens. Gerät dieses Zuhause in Gefahr, ist es, als würde sich mitten in der Nacht ein Einbrecher ins Schlafzimmer schleichen und unsere privatesten, kostbarsten Besitztümer durchwühlen. Auf einer bestimmten Ebene stellen alle Trennungen einen Akt der Gewalt dar: Wenn eine Liebesbeziehung in die Brüche geht, werden wir aus unserer emotionalen Heimat vertrieben, und das verunsichert und macht verletzlich. Es ist beängstigend und gibt einem das Gefühl, aus der Welt gefallen zu sein.

Gerade in besonders schwierigen Situationen wenden wir uns im Allgemeinen dem Glauben zu. Doch mit dem Ende einer Liebesbeziehung geht oft auch eine tief greifende spirituelle Desorientierung einher. Denn plötzlich gerät alles, was wir bislang über das Leben zu wissen meinten, in Unordnung und verliert seine Gültigkeit. Eine Trennung stellt unser gesamtes Wertgefüge infrage; und bei vielen hat das zur Folge, dass sie in den religiösen Praktiken, die ihnen bislang immer zu Klarheit und Geborgenheit verholfen haben, mit einem Mal keinen Trost mehr finden.

Ich erinnere mich noch gut an Dara, eine zweiunddreißigjährige gläubige Christin, die unter einer besonders traumatischen Trennung litt. Jahrelang hatte sie auf den »Richtigen« gewartet, bevor sie zum ersten Mal mit einem Mann schlief. Und der hatte dann nichts Besseres zu tun, als unmittelbar darauf per SMS mit ihr Schluss zu machen. Anschließend konnte Dana, wie sie mir berichtete, ein ganzes Jahr lang weder beten noch einen Gottesdienst besuchen. Vom Verstand her wusste sie zwar, dass ihr Ex es war, der sie enttäuscht hatte; trotzdem empfand sie es so, als wäre sie von Gott betrogen worden, weil er sie nicht vor diesem brutal lieblosen Mann beschützt hatte. Genau in dem Moment, in dem Dana am meisten auf ihre Religion angewiesen war, blieb ihr der Zugang zu ihrem Glauben also versperrt. Sie fühlte sich vom Leben total im Stich gelassen. Alles, was sie je für gut und richtig gehalten hatte, war in eine Million kleinster Einzelteile zersplittert, die sie beim besten Willen nicht mehr zusammenfügen konnte. Wenn unsere Weltsicht nicht ausreicht, um mit einem akuten Trauma fertigzuwerden, sprechen Psychologen von einer »Fraktur der Deutungsmuster«. Verbunden ist sie mit dem

Gefühl, den Boden unter den Füßen zu verlieren und im freien Fall ins Ungewisse zu stürzen.

Nach Meinung von Experten besteht nach einer traumatischen Erschütterung die vorrangige Aufgabe darin, ein Gefühl der Geborgenheit zurückzugewinnen. Doch in den Tagen, Wochen und Monaten nach einer schlimmen Trennung geht es nicht nur um den Verlust der Geborgenheit in den Armen des geliebten Menschen – und in einem freundlichen, gerechten, wohlgeordneten Universum. Vielmehr haben wir es oft auch mit dem beängstigenden Drang zu tun, uns selbst oder andere zu verletzen. Das heißt, wir fühlen uns nicht einmal mehr unserer selbst sicher. Und die damit verbundenen Ängste sind keineswegs unbegründet. Selbst die psychologisch Geschultesten unter uns haben in einem Moment der Verunsicherung schon Dinge gesagt oder getan, an die sie später voller Entsetzen zurückdenken; Dinge, die sie noch nach Jahren erschaudern lassen und Anlass zu der Frage geben: »Was um alles in der Welt habe ich mir denn *dabei* gedacht?«

Die einzig richtige Antwort lautet: gar nichts.

In seinem Buch *Emotionale Intelligenz* erklärt Daniel Goleman, was geschieht, wenn im Zuge eines lebensbedrohlichen Ereignisses – und als solches kann eine Trennung durchaus erlebt werden – der reaktive Teil unseres Gehirns die Kontrolle übernimmt. Sobald die Alarmglocken zu schrillen beginnen, bewirken die entsprechend dringenden Botschaften die Freisetzung von Kampf-oder-Flucht-Hormonen, die zu Aktionen hinreißen, bevor auch nur ein einziger rationaler Gedanke gefasst werden kann. Und wenn das Urteilsvermögen so beeinträchtigt ist, dass wir die möglichen Konsequenzen unseres Tuns nicht mehr klar abschätzen können, besteht die Gefahr, dass wir gewissenlos und/oder moralisch unvertretbar handeln beziehungsweise reagieren. Dabei fällt mir Tania ein, eine im Normalfall höchst prinzipienfeste Studentin, die ihre Tage mit statistischer Forschung im Rahmen profilierter psychologischer Studien an einer bedeutenden Universität verbringt. Nachdem ihr Mann sie einer anderen wegen verlassen hatte, knackte sie mithilfe ihres scharfen analytischen Verstandes das Passwort seines E-Mail-Accounts und begann, ihn im Internet obsessiv zu stalken. Sie wollte unbedingt herausfinden, wie es so weit hatte kommen können. Ihr war, wie sie selbst sagte, der innere Kompass verloren gegangen; und da sie mit den Emotionen, die sie überschwemmten, einfach nicht klarkam, verbrachte sie allabendlich Stunden am Computer und las die Mails ihres Mannes, die alten wie die aktuellen, wieder und wieder.

Auch Sie dürften sich im Moment emotional überfordert fühlen und einen gewissen Kontrollverlust verspüren. Da Sie Ihres emotionalen Zuhauses verlustig gegangen sind, fühlen Sie sich vermutlich desorientiert und verlassen. Und die mächtigen Emotionen, von denen Sie überflutet werden, können auch Sie in Gefahr bringen, unüberlegt zu handeln oder sich an einer vermeintlichen Selbstheilung mithilfe von Alkohol, Drogen, beiläufigem Sex oder Shoppingexzessen zu versuchen. Um diese spannungsgeladenen Emotionen auf gesündere Weise abzureagieren, bietet sich eine verblüffend einfache Übung an: *die Benennung der Gefühle*. Wissenschaftliche Untersuchungen belegen, dass diese Technik hilft, auch auf äußerst stressige Erfahrungen vernünftig zu reagieren.

Der Sozialpsychologe Dr. Matthew Lieberman von der University of California führte eine Studie durch, bei der die Gehirne von dreißig Probanden gescannt wurden, während sie sich Fotos mit verschiedenen Gesichtsausdrücken anschauten, in denen sich starke Emotionen widerspiegelten, Kummer und Verzweiflung zum Beispiel. Anfänglich verstärkten sich die Aktivitäten in der Amygdala, jenem Teil des Gehirns, der mit Angst, Panik und anderen intensiven Emotionen in Verbindung gebracht wird, dramatisch. Sobald die Probanden jedoch ein bestimmtes Wort mit dem jeweiligen Gesichtsausdruck assoziieren konnten – zum Beispiel »Zorn« mit einer ärgerlichen Miene –, kam es zu einer signifikanten Beruhigung dieser Hirnaktivitäten. Daraus schließt Dr. Lieberman, eine solche Benennung scheine »die Reaktion in der limbischen Region des Gehirns zu dämpfen. An ihrer Stelle leuchtet der rechte ventro-laterale präfontale Kortex auf, der Teil des Gehirns, der für die Impulskontrolle zuständig ist.«[27] Der unscheinbare Akt, jedes einzelne unserer Gefühle mit einem Etikett zu versehen, den die Psychologen auch als »Affektbenennung« bezeichnen, reduziert offenbar das Erregungsniveau und gibt uns ein Stück weit die Kontrolle über unser Leben zurück. In dem Maße, in dem es Ihnen also gelingt, Ihre großen, überwältigenden Gefühle zu benennen, werden Sie sich selbst wieder mehr über den Weg trauen können. Und sich wohler in Ihrer Haut fühlen. Wieder mehr bei sich zu Hause.

Damit Sie den »Wahnsinn« eindämmen und nichts tun, was Sie später bereuen könnten, schlage ich Ihnen die folgende Übung vor. Sie wird Sie dabei unterstützen, sich eines gesünderen, *verlässlicheren* Teils Ihres Gehirns zu bedienen und so mit all der Intelligenz, Würde, Weisheit und Anmut zu reagieren, die ich mir für Sie wünsche. Dann haben Sie Ihre Gefühle wieder im Griff und müssen sich nicht mehr von ihnen steuern lassen.

Die Erschaffung eines sicheren Zufluchtsortes mithilfe von Tonglen

Diese ebenso einfache wie wirksame Übung soll Ihnen in Situationen, in denen Sie sich emotional überfordert fühlen, helfen, Ihre inneren Erfahrungen auszuhalten und zu steuern. Sie entstand in Zusammenarbeit mit meiner Kollegin Claire Zammit.[28]

Für unsere Zwecke habe ich die Übung um eine Komponente der alten Tonglen-Praxis des tibetischen Buddhismus erweitert, die sich in Situationen, in denen die Emotionen fast unerträglich stark sind, als unglaublich nützlich erweist.

1. **Kommen Sie zur Ruhe.** Suchen Sie sich einen Ort, an dem Sie ein paar Minuten lang ungestört still dasitzen können. Wenn Sie es angenehmer finden, dürfen Sie gern die Augen schließen. Atmen Sie tief bis in den Bauch hinein. Nachdem Sie sich ganz auf intensives Zuhören und Empfänglichkeit eingestellt haben, werden Sie sich der Gefühle und Empfindungen in Ihrem Körper bewusst und lassen alle eventuellen Spannungen darin los.
2. **Gewinnen Sie Abstand von Ihren Gefühlen.** Stellen Sie sich vor, Sie könnten etwas Raum zwischen sich und Ihre vielen Gedanken und Gefühle bringen. Nehmen Sie den Teil von sich wahr, der einfach voller Fürsorglichkeit, Mitgefühl und Neugier registriert, dass Sie diese Gedanken und Gefühle haben. Machen Sie sich bewusst, dass dieser innere Zeuge Zugang zu Weisheit und Reife hat und die Vorgänge in Ihrem Leben von einer höheren und verständigeren Warte aus beobachtet.
3. **Verbinden Sie sich mit Ihrem tieferen, weitmaschigeren inneren Zentrum.** Das Weiteratmen nicht vergessen. Werden Sie sich der Tatsache bewusst, dass es in Ihrem Inneren einen Ort gibt, der tiefgründiger ist und mehr umfasst als die Gefühle, die Sie haben. Von diesem Zentrum aus können Sie (wenn auch vielleicht nur für einen kurzen Moment) erleben und erfahren, dass Sie vollkommen in Ordnung sind, trotz allem, was Sie gerade durchmachen.
4. **Dehnen Sie Ihre Liebe auf den Teil von sich aus, der leidet.** Ausgehend von diesem tieferen, reifen und weisen Zentrum in Ihrem Inneren weiten Sie Ihre Liebe auf den Teil von sich aus, der

sich von den negativen Emotionen überfordert fühlt. Schenken Sie diesem schmerzenden Teil von sich Ihre gesamte Aufmerksamkeit. Dabei bleiben Sie mit Ihrem reifen, weisen Zeugen-Selbst identifiziert. Registrieren Sie, wo in Ihrem Körper die schwierigen Emotionen gespeichert sind, und geben Sie diesem leidenden Teil von sich Ihre Unterstützung und Ihr Mitgefühl.

5. **Heißen Sie Ihre Gefühle willkommen und spiegeln Sie sie.** Stellen Sie sich mit tief empfundener Güte und großem Mitgefühl die Frage: *»Was fühlst du gerade, Liebes?«* Hören Sie genau auf die Antwort und spiegeln Sie diese dann liebevoll, indem Sie sich sagen: *»Ja, du fühlst dich _____ (traurig, verärgert, hoffnungslos, benutzt oder dergleichen).«*

   Hinweis: Versuchen Sie Ihr emotionales Vokabular zu erweitern, indem Sie jedes Ihrer Gefühle so exakt wie möglich benennen. Statt also zum Beispiel einfach »elend« zu sagen, sollten Sie nach einem Wort suchen, das Ihr augenblickliches Empfinden akkurat beschreibt, wie etwa *bedrückt, verzweifelt oder hoffnungslos.* (Die Liste weiter unten kann Ihnen dabei helfen.) Stellen Sie sich die Frage »Was fühlst du gerade, Liebes?« so oft, bis Sie jede Ihrer Emotionen benannt, gespiegelt und Punkt 6 absolviert haben.

6. **Atmen Sie einen Segen aus.** Sobald Sie ein Gefühl identifiziert haben, ziehen Sie es mit dem nächsten Einatmen direkt ins Zentrum Ihres Herzens und heißen es willkommen. Beim Ausatmen stoßen Sie ein Gebet und einen Segen für sich und alle Wesen auf der ganzen Welt aus, die in diesem Moment Ähnliches empfinden. Fahren Sie damit so lange fort, bis Sie sich aller Gefühle, die Sie aktuell haben, auf diese Weise angenommen haben.

7. **Benennen und spiegeln Sie Ihre Bedürfnisse.** Nun fragen Sie sich mit tief empfundener Güte und großem Mitgefühl: »Was brauchst du jetzt, Liebes?« Hören Sie genau auf die Ant-

wort und spiegeln Sie diese dann liebevoll, indem Sie zu sich sagen: »Ja, du brauchst jetzt _____ (Liebe, einen definitiven Schlussstrich, eine Entschuldigung, Gerechtigkeit, Sicherheit, Unterstützung, Trost o. dgl.).«

Hinweis: So groß die Versuchung für Sie auch sein mag, sofort in Aktion zu treten, um Ihre Bedürfnisse zu befriedigen – machen Sie sich bitte bewusst, dass es hauptsächlich auf die Aufmerksamkeit ankommt, die Sie sich angedeihen lassen. Alle Bedürfnisse zu erfüllen, wird nicht möglich sein, aber jedes hat seine Berechtigung und verdient Ihr Augenmerk. Das ist besonders entscheidend, wenn die Person, der Ihre Liebe gilt, nicht bereit oder in der Lage war, Ihre Bedürfnisse ernst zu nehmen und adäquat darauf zu reagieren. Stellen Sie sich die Frage »Was brauchst du jetzt, Liebes?« so oft, bis Sie jedes Ihrer Bedürfnisse benannt und gespiegelt haben. Die folgende Liste soll Ihnen helfen, die Gefühle, die Sie zurzeit haben, genauer zu benennen:

ambivalent	beunruhigt	hysterisch
angeekelt	eifersüchtig	kaputt
angstvoll	einsam	liebeskrank
aufgebracht	elend	leer
aufgewühlt	entfremdet	missbraucht
bedrückt	enttäuscht	nervös
bekümmert	entwertet	neidisch
beleidigt	erbärmlich	paranoid
bemitleidenswert	erniedrigt	resigniert
	erschüttert	reuevoll
benutzt	frustriert	schuldig
besorgt	gedemütigt	schwach
beschämt	hasserfüllt	schwermütig
betrogen	hoffnungslos	sehnsüchtig

traurig	verbittert	verschreckt
unerwünscht	vergewaltigt	wütend
ungeliebt	verlassen	zerstört
unsicher	verlegen	zornig
verabscheut	verletzlich	zurückgewiesen
verachtet	verloren	
verängstigt	vernichtet	

Wenn Sie bereit sind, sich auf Ihre Erfahrungen einzulassen, indem Sie Ihre Gefühle und Bedürfnisse benennen, statt dass Sie panisch versuchen, sie loszuwerden, praktizieren Sie das, was die Buddhisten »Achtsamkeit« nennen. Dies ist weder etwas Passives noch etwas Aktives, sondern einfach Ausdruck Ihrer Menschlichkeit – Sie arrangieren sich mit der Tatsache, dass Sie ein liebendes Herz haben, das Sie verletzlich macht.

Dadurch, dass Sie ganz bei sich bleiben und sich nicht verschließen oder distanzieren, markiert die Trennung für Sie den Beginn einer größeren Ganzheit und ist nicht länger eine Quelle von Zerrissenheit. Den Schmerz eines gebrochenen Herzens kann Ihnen zwar niemand ersparen, doch indem Sie sich auf Ihre inneren Erfahrungen einlassen, statt sich ihnen entgegenzustellen, machen Sie wenigstens etwas Sinnvolles daraus.

Das Gasthaus
Jeden Morgen ein neuer Gast.
Eine Freude, ein Kummer, eine Gemeinheit,
ein kurzer Moment der Achtsamkeit kommt
als ein unerwarteter Besucher.

...

Sei dankbar für jeden, wer es auch sei,
denn ein jeder ist geschickt
als ein Führer aus einer anderen Welt.

Ihre Trauer wird nichts Positives bewirken, wenn Sie zulassen, dass der Schmerz Ihr Herz versteinert und Ihre Identität definiert: etwa als einsam, unerwünscht oder missbraucht. Dann verdammt sie Sie für die nächsten Monate oder Jahre womöglich zu einem Leben mit angezogener Handbremse. Eine effektive Trauer dagegen lenkt die Liebe, die Sie bislang einem anderen geschenkt haben, auf Sie selbst. So können Sie beginnen, sich um Ihr eigenes Herz zu kümmern, und lernen, sich mehr zu lieben, auch wenn der andere dies nicht (mehr) tut. Dadurch, dass Sie die pure Kraft Ihres Kummers nutzen, um Ihr Herz zu öffnen, steigern sich auch Ihr Mitgefühl mit und die Fürsorge für alle anderen Lebewesen. So entdecken Sie Ihre Menschlichkeit auf eine Weise, die Sie mit allem Leben verbindet.

> *»So viel Schönes und so vieles, das schwer zu ertragen war. Doch wann immer ich mich anschickte, es zu schultern, verwandelte sich das schwer Erträgliche sofort in etwas Schönes.«*
> ETTY HILLESUM

Dies ist das Paradox der Trauer: Sie kann Sie entweder zerstören oder aber retten. Sie haben die Wahl.

Was ist richtig an der Wut?

Leicht ist es natürlich nie. Aber an der Wurzel jeder starken Emotion liegen die Samen für unser Erwachen. Dadurch, dass wir lernen, diese überlebensgroßen Emotionen von unserem inneren Zentrum aus zu steuern, eröffnet sich uns die Chance, das Wachstumspotenzial, das ihnen allen innewohnt, zu realisieren. Was in diesem Zusammenhang insbesondere die Emotion Wut – Zorn,

Ärger – so erfolgversprechend macht, ist die Riesenmenge an Energie, die sie enthält. Denn die kann man als Antrieb nutzen, um einen Wandel zum Positiven einzuleiten. Sie können die Kraft der Rage nutzen, um daraus den selbstbewussten Anspruch auf Wertschätzung, Liebe, Respekt und Würdigung abzuleiten und mit aller Entschiedenheit zu erklären: »So etwas lasse ich nie mehr zu!« Im gleichen Maß können Sie sich von jahrzehntelangen frustrierenden Verhaltensmustern befreien.

»Verbitterung ist wie Krebs. Sie frisst einen auf. Wut dagegen stellt eher eine Art reinigendes Feuer dar.«

MAYA ANGELOU

Dass wir überhaupt so in Wut geraten, liegt größtenteils daran, dass uns die Trennung ähnlich verletzt, wie wir es vor langer Zeit schon einmal erlebt haben. Wenn das nicht der schlimmstmögliche Betrug ist! Schließlich hätte der Mensch, dem Ihre Liebe galt, doch die Wunden heilen sollen, die Ihr Herz einst davongetragen hatte. Und was tat er stattdessen? Er griff zum Messer und riss die Wunden neu auf. Sie haben diese Person geliebt, haben sie in Ihr Leben gelassen, in Ihr Bett, in Ihre Psyche und in Ihr Herz. Doch statt Sie von den Enttäuschungen der Vergangenheit zu erlösen, hat dieser Mensch Sie genauso im Stich gelassen wie schon andere vor ihm. Was für ein Beschiss! Jesus hat sich in Judas verwandelt. Und was früher Adams Eva war, ist nun zum personifizierten Bösen geworden.

Nichts macht so wütend wie Betrug – außer Zurückweisung natürlich. Wenig erregt so viel Zorn wie eine Abfuhr. »Die Hölle kann nicht wüten wie eine verschmähte Frau«, stellte der englische Dramatiker William Congreve einst zutreffend fest. Kein Streit vermag eine Frau so aufzubringen; nicht, dass sie ihren Willen nicht bekommt, und nicht einmal die Verfehlungen ihres

Liebsten können sie so auf die Palme bringen. Uns alle aber, Männer wie Frauen gleichermaßen, versetzt es in rasende Rage, wenn wir von der Person, die wir lieben, zurückgewiesen oder abgeschossen werden. Dies löst die Kampf-oder-Flucht-Reaktion aus, die den Körper mit Adrenalin und Stresshormonen überflutet und einen Erregungszustand hervorruft, der kaum auszuhalten ist.

Der buddhistische Mönch Thich Nhat Hanh verglich den Ärger einmal mit Müll. Und ohne diesen Mist gibt es keinen Kompost, ohne Kompost keine Blume. Deswegen geht es darum, mit seinen negativen Empfindungen zu üben und zu sagen: »Ich sehe, dass ich einen Haufen Müll in mir trage. Ich werden diesen Müll in nahrhaften Kompost verwandeln, auf dem wieder Liebe wachsen kann.«[29] Alle Gefühle im Zornesspektrum – von aufgebracht bis reuevoll, von stinksauer bis verärgert – neigen dazu, als Reaktion weiteres Gift, neuen Schmerz zu erzeugen. Gelingt es jedoch, die Wut in Schach zu halten und daraus einen Durchbruch zum Positiven zu machen, ist der Nutzen unvergleichlich. Denn Riesenwut heißt auch mordsmäßige Energie – wie sie erforderlich ist, um große Veränderungen einzuleiten. Veränderungen, die Sie sich vermutlich schon seit Langem wünschen.

Wie lange ist Ihnen schon bewusst, dass Sie sich besser abgrenzen sollten? Oder Ihre Interessen nachdrücklicher vertreten? Dass Sie es nicht jedem recht machen können und aufhören müssen, immer nur zu geben, um Ihren Selbstwert unter Beweis zu stellen? Doch schauen wir der Wahrheit ins Auge: Solange Sie mit Ihren Methoden, sich in Liebesbeziehungen kleinzumachen, noch nicht vor die Wand gefahren sind, bleibt das alles bloß Theorie.

Das Gesunde an Ihrem Zorn ist, dass er Sie dazu bringen kann, Ihre Rechte einzufordern: Ihr Recht auf Unterstützung, Ihr Recht darauf, Ihre Meinung zu äußern, Raum einzunehmen,

Gehör zu finden; und Ihr Recht, mit Würde, Respekt und Liebe behandelt zu werden.

Sollten Sie
- in Ihren bisherigen Beziehungen co-abhängig gewesen sein,
- die Gefühle und Bedürfnisse des anderen immer über die eigenen gestellt oder aus Angst, ihn zu verärgern, mit der Wahrheit hinterm Berg gehalten haben,
- nie Fragen gestellt oder Grenzen gesetzt haben, nur um nicht verlassen zu werden,

dann ist Ihr jetziger Zorn wie der befreiende Schrei des Neugeborenen, dem man einen Klaps auf den Po gibt, damit es anfängt zu atmen. Irgendetwas in Ihnen will jetzt zum Vorschein kommen. Und diesen lebensbejahenden Impuls sollten Sie bewusst verstärken, damit Sie ihn sich ganz und gar zu eigen machen können.

Natürlich: Ungezügelt kann der Zorn Sie richtig in Schwierigkeiten bringen. Statt ihm also nachzugeben, sollten Sie lieber versuchen, ihn wegzutanzen, ihn zu singen, zu malen oder beim Joggen aus der Puste zu bringen. Zorn ist nicht nur eine emotionale Flutwelle, sondern auch eine körperliche Spannung, die physisch ausagiert werden muss, um für konstruktive Zwecke genutzt werden zu können. Sie können lernen, den Impuls hinter Ihrer Rage für sich einzuspannen und ihn sogar zu fördern. Sie können lernen, Ihre Wildheit in das Selbstvertrauen zu verwandeln, das Sie brauchen, um für Ihre Werte und Ihr Recht auf Liebe einzutreten und Ihr Leben von nun an für sich zu reklamieren. Damit erlangen Sie die Freiheit, sich zu einem Menschen zu entwickeln, der selbst Ihre schönsten Hoffnungen noch in den Schatten stellt. Und das ist erst der Anfang ...

Fragen Sie sich:
»Was macht mir mein Zorn bewusst? Wie kann ich die Intensität dieser Energie nutzen, um mein Leben zum Positiven zu verändern? Welche Rechte bin ich jetzt bereit einzufordern?«

Vom Nutzen der Niedergeschlagenheit

Kaum etwas macht uns unsere Verwundbarkeit so deutlich bewusst wie das Ende einer Liebesbeziehung. Wir Menschen sind so auf den Schutz angewiesen, den wir einander geben, dass es einer Exilierung gleichkommt, verlassen zu werden. In unserer gegenseitigen Abhängigkeit sind wir alle verletzlich. Doch viele sehen darin ein Zeichen von Schwäche oder mangelnder Reife. Denn psychische Gesundheit wird zumeist mit Autarkie und Eigenständigkeit assoziiert, und das Bedürfnis nach anderen ist in diesem Konzept nicht vorgesehen. Die Natur aber funktioniert so nicht. In Wirklichkeit hängen wir Menschen auf Gedeih und Verderb voneinander ab.

Immer mehr Forscher vertreten heute die These, unsere neurophysiologische Stabilität beruhe auf der Synchronisierung mit den Menschen, die uns am nächsten stehen, weil sich unsere neuronalen Rhythmen offenbar im Ballett liebevoller Verbundenheit gegenseitig verstärken. Diesen synchronisierten Energieaustausch bezeichnen Wissenschaftler als »limbische Regulation«. Gemeint ist damit die kontinuierliche gegenseitige Feinabstimmung biologischer Funktionen wie etwa Puls, Blutdruck, Körpertemperatur, Immunsystem, Sauerstoffgehalt, Zucker- und Hormonspiegel. Schon so etwas Simples wie das gemeinsame Schlafen in einem Bett ist ein guter Nährboden für einen derartigen Austausch. In zwei verschiedenen Studien wurden Frühchen, die einen normalen Teddy im Bett hatten, mit solchen verglichen, deren Bär »atmete« – das Stofftier war mit einem Ventilator verbunden, der dafür sorgte, dass sich der Bauch des Teddys in einem Rhythmus hob und senkte, der dem des Neugeborenen entsprach. Die Babys, in deren Bettchen der »bewegte« Bär lag, schliefen ruhiger und atmeten gleichmäßiger als die mit einem reglosen Teddy.[30] Mit zunehmendem Alter werden wir natürlich entscheidend autarker, doch voneinander abhängig bleiben wir unser ganzes Leben lang.

In den 1990ern begann der Psychologe, Neurowissenschaftler und emeritierte Professor der Bowling Green State University Dr. Jaak Panksepp mit Studien über das Gefühlsleben von Haustieren – denn von der Beobachtung unserer vierbeinigen Freunde versprach er sich einen wichtigen Beitrag zum Verständnis menschlicher Emotionen. Unter anderem interessierte er sich dafür, was passiert, wenn eine Bindung gekappt wird. Dafür studierte er das Verhalten eines Hundewelpen, der von seiner Mutter getrennt wurde: Zuerst winselte er, dann jaulte er und suchte verzweifelt nach seiner Mama, bevor er schließlich in einen passiven Zustand der Niedergeschlagenheit und Schwermut verfiel. Ganz ähnlich wie ein Mensch, der den Verlust einer geliebten Person betrauert. Panksepp schloss daraus, dass dieselben neuronalen Systeme, auf denen Verbundenheit beruht, auch dafür sorgen, dass wir in Depressionen versinken, wenn wir von jemandem getrennt werden, mit dem wir eng verbunden sind. Melancholisch zu werden, wenn man seine Beziehungsheimat verliert, ist also keineswegs pathologisch.

Der Neuropsychologe Mark Solms sieht in Panksepps Beobachtungen einen Beleg dafür, dass die leblose, lethargische Apathie der Depression eine Methode der Natur darstellt, uns so herunterzufahren, dass wir uns nicht vorschnell von der nährenden Quelle entfernen.[31] Sie können sich Ihre Niedergeschlagenheit also durchaus als eine Funktion des Lebens vorstellen, die Sie davon abhält, sich übereilt von dem Menschen, den Sie lieben, zu entfernen; es handelt sich dabei quasi um eine existenziell aufgezwungene Wartephase, die Ihnen eine Auszeit gebietet, während derer Sie nachdenken können: über Ihre nächsten Schritte, eventuelle Entscheidungen, die zu treffen sind, und was Sie aus der Erfahrung lernen können. Der Kern des Menschseins ist die Verbundenheit und die Natur befürwortet Bindungen.

Aber die Depression, in die man nach dem Ende einer intimen Beziehung stürzen kann, stellt auch einen Tribut an die Bedeutung der Liebe dar und mahnt uns, den beidseitigen Austausch hochzuhalten und nicht leichtfertig aufzugeben. Wir leben zwar in einer Wegwerfgesellschaft, aber die Beziehungen, die wir zueinander haben, dürfen wir nicht einfach so über Bord werfen. Sie haben vielleicht das Gefühl, von dem geliebten Menschen geringgeschätzt und verschmäht zu werden, doch die Depression verrät Ihnen, wie bedeutsam die Gemeinsamkeiten sind, die früher zwischen Ihnen bestanden. Ihr Ex mag versuchen, seiner Trauer zu entgehen, indem er sich verschließt und Ihre Beziehung kleinredet. In der Lethargie der Depression aber weiß es Ihr Körper besser; denn er weigert sich, die Sache allzu schnell zum Abschluss zu bringen.

Diese Erkenntnisse bestätigen die Lehren der Bestsellerautorin Elisabeth Kübler-Ross. Sie selbst lebte vom Vater ihrer beiden Kinder getrennt, blieb aber bis zu seinem Tod etwa zwölf Jahre später mit ihm befreundet. Dr. Kübler-Ross wurde besonders für ihre Einteilung der Trauerbewältigung in fünf Phasen berühmt: Nicht-Wahrhabenwollen und Isolierung, Zorn, Verhandeln, Depression, Akzeptanz. Sie hatte erkannt, dass uns jeder Verlust beziehungsweise jede Zurückweisung an unsere existenzielle Einsamkeit erinnert sowie daran, dass es im Leben keine Stabilität gibt. Und dass die Bewältigung solcher Verluste immer den gleichen Verlauf nimmt. Was die Depression von den ersten Stadien des Trauerprozesses unterscheidet, ist, dass es bei ihr um die *Gegenwart* geht, während Nichtwahrhabenwollen, Zorn und die Phase des Verhandelns noch vergangenheitsorientiert sind. Wir finden das Abgleiten in eine Depression ganz schlimm, im Grunde aber weist es in die richtige Richtung, denn auf dem Weg in das letzte Stadium der Trauerarbeit – die Akzeptanz – setzen wir uns dabei mit dem Leben auseinander, wie es nun einmal ist.

> *»Wer nicht aus ganzem Herzen weinen kann,*
> *kann auch nicht lachen.«*
> GOLDA MEIR

So schwer erträglich die Schattenemotionen der Liebe auch sein mögen, ist es doch am besten, das Herz einfach in Ruhe zu lassen. Versuchen Sie gar nicht erst, sich mit stählernem Willen von Ihrem Kummer zu befreien. Lassen Sie lieber Ihren Tränen freien Lauf, und lassen Sie auch Ihrem Körper genügend Zeit, denn er ist darauf angewiesen, dass er sein trauriges Liedchen singen darf, ohne dabei gestört zu werden. Etwas in Ihnen sehnt sich danach, zum Vorschein zu kommen, und dazu bedarf es vielleicht all des Kummers und der Tränen.

Wenn Sie sich nicht grundlegend von den meisten anderen Menschen unterscheiden, haben Sie Ihr ganzes bisheriges Leben lang alles getan, um der Einsamkeit zu entgehen, sind sich für nichts zu schade gewesen, um bloß nicht allein zu sein. Immer wieder haben Sie sich, bildlich gesprochen, vor den Bus geworfen, um sich zu vergewissern, dass stets jemand da war, der sich um Sie kümmerte. Und jetzt? Könnten jetzt nicht Sie dieser Jemand für sich sein? Geben Sie sich nicht auf; und versuchen Sie auch nicht, sich auf irgendeine Weise zu betäuben. Seien Sie lieber exakt so für sich da, wie Sie es sich von Ihrem früheren Partner gewünscht hätten. Welches Engagement hatten Sie sich von dieser Person erhofft? Machen Sie sich jeden einzelnen Punkt bewusst und setzen Sie ihn für sich um. Tun Sie es jetzt gleich, denn nichts brauchen Sie im Moment mehr als Trost und Unterstützung.

Lassen Sie sich jetzt selbst all die Liebe, Aufmerksamkeit, Loyalität und Fürsorge zukommen, die Sie Ihr ganzes Leben lang von anderen haben wollten. Momentan hat die Trauer Sie fest im Griff und so schnell wird sich daran auch nichts ändern. Worauf können Sie jetzt denn bauen, wenn nicht auf sich selbst? Diese simple Geste – sich selbst Ihre volle Aufmerksamkeit zu schenken, wenn der Kummer Sie bis ins Mark erschüttert – wird Ihren Wesenskern mit mehr Tiefe und Güte erfüllen als jede andere Methode, die mir bekannt ist. Sich der schieren Verwundbarkeit des Menschseins hinzugeben und die eigene ungeschützte Weichheit in all ihren Aspekten zu lieben, ist äußerst schmerzhaft, zugleich aber auch eine wahnsinnig befreiende Erfahrung. Denn nichts ist doch schöner an Ihnen als Ihr Bedürfnis, zu lieben und geliebt zu werden.

Fragen Sie sich:
»Welches Engagement, das ich mir von meinem Ex gewünscht hätte, kann ich jetzt für mich selbst aufbringen?«

HINWEIS: Eine Trennung kann so unerträglich schmerzhaft sein, dass Ihnen Mord- oder Suizidgedanken kommen. Sollten Sie sich oder einem anderen etwas antun wollen, müssen Sie sich unbedingt professionelle Hilfe suchen. So schnell wie möglich!

Welche Bedeutung geben Sie all dem?

Sie können nicht alles glauben, was Sie denken und fühlen. Das geht schon gar nicht in Ihrer gegenwärtigen Situation, in der Ihre Gedanken und Emotionen so reaktiv und extrem sind und wahrscheinlich eh auf Missverständnissen und Fehlinterpretationen beruhen. Angst ist ein Nährboden für Irrtümer und viele Ihrer großen Gefühle gründen im Kern auf völlig falschen Annahmen. Aber lassen Sie uns dies ein für alle Mal klarstellen:

- Dass Sie sich mutterseelenallein auf der Welt fühlen, heißt nicht, dass Sie es auch sind.
- Dass Sie glauben, kein Mensch würde Sie je mehr lieben, heißt nicht, dass das auch stimmt.
- Dass Sie sich für minderwertig halten, für zu kaputt oder makelhaft, um je wieder lieben zu können, heißt nicht, dass dies der Wahrheit entspricht.

Die Wunden der Liebe schmerzen immer am meisten an den Stellen, die bereits geschwächt sind. Und die Verwundung Ihres Herzens ist für Sie bestimmt nichts Neues. Das kennen Sie schon, Sie haben es vermutlich bereits mehrmals erlebt. Nur dass Sie jetzt einen weiteren Beleg für die traurige Geschichte haben, wie das mit der Liebe für Sie läuft. Wenn Sie kurz die Augen schließen, können Sie sich vielleicht sogar an das erste Mal erinnern, dass Sie dies erlebt haben. Sie waren noch klein. Möglicherweise noch im Kindergartenalter. Und Sie konnten Ihrem Schmerz noch keinen Namen geben. Ich bezeichne den allerersten Liebeskummer vor vielen Jahren als *Ursprungswunde*. Entstanden sein kann sie in einem einzigen kurzen Moment – in Form einer kleinen Zurückweisung, eines kurzen Alleingelassenwerdens, eines winzigen Missverständnisses. Vielleicht ist es zu diesem entscheidenden Bruch aber auch Stück für Stück gekommen, im

Laufe der Jahre: wenn Sie wiederholt mit Gemeinheiten konfrontiert waren, mit Vernachlässigung oder Übergriffen, die Sie nach und nach Ihrer Kindheit beraubten. Wo, wie oder wann es auch geschehen sein mag: Es ist davon auszugehen, dass Ihnen damals kein Erwachsener geholfen hat, diese verwirrenden und schmerzhaften Erfahrungen irgendwie einzuordnen. Kein Erwachsener hat sich zu Ihnen gesetzt und Ihnen liebevoll erklärt: »Nein, Schätzchen, es liegt nicht daran, dass du dumm wärest. Es ist nur, dass dein Bruder so viel Angst hat und sich verunsichert fühlt«, »Es geht nicht darum, dass du nicht von Bedeutung wärest, Engelchen. Aber dein Daddy hat ein Alkoholproblem und braucht Hilfe«, »Mit dir ist alles okay. Aber deine Mama leidet unter einer schweren Depression. Und das ist weder deine Schuld noch bist du für ihre Heilung zuständig«. Ohne einen Erwachsenen, der Ihnen geholfen hätte, sich das, was da in Ihrer kleinen Welt vorging, zu erklären, haben Sie die vollkommen falschen Schlüsse aus der Situation gezogen, was Sie und Ihre Möglichkeiten im Leben angeht. Diese irrigen Schlussfolgerungen haben sich Ihnen eingeprägt, sie sind zu einer Art Filter geworden, durch den Sie all Ihre Erfahrungen interpretieren und der auch Ihre Reaktionen darauf bestimmt. Dadurch wurde Ihre Trauer nur umso komplexer. Angesichts des Verlustes einer geliebten Person traurig zu sein, ist das eine. Aber etwas ganz anderes ist es, davon auszugehen, dass Sie deren Liebe verloren hätten, weil Sie nicht liebenswert wären.

Ihre Ursprungswunde ähnelt dem Heimatschlag, zu dem Brieftauben immer wieder zurückfinden. Sie stellt den Ausgangspunkt dar, auf den Ihr Bewusstsein bei jeder Neuverwundung zurückkommt, immer wieder. Hinter jedem Ihrer schwierigen Gefühle verbirgt sich eine alte Annahme: dass es gefährlich sei, sich auf die Liebe einzulassen; dass Sie von anderen nie das bekommen, was Sie wirklichen brauchen; dass Sie von allen verlassen werden, wie großartig Sie auch sein mögen; oder dass es eben Ihre Bestimmung sei, allein zu bleiben. Zu einem großen Teil stellen Ihr Schmerz und Ihre Verzweiflung eine Reaktion auf die Interpretationen dar, auf die Sie immer zurückgreifen, wenn Sie enttäuscht werden – was die Trauer aber nur noch komplizierter macht und die gesamte Erfahrung doppelt so schwierig.

Doch obwohl Sie sich momentan wie ein verlassenes, unerwünschtes oder ungeliebtes Kind fühlen mögen, sind Sie in Wahrheit doch glücklicherweise ein ausgewachsener, voll entwickelter, kompetenter Erwachsener. Zwar hämmert womöglich eine Bande von Lügen an der Tür Ihres Bewusstseins, um das Chaos zu erklären, in dem Sie sich befinden. Doch der erwachsene Teil von Ihnen kann den Nebel lichten und den Dingen eine neue Bedeutung verleihen. Stellen Sie sich im Zentrum Ihres Seins die Quelle der Weisheit vor, aus der kontinuierlich die richtigen Erkenntnisse hervorsprudeln – Erkenntnisse, die Sie Ihre aktuelle Lebenssituation präzise erfassen lassen. Dieser weise, beseelte, höchst intuitive Teil Ihrer selbst kann Ihr Leiden von einer höheren Warte aus betrachten, aus einem Blickwinkel, der nichts mit der traurigen Geschichte Ihrer Ursprungswunde zu tun hat. Dieser erwachsene Teil von Ihnen erkennt:

- dass es zwar nicht immer fair zugeht, dass es aber trotz allem richtig gut ist, am Leben zu sein,
- dass sich, wenn eine Tür zuschlägt, bald eine neue öffnet,
- dass Sie Ihren früheren Partner im Grunde viel weniger vermissen als die Person, für die Sie ihn gehalten haben,
- dass das Ende der Beziehung letztlich für alle Beteiligten das Beste ist, egal wie schmerzhaft die Trennung auch sein mag …

Sie können lernen, sich selbst von dieser erwachsenen Mitte aus anzusprechen und ermutigende Worte der Weisheit zu finden, wenn negative Emotionen Sie zu überwältigen drohen. Das wird Ihnen den Heimweg zu finden helfen, den Heimweg in Ihre Ganzheit.

Die Entwicklung Ihres ganz persönlichen Mentoren-Mantras

Diese Übung, die ursprünglich von meiner Kollegin Claire Zammit stammt, wurde für den »Conscious-Uncoupling«-Prozess abgewandelt. Nachdem Sie bereits gelernt haben, Ihre großen, überwältigenden Gefühle in Schach und auszuhalten, bringt diese Übung Sie jetzt einen Schritt weiter: Sie hilft Ihnen, sich jenes Teils von sich anzunehmen, der die Trennung falsch interpretiert. (Zum Beispiel: »Von nun an werde ich wohl allein bleiben müssen«, »Keine wird mich je wieder so lieben wie sie« oder »Ich kriege nie, was ich mir wünsche«.) Diese Übung empfehle ich Ihnen für Momente, in denen Sie ängstlich oder verzweifelt sind und Ihr emotionales Gleichgewicht zurückerlangen möchten.

1. **Benennen Sie Ihre Annahmen.** Treten Sie einen Schritt von Ihren Emotionen zurück und schauen Sie, ob Sie die ihnen zugrunde liegenden Annahmen identifizieren können. Welche Vermutungen über sich leiten Sie aus der Trennung ab? Oder über Ihr Leben?
Zum Beispiel: »Mit mir stimmt offenbar etwas nicht«, »Alle Liebhaber enttäuschen und verlassen mich«, »Ich kann nicht ohne ihn leben« oder »Alle anderen kriegen das mit der Liebe hin, nur ich nicht«.
2. **Zweifeln Sie Ihre Annahmen an.** Weisen Sie sie mit solcher Entschiedenheit zurück, dass Sie nicht mehr von der Angst überwältigt werden. Reden Sie mit sich, als wären Sie Ihr eige-

ner liebevoller Mentor und Ratgeber, der Ihnen große Weisheit und tiefe Einsichten vermittelt.

Zum Beispiel: »Du hast zwar Fehler gemacht, ja, Liebling, das stimmt schon. Aber das heißt noch lange nicht, dass mit dir etwas verkehrt wäre«, »Für dich fühlt es sich im Moment vielleicht so an, als würde dich nie mehr jemanden so lieben wie sie. Ob das aber auch stimmt, wissen wir doch gar nicht« oder »Das mit der Liebe ist für niemanden so einfach, Herzchen. Jeder, den ich kenne, ist auf diesem Gebiet schon mindestens einmal auf die Nase gefallen, und das trifft auch auf alle zu, die mittlerweile eine glückliche Partnerschaft haben«.

3. **Erteilen Sie sich weise Lektionen.** Schöpfen Sie aus Ihrem tieferen, weiseren, reiferen Inneren liebevolle Erkenntnisse, die Ihnen ein besseres Verständnis Ihrer Situation ermöglichen.

   Zum Beispiel: »Ich weiß, dass es wehtut, Liebling, aber dieses Risiko gehen wir nun einmal ein, wenn wir einem anderen Menschen das Herz öffnen. Dabei wird jeder irgendwann einmal verletzt. Aber das heilt auch wieder. Versprochen!« Trösten Sie sich, ermutigen Sie sich und weisen Sie sich eine Perspektive auf, die Sie nach dieser herben Enttäuschung das Vertrauen ins Leben wiedergewinnen lässt.

4. **Entwickeln Sie Ihr persönliches Mentoren-Mantra.** Fügen Sie weise Worte des Trostes, der Ermutigung und der Unterstützung zu einem Mantra zusammen, das Sie sich so lange stumm vorsagen, bis Ihr emotionales Gleichgewicht wiederhergestellt ist.

   Zum Beispiel: »Mit dir ist alles in Ordnung, Schatz. Aber so fühlt man sich nun mal nach einer Trennung. Der Schmerz wird bald vorbeisein, doch die Weisheit, die du hinzugewonnen hast, bleibt. Ich liebe dich.«

Die Kartoffel, die Sie da gerade in der Hand haben, ist glühend heiß. Ohne dass Sie eine gütige, zugewandte Beziehung zu sich aufbauen, wird sich die Trauer, die Ihr Herz belastet, kaum auflösen lassen. Die Alternative wäre natürlich, dass Sie versuchen, Ihre Gefühle mit einer Flasche Wein, einer Unmenge Donuts oder schachtelweise Zigaretten zu betäuben. Es ist Ihre Entscheidung. Aber Schmerz ist ein harter Zuchtmeister und Sie werden ihn lindern müssen, um nicht von ihm überwältigt zu werden. Stellen Sie sich vor, Sie wären in einer »Liebes-Reha«, wie meine Freundin Lauren Frances immer sagt. Sie müssen Ihr Leben jetzt ganz konkret um die Selbstfürsorge herum organisieren. Halten Sie sich an eine gewisse Routine, umgeben Sie sich mit Menschen, von denen Sie geliebt werden, ernähren Sie sich gesund, suchen Sie sich einen guten Coach oder Therapeuten, gehen Sie spazieren und lesen Sie einen schönen Roman. Am Schluss dieses Kapitels finden Sie Vorschläge für Maßnahmen der Selbstfürsorge, die ich Ihnen empfehlen kann. Nehmen Sie sie ernst. Gerade im Moment dürfen Sie sich auf gar keinen Fall vernachlässigen.

Fragen Sie sich:

»Welche Worte des Trosts, der Stärke, Weisheit und Liebe kann ich für mich finden, die mir weiterhelfen und mich beruhigen, wenn ich mich emotional überfordert fühle?«

»Was kann ich in diesen Zeiten des Kummers und der Verletzung für mich tun, um mich selbst von Herzen anzunehmen?«

Machen Sie etwas Schönes draus

1995 prägte Dr. Lawrence Calhoun, Psychologieprofessor an der University of North Carolina in Charlotte, den Begriff »posttraumatisches Wachstum«. Er bezeichnet eine Form der Resilienz, die einen eine Krise nicht nur überstehen, sondern auch zum Positiven verändert daraus hervorgehen lässt. »Es geht dabei nicht um Resilienz – nicht um Widerstandsfähigkeit«, sagt er. »Resilienz ist, wenn Sie ins Taumeln geraten, nachdem Sie geschlagen werden, und dann direkt wieder aufspringen. Posttraumatisches Wachstum ist damit überhaupt nicht zu vergleichen – dabei stehen Sie nämlich *transformiert* wieder auf.«[32]

> »Wenn Sie einen schweren Schmerz erfahren,
> braucht Ihr Leben einen tieferen Sinn.«
>
> MILLARD FULLER

Die berühmte buddhistische Nonne Pema Chödrön, die mit ihrem Bestseller *Wenn alles zusammenbricht* so viel Güte in die Welt gebracht hat, sagt ganz offen, dass der Auslöser für ihr spirituelles Wachstum und damit letztlich auch der Anfang ihres Lebenswerkes die Scheidung war. Mit Humor und Bescheidenheit berichtet sie über den Hass, den sie empfand, als ihr Mann eine andere Frau kennenlernte und die Scheidung einreichte. Zu der Zeit war sie Lehrerin und Mutter zweier Kinder aus einer früheren Ehe, die auch schon gescheitert war. In den folgenden Monaten fraß eine bittere Wut an ihr, die sich in gemeinem Verhalten Bahn brach, wie sie sagt. Da sie sich zuvor immer als warmherzigen, optimistischen Menschen erlebt hatte, war sie auf eine solche bodenlose Düsternis, die sie mit gehässigen Rache- und Vergeltungsgedanken erfüllte, nicht vorbereitet. Ihre destruktiven Impulse waren dermaßen stark und wollten partout nicht aufhören, dass sie sich gezwungen sah, aktiv nach neuem festem Boden unter den Füßen zu suchen. Während sie sich mit den verschiedenen spirituellen Schulen beschäftigte, stieß sie auf einen Artikel des Meditationslehrers Chögyam Trungpa, der ihr eine Möglichkeit aufwies, sich die Erfahrungen, die sie gerade machte, zu erklären. Darin schrieb er, dass Negativität an sich nichts Schlechtes sei, und bezeichnete unsere dunkleren Emotionen als spannende Energie voller Kreativität, die uns zum Erwachen führen könne. Das eigentliche Problem, führte Chögyam Trungpa aus, seien die Nebenprodukte der Negativität – die ewigen Vorwürfe und das ständige Toben. Die energiegeladene Negativität selbst dagegen sei überhaupt nicht schlimm und könne sogar ganz hilfreich sein. Diese Erkenntnis war es, die die geborene Deirdre Blomfield-Brown auf den Weg des Buddhismus brachte. Innerhalb eines Jahres wurde sie Nonne und hat seitdem schon Hunderttausenden von Menschen überall auf der Welt zu innerem Frieden und größerer Zufriedenheit verholfen.

»Erst wenn es dunkel genug ist, kann man die Sterne sehen.«
MARTIN LUTHER KING

Trennungen verändern uns. Sie haben das Potenzial, uns riesige Fortschritte machen zu lassen, die sonst gar nicht möglich wären. Der Mensch, der Sie vorher waren, werden Sie nie wieder sein. Ob Sie sich aber zum Besseren oder zum Schlechteren verändern, bleibt Ihnen überlassen. Was gibt den deutlichsten Aufschluss darüber, ob Sie sich der Realisierung Ihres höchsten Potenzials und der Erfüllung Ihrer Lebensaufgabe annähern oder sich in den folgenden Jahren kleiner machen werden, als Sie sind? Es sind die Annahmen, die Sie aus Ihrem Leiden ableiten. Angesichts des großen Schmerzens beschließen viele, nie mehr so sehr zu lieben, oder schwören gar der Liebe vollkommen ab.

Manche treffen an der Wegscheide, den das Ende einer Liebesbeziehung markiert, die Wahl, künftig ein eingeschränktes Leben zu führen. Ich kann nur hoffen, dass Sie nicht dazugehören.

Einen besseren Zeitpunkt, für sich selbst und Ihr Leben einzustehen, als den jetzigen gibt es gar nicht. Nun sollten Sie zulassen, dass Ihre gegenwärtigen Qualen Sie von allem Unbewussten, Angstgetriebenen und Gewohnten reinigen, das für die gedimmte, unauthentische alte Version von Ihnen typisch war. Jetzt sollten Sie die erlittenen Verletzungen in ein beherztes Engagement verwandeln: das Engagement für Ihre Befreiung, für Ihre Gesundheit, Ihr Lebensglück, Ihren Beitrag zum Gemeinwohl und für eine künftige erfüllte Liebe.

Im Moment sind Sie wahrscheinlich nicht unbedingt scharf darauf, der Mensch zu werden, der Sie sein könnten, denn Sie wollen einfach nur wieder der sein, der Sie einmal *waren*. Aber das Leben hat nun einmal dafür gesorgt, dass das nicht möglich ist. Also können Sie gar nicht anders, als nach vorn zu gehen. Momentan befinden Sie sich in einem dieser fiesen Zwischenstadien. Bleiben Sie da aber bloß nicht drin stecken, sonst könnten Sie im Geburtskanal verenden. Wie Ihre Mama am Tag Ihrer Entbindung müssen jetzt Sie sich da unbedingt rauspressen. Wie Winston Churchill einmal sagte: »Marschieren Sie einfach immer weiter, wenn Sie durch die Hölle gehen.« Während Sie sich durch den dunklen Tunnel Ihrer verlorenen Liebe kämpfen, sollten Sie fest davon überzeugt sein, dass Sie es ans Licht schaffen, und dann alles in Ihrer Macht Stehende tun, damit es Ihnen auch ja gelingt.

Bei jeder Enttäuschung, die uns das Leben vorsetzt, haben wir die Wahl. Und ich beschwöre Sie von ganzem Herzen, sich für das Leben zu entscheiden, für Güte, Wahrheit, Schönheit und Liebe. Denn eines kann ich Ihnen versprechen: Sie werden es nie bereuen.

Fragen Sie sich:
»Welche Vorsätze kann ich jetzt fassen, die mich in meinem Entschluss bestärken, den Schmerz zu nutzen, um mein Leben positiv zu verändern?«

Vorschläge zur Selbstfürsorge
(Setzen Sie mindestens zwei davon täglich um.)

1. **Führen Sie ein Tagebuch, das niemandem sonst zugänglich ist.** Schreiben Sie sich alles von der Seele: Ihre Wut, Enttäuschung, Entrüstung, Befangenheit, alle Sorgen, Schuldgefühle und Ihr blankes Entsetzen. Bringen Sie das ganze Spektrum Ihrer Emotionen zum Ausdruck, ohne irgendwas zu zensieren, zu beurteilen oder wegzulassen.
2. **Bewegen Sie sich, wenigstens kurz.** Gehen Sie, machen Sie Dehnübungen, laufen Sie, schwimmen Sie, fahren Sie Rad, machen Sie Yoga, gehen Sie aufs Trampolin oder Schlittschuh laufen, heben Sie Gewichte, werfen Sie einen Ball, tanzen Sie und so weiter.
3. **Hören Sie Musik**, die Ihren Emotionen entspricht, und singen Sie lauthals mit.
4. **Nehmen Sie jede Gelegenheit wahr, anderen etwas Gutes zu tun,** insbesondere Menschen, die noch mehr leiden als Sie selbst.
5. **Beschäftigen Sie sich mit Kunst,** um sich daran zu erinnern, dass es zu allen Zeiten Menschen gab, die etwas ganz Ähnliches empfunden haben wie Sie jetzt und die aus ihrem Leid etwas Wunderschönes schufen. Gehen Sie in Konzerte, ins Theater oder Museum.

6. **Schauen Sie in den Sternenhimmel**, um sich der Größe des Universums bewusst zu werden und der zahllosen Möglichkeiten, die es bereithält, zu lieben und geliebt zu werden.

Hinweis für Partner, die dieses Programm gemeinsam durchführen: Nehmen Sie bei diesem ersten Schritt eine etwas formellere und weniger vertraute Haltung als sonst zueinander an, damit sich jeder für sich mit den kommenden Veränderungen arrangieren kann. Suchen Sie keine Liebe, Bestätigung und keinen Trost bei Ihrem Ex, solange Sie sich nicht selbst lieben, bestätigen und trösten können, und auch nicht, solange Sie sich dabei von anderen unterstützen lassen. Begegnen Sie einander besonders höflich, rücksichts- und respektvoll, aber ohne sich der schwierigen Emotionen des anderen »anzunehmen«. Lassen Sie sich gegenseitig genügend Zeit und Raum, damit Sie die Entwicklungen, zu denen es kommen wird, unabhängig voneinander verarbeiten können. Unterstützen Sie einander, seien Sie großzügig und freundlich. Aber gewinnen Sie dabei gleichzeitig, jeder für sich, größere Autonomie.

Schritt zwei: Sie holen sich Ihre Kraft und Ihr Leben zurück

»*Das Alte raus, das Wahre rein.*«
JEFF BROWN

In Schritt zwei Ihres »Conscious-Uncoupling«-Programms lernen Sie, sich nicht länger als armes Opfer der Liebe zu sehen. Sie verändern Ihre Perspektive und übernehmen Verantwortung für den Beitrag, den Sie zur Entwicklung der Dinge geleistet haben. Dadurch beginnen Sie allmählich zu erkennen, dass Sie selbst eine Quelle Ihres Leidens waren. Auf diese Weise bewahren Sie sich vor der Gefahr, noch einmal in eine solche Dynamik hineinzugeraten, und können Ihre frustrierenden Verhaltensmuster in der Liebe ein für alle Mal hinter sich lassen.

In diesem Schritt werden Sie
- aus der Opferrolle heraustreten und sich eine neue, präzise Geschichte der Trennung erschaffen, die Ihnen inneren Frieden gibt und die Sache zum Abschluss bringt,
- sich des Eigenanteils an Ihren Erfahrungen so bewusst, dass es Sie stärkt und in die Lage versetzt, aus Ihren schmerzhaften Liebesmustern herauszuwachsen,
- Ihre Automatismen und gewohnheitsmäßigen Verhaltensmuster ablegen (zum Beispiel es allen recht machen zu

wollen, immer nur zu geben, Ihr Licht unter den Scheffel zu stellen oder sich mit weniger zufriedenzugeben, als Ihnen zusteht) und sich stattdessen so zeigen können, dass es Ihrem wahren Wert entspricht,
- lernen, die Scharte für sich so auszuwetzen, dass Sie von allen Resten an Groll und Reue befreit werden,
- über die Person hinauswachsen, die Sie zu Beginn der Beziehung waren, und entdecken, dass Sie fest darauf vertrauen dürfen, wieder neu zu lieben und geliebt zu werden.

Sie werden die Geschichte erzählen müssen: sie im Geist wieder und wieder durchgehen, mühsam versuchen, ein Narrativ zusammenzustückeln, das die einzelnen Puzzleteile, all die schartigen, nicht zusammenpassenden Erinnerungs- und Informationssplitter, zu einem kohärenten Ganzen verwebt. Sobald Ihnen die verworrenen Einzelheiten Ihres Intimlebens einmal bewusst werden, spielen sich die vielen Zeichen, die Sie hätten sehen, die Dinge, die Sie hätten wissen müssen, plötzlich in den Vordergrund. Sie werden die leisen Hinweise, die Ihnen entgangen sind, immer wieder durchkauen, die schlecht getimten Gespräche und fatalen Fehler, die erst im Nachhinein deutlich zu erkennen sind. Dabei werden Sie versuchen, sich eine Geschichte zusammenzubasteln, mit der Sie leben können, und sie zum Vermächtnis dieser Liebe machen.

Höchstwahrscheinlich wird sich Ihre Erzählung zunächst auf die zahlreichen Gelegenheiten konzentrieren, bei denen Sie missverstanden, schlecht behandelt, abgewertet und ins Unrecht gesetzt wurden. Vermutlich sammeln Sie auch Munition, mit der Sie sich die nächsten Jahre über quälen können, und führen sich dafür geradezu masochistisch all die bedauerlichen Dinge vor Augen, mit denen Sie Ihren jetzigen Herzschmerz selbst verursacht haben. Im Kopf drehen und wenden Sie pausenlos die schikanöse, vorwurfsbeladene, beschämende Geschichte Ihrer Liebe. Und während Sie noch erbittert herauszufinden versuchen, was da alles schiefgegangen ist, wer die Schuld trägt und warum, gewinnt die Geschichte immer mehr an Schwung und Zugkraft.

All dieses Herumstochern in der Vergangenheit stellt den verzweifelten Versuch dar zu verhindern, dass so etwas noch einmal geschieht. Denn wie sollten Sie denn in einer Welt weiterleben können, in der sich alles, was Ihnen lieb und teuer ist, im Nullkommanichts als falsch herausstellen kann? In einer Welt, in der man Ihnen Ihre Identität unterm Hintern wegziehen und sich alles, worauf Sie für die Zukunft gezählt haben, im Handumdrehen in Luft auflösen kann?

Sollten Sie Schluss gemacht haben, nimmt Ihre Geschichte wahrscheinlich einen anderen Verlauf. Weniger schockiert, nicht gar so sehr vom Schmerz gebeutelt, empfinden Sie vielleicht sogar eine gewisse Euphorie, weil Sie endlich den Mut und die Stärke aufgebracht haben, sich aus der Bindung zu lösen, von der Sie sich nur noch eingeschränkt fühlten. Doch Wegbereiter dieses großen Befreiungsschlages sind die zahllosen heimlich protokollierten Kränkungen, Schwächen, Verfehlungen und Unzulänglichkeiten Ihres Ex, die Sie bei der wochen-, monate- oder gar jahrelangen Suche nach Indizien gegen ihn gesammelt haben. Nur so konnten Sie den Beweis erbringen, dass Sie ja gar nicht anders konnten, als ihn zu verlassen. Sie haben zwar ein schlechtes Gewissen, aber auch genügend selbstgerechte Empörung aufgebaut, um an dem Schritt festzuhalten. Ihre Trennungsgeschichte wird sich deshalb aus den verschiedenen Gelegenheiten zusammensetzen, bei denen Sie in der Beziehung das Gefühl hatten, zu kurz zu kommen, nicht wahrgenommen und geschätzt zu werden, allein zu sein – auch dies aus einer einseitigen Opferhaltung heraus.

So oder so, im Versuch, die Trennung in Ihre überforderte, zersplitterte Psyche zu integrieren, werden Sie sich bei der sorgsamen Erschaffung Ihrer Leidensgeschichte hauptsächlich darauf konzentrieren, dem anderen die Schuld in die Schuhe zu schieben. Und das mit gutem Grund. Ihr(e) Ex hat sich wahrscheinlich wirklich wie ein Scheusal aufgeführt. Er hat Sie im Stich gelassen. Sie hat ihr Versprechen gebrochen. Er hat Sie an der Nase herumgeführt. Sie hat Sie getäuscht. Das Geschehene war wahrscheinlich tatsächlich beschissen, ungerecht, unmoralisch oder eigennützig. So hätte Ihre Ex es vermutlich durchaus verdient, mit Schimpf und Schande vom Hof gejagt zu werden. Und zwar keinesfalls ohne Brandzeichen auf dem Hintern – als Warnung für alle anderen Männer, die sich Hoffnungen auf eine Zukunft mit ihr machen könnten.

Was aber noch mehr Richtigkeit hat: Solange Sie auf all die schmählichen, falschen, schlimmen und unmoralischen Dinge fixiert bleiben, die sie oder er Ihnen angetan hat, sind Sie der Wahrheit noch keinen Schritt nähergekommen. Der Wahrheit Ihrer Mitverantwortung für das Chaos, in dem Sie jetzt stecken. Mag das Monster auch zu 97 Prozent im Unrecht sein, solange Sie sich nicht zu den übrigen 3 Prozent bekennen und überlegen, wie Sie Ihr Beziehungsverhalten verändern müssen, damit Sie auf dem Gebiet der Liebe nie mehr so geschwächt, enttäuscht oder verschmäht werden, können Sie nicht darauf vertrauen, dass Sie es künftig besser machen.

Müsste Sie das nicht eigentlich inspirieren, die Verantwortung für sich als Urheber Ihres Leidens zu übernehmen? Hören Sie auf, mit dem Finger auf den anderen zu zeigen, wie Sie es gewohnt sind, und schauen Sie in den Spiegel. Schauen Sie ganz genau hin, damit Sie Ihren Anteil an den Entwicklungen erkennen und künftig frei sind, sich anders zu verhalten. Derweil sollte die Frage: *Worauf ist meine Aufmerksamkeit gerichtet?* Ihr Mantra sein.

Fragen Sie sich:
»Worauf ist meine Aufmerksamkeit gerichtet?«

Erkennen Sie sich selbst als Urheber Ihrer Erfahrungen

Wenn wir uns als die Quelle unseres Leidens wahrnehmen wollen, stellen wir uns am Anfang oft selbstkritische Fragen, deren unmittelbare Folgen Scham, Selbsthass und Selbstvorwürfe sind. Ständig muss ich Leute daran erinnern, dass Fragen wie »Was um alles in der Welt stimmt eigentlich nicht mit mir?« nie zu Wachstum und positiven Veränderungen führen. Auf Scham beruhende Fragen wie »Warum bloß krieg ich nie etwas hin?«, »Weshalb werde ich immer verlassen?«, »Wer sollte mich schon lieben können, so verkorkst, wie ich bin?«, »Wann gibt mir das Leben endlich auch mal eine Chance?« oder »Wie konnte ich nur so dumm sein?« können nur weitere Beweise für die irrige Geschichte Ihrer Ursprungswunde erbringen und den fälschlichen Schluss bestätigen, dass Sie, was die Liebe angeht, mit irgendeinem Fluch belegt sind.

Um sich von Beziehungsmustern befreien zu können, die auch künftig zu Verletzungen und Enttäuschungen führen – Muster wie Co-Abhängigkeit, süchtiges Lieben, Übergriffigkeit und/oder Vernachlässigung –, müssen Sie lernen, sich die richtigen Fragen zu stellen. Solche, die Wachstum ermöglichen und Ihnen das Vertrauen geben, dass so etwas nie, nie wieder geschieht. Denn auf jeden egozentrischen, narzisstischen Mann kommt eine Frau, die sich chronisch klein und unsichtbar macht, um seine Gunst nicht zu verspielen. Und auf jede voreingenommene, überkritische Frau kommt ein unsicherer Mann, der alles tun würde, damit sie ihn bloß nicht zurückweist. Und bei Schwulen und Lesben ... nun, Sie werden das schon verstanden haben. Ja, der oder die andere ist vielleicht wirklich verkorkst. Sie aber müssen Ihr Augenmerk auf sich selbst richten, wenn Sie herausfinden wollen, was zur Reproduktion Ihrer herzzerreißenden, leidvollen Verhaltensmuster geführt hat.

Ihre aktuelle Mission besteht darin, sich Ihre Stärke und Ihr Leben zurückzuholen. Das kann aber nur gelingen, wenn Sie sich Fragen zu stellen beginnen, die Sie in aller Deutlichkeit erkennen lassen, auf welche Weise Sie sich bislang selbst entmachtet, sabotiert, kleingemacht und die Augen vor der Wahrheit verschlossen haben. Ich weiß: Plötzlich werden Sie von dem Impuls heimgesucht, dieses Buch aus der Hand zu legen, an den Kühlschrank zu gehen und sich ein schönes Eis zu genehmigen. Aber tun Sie es bitte nicht. Lesen Sie weiter. Denn sobald Sie einmal erkannt haben, dass und wie Sie sich selbst und andere dazu gebracht haben, die traurige Geschichte Ihrer Ursprungswunde quasi bis zum Erbrechen zu wiederholen, wird es Ihnen mit einem Mal möglich, sich anders zu entscheiden; denn am Anfang der Rückeroberung Ihrer Stärke liegt die verantwortungsbewusste Selbstreflexion. Sollten Sie jedoch an der Geschichte Ihres Opferseins festhalten und sie womöglich sogar noch überhöhen, werden Sie nie die Kraft finden, die Sie brauchen, um Ihr Liebesleben entscheidend zu verbessern.

»*Vorwürfe sind das Credo der Entmachteten.*«
STEVE MARABOLI

Die richtigen Fragen

Fragen, die Ihr persönliches Wachstum unterstützen, könnten zum Beispiel lauten: »Auf welche Weise habe ich in der Beziehung meine Stärke preisgegeben, und was kann ich tun, um sie wiederzuerlangen?«, »Inwiefern lasse ich mich selbst genauso im Stich, wie ich mich von meinem Ex im Stich gelassen fühle?«, »Bei welchen Gelegenheiten habe ich an meinem Ex herumgezerrt, damit er sich so um mich kümmerte, wie ich mich selbst nie um mich gekümmert habe? Und inwiefern hat uns das beiden geschadet?«, »Was habe ich mir alles vorgemacht, damit ich in dieser Beziehung bleiben konnte?«, »Was machte es für mich so interessant, mich ausgerechnet für jemanden zu entscheiden, der so eindeutig nicht zur Verfügung stand?«, »Die Geschichte welcher früheren Enttäuschung wiederholt sich hier, und was habe ich unbewusst dafür getan, dass es so gekommen ist?«.

In dem Moment, in dem Sie die Dinge endlich erkennen können, wie sie wirklich sind, und die Ungereimtheiten, die Mängel Ihres eigenen Verhaltens in einer Haltung demütiger Warmherzigkeit wahrnehmen, kann sich Ihr Leben von Grund auf zum Besseren wandeln.

Opfergeschichten lassen sich immer erzählen und meistens sind sie auch ziemlich überzeugend. Als meine Klientin Monique samt ihrem dreijährigen Sohn Zachary, einem Kind mit Downsyndrom, von Larry verlassen wurde, mit dem sie seit fünf Jahren verheiratet war, konnte sich keiner ihrer Freunde oder Angehörigen einen Reim darauf machen. Sobald er dann auch noch die Unterhaltszahlungen einstellte, galt er endgültig als herzlos und eigensüchtig. Zu dieser Zeit sprach nicht einmal mehr seine Mutter mit ihm. Monique allerdings weigerte sich, ihm aus seinem zweifellos unguten Verhalten einen Strick zu drehen. Verständlicherweise war sie ärgerlich, doch statt sich sofort wieder ans Gericht zu wenden, hielt sie eine Weile inne, um sich vor Augen zu führen, was sie selbst dazu beigetragen hatte, dass Larry gegangen war und sie auch nicht mehr finanziell unterstützte. Die Klarheit, die sie dabei gewann, veränderte ihr ganzes Leben.

Monique hatte eine schwere Kindheit. Ihr Vater war Alkoholiker, ihre Mutter Prostituierte, und so musste sie sich schon als kleines Kind allein durchschlagen. Mit zwei Jahren, erinnerte sie sich, hatte sie vor dem Kühlschrank gestanden und verzweifelt die Fächer nach etwas zu essen abgesucht. Die Geschichte ihrer Ursprungswunde lautete: *Ich bin mutterseelenallein auf der Welt und kein Mensch kümmert sich um mich.* Diese Wunde in ihrem Herzen wurde im Laufe der Jahre von verschiedenen Partnern auf unterschiedliche Art und Weise immer wieder aufgerissen. So auch von Larry.

Viele von uns konstruieren derartige Zusammenhänge mit schmerzlichen Verletzungen aus der Kindheit und stellen sie in der Liebe später ein ums andere Mal nach. Viele verharren in diesem Teufelskreis. Sie werden so Opfer nicht nur ihrer Eltern und der Partner, die sie wählen, sondern auch Opfer ihres eigenen Bewusstseins, das trotz aller Versuche, sich weiterzuentwickeln, immer wieder einen Weg findet, die schmerzlichen Enttäuschungen zu reproduzieren. Für Monique war es im ersten Moment natürlich entsetzlich, als sie erkannte, dass sich in der Weigerung ihres Mannes, sich um sie und ihren kleinen Sohn zu kümmern, die Dynamik ihrer Kindheit duplizierte.

Doch ich ermutigte sie, die Verantwortung für die Entscheidungen zu übernehmen, die sie in ihre gegenwärtige Situation gebracht hatten, damit sie einen Blick unter die Oberfläche werfen konnte. Und dann kam ihr die Erkenntnis. Ein Teil von ihr war immer noch ein zweijähriges Mädchen, das mitten im Zimmer saß und so lange den Atem anhielt, bis sich ihr Gesicht blau verfärbte und jemand kam, um sich um es zu kümmern. Sie musste sich eingestehen, dass sie diesem Teil von sich während ihrer gesamten Ehe die Regie überlassen hatte. Und zwar dadurch, dass sie keinen Job annahm, obwohl ihr Mann sie wiederholt inständig gebeten hatte, auch etwas zum Familieneinkommen beizutragen. Zumindest vor der Geburt ihres Sohnes wäre Monique dazu ohne Weiteres in der Lage gewesen, doch sie bestand darauf, dass Larry allein für ihren Lebensunterhalt aufkam. Später war Zachary für sie dann die perfekte Ausrede, um nicht arbeiten gehen zu müssen. Sie hatte sich darauf eingerichtet, die nächsten Jahre finanziell von ihrem Mann abhängig zu sein. Doch nun muckte Larry auf. Laut und deutlich machte er ihr klar, dass er keinesfalls bereit war, bis an sein Lebensende ihr alleiniger Versorger zu bleiben.

Zugeben zu müssen, wie kindisch und egoistisch sie sich aufgeführt hatte, empfand Monique als äußerst demütigend. Immerhin aber war es das erste Mal, dass sie sich diesen kindlichen Aspekt von sich überhaupt bewusst gemacht hatte. Und das gab ihr endlich eine Wahlmöglichkeit: Wollte sie (metaphorisch ausgedrückt) weinend und um sich schlagend in diesem Zimmer auf dem Boden sitzen bleiben und die traurige Geschichte ihrer Entbehrung und Vernachlässigung weiter ausleben? Oder wollte sie die Verluste ihrer Kindheit endlich hinter sich lassen, die Verantwortung für ihr Leben übernehmen und als die starke, kompetente Frau dastehen, die sie eigentlich war? Als wir die Frage so formuliert hatten, verstand sich die Antwort natürlich von selbst.

Heute haben Larry und Monique das gemeinsame Sorgerecht für Zachary und sind ihm ausgesprochen gute Eltern. Monique kommt für ihren Lebensunterhalt selbst auf und teilt sich die für ihren Sohn anfallenden Kosten mit ihrem Exmann. In ihrem heutigen Beruf als Lebens-Coach ist sie ausgesprochen erfolgreich und genießt für ihre große Weisheit, ihren Humor und ihren messerscharfen Verstand schon einen beachtlichen Ruf. Und das alles nur, weil sie sich – obwohl ihr Ex eindeutig die Schuld trug – nicht mehr als Opfer sah, sondern für sich selbst einstand.

> *»Letzten Endes wird menschliches Verhalten jedenfalls nicht von Bedingungen diktiert, die der Mensch antrifft, sondern von Entscheidungen, die er trifft.«*
>
> Viktor Frankl

Ich möchte auch Ihnen Mut machen, unter die Oberfläche zu blicken. Suchen Sie jenseits der offensichtlichen Schuld Ihres Ex nach Hinweisen darauf, inwiefern Sie selbst unbewusst Situationen erschaffen haben, in denen Sie ähnlich verletzt wurden wie früher schon. Falls eindeutig Sie im Unrecht waren und sich jetzt mit Schuldgefühlen plagen, sollten Sie Ihr Verhalten vollkommen objektiv analysieren und sich Ihre Entscheidungen genauso bewusst machen wie die dahinterstehenden Motive. Wichtig ist, dass wir lernen, unsere Fehler einzugestehen und die Folgen, die sie für andere hatten, voller Mitgefühl zu betrachten. Das nennt man auf sein Gewissen hören. Und es ist gut, weil es darauf hinweist, dass Sie auf dem Weg sind, ein herzlicherer, reiferer Mensch zu werden.

Dadurch, dass Sie sich als Urheber Ihrer Erfahrungen zu erleben lernen, beginnen Sie ganz grundsätzlich nach der Wahrheit zu suchen. Nicht nur nach Ihrer persönlichen, was natürlich sehr wichtig ist, sondern auch nach der objektiven Wahrheit – selbst auf die Gefahr hin, dass Sie dabei Dinge über sich erfahren, die alles andere als schmeichelhaft sind. Es geht Ihnen dann also mehr um Ihre persönliche Entwicklung als um Ausflüchte, weniger darum, recht zu behalten, als um rückhaltlose Ehrlichkeit. Eine solche unerbittliche Selbsterkenntnis kann ausgesprochen demütigend sein, das ist mal sicher. Doch wie sagen die Anonymen Alkoholiker so treffend: Gleichzeitig seinen Arsch retten und das Gesicht wahren, geht nicht.

Fragen Sie sich:
»Was erfahre ich über die Verantwortung, die ich selbst für diese Situation trage, wenn ich aufhöre, mit dem Finger auf den anderen zu zeigen, und stattdessen mein eigenes Handeln analysiere und die Entscheidungen, die ich getroffen habe?«

Die Geschichte Ihrer Trennung: eine Kreativübung
Irgendwann werden Sie das Bedürfnis bekommen, ein Trennungs-Narrativ zu entwickeln,[33] das Ihrer gemeinsamen Zeit und allem, was Sie in der Beziehung haben lernen und erreichen können, gerecht wird.

Im Moment aber steckt Ihnen wahrscheinlich der Horror der Trennung noch in den Knochen: in Form von Verspannungen, Schmerzen, Kurzatmigkeit, einer gewissen Schwere im Körper oder als unterdrückter Schrei. Der norwegische Maler Edvard Munch schuf sein Meisterwerk Der Schrei (zumindest einer Überlieferung nach), nachdem eine zweijährige Beziehung mit seiner verheirateten Cousine in die Brüche gegangen war, und fing damit die existenzielle Angst ein, in die einen der Verlust eines geliebten Menschen stürzen kann. Damit Sie die Geschichte der Trennung aus Ihrer Seele und dem Organismus herausbekommen, empfehle ich Ihnen, deren entsetzlichste Aspekte kreativ zum Ausdruck zu bringen, indem Sie sie zeichnen, malen, bildhauerisch gestalten oder schreiben. In diesem Ihrem Werk dürfen Sie sich gern als Opfer darstellen und all die düsteren Emotionen festhalten, die eben entstehen, wenn man sich zurückgewiesen, gedemütigt, unterdrückt, verlassen oder missbraucht fühlt. Sehen Sie zu, dass Sie Ihre ganze Machtlosigkeit, Wut, Scham oder Verzweiflung in Farbe, Form oder Sprache zum Ausdruck bringen.

Gewinnen Sie das zutiefst Menschliche an Ihren Emotionen lieb und scheren Sie sich kein bisschen darum, ob Sie Ihre Geschichte wahrheitsgetreu wiedergeben oder nicht. Übertreiben Sie. Schmücken Sie aus. Verstärken und blasen Sie auf. Lassen Sie alles raus, packen Sie die gesamte heiße Wut, die dunkle Verzweiflung und erstarrte Hilflosigkeit in einen Wirbel aus Farben, Schatten, Formen und Mustern, Worten und Sätzen. Mit diesem vollkommen unzensierten Wirken dokumentieren Sie Ihre Reise in die Tiefen des verwundbaren Menschseins und kommen zugleich der Akzeptanz und Integration des Geschehenen einen Schritt näher. Sobald Ihr Werk fertig ist, stellen Sie es als Symbol für Ihre Absicht, die Geschichte endgültig zum Abschluss zu bringen, auf Ihren Hausaltar, so Sie einen haben, oder einfach an einen Ort, an dem es niemand anders sehen kann als Sie selbst.

Tun Sie's für sich

Inzwischen können Sie sich wahrscheinlich schon denken, dass Sie die Wiedergutmachung, die Sie sich von Ihrem Ex gewünscht haben, selbst werden leisten müssen. Jede Veränderung zum Positiven werden Sie selbst einleiten müssen. Als Kate, eine intelligente, kompetente Enddreißigerin, Jack kennenlernte, haute er sie so um, dass sie ihre Verlobung mit einem warmherzigen Mann, der sie sehr liebte, löste und sich Hals über Kopf in eine Beziehung mit Jack stürzte. Charmant, elegant, wohlhabend und unwiderstehlich gut aussehend, wie er war, hielt Jack Kate fünf Jahre lang mit dem Versprechen einer späteren festen Beziehung hin. Kate ihrerseits investierte immer mehr von sich in die Affäre. Sie vernachlässigte ihre Karriere, um sich um Jacks Bedürfnisse kümmern zu können, und entfernte sich von ihrer

Familie, damit sie ihrem Geliebten näher war. Sie opferte sich für ihn auf und tat alles, um ihn davon zu überzeugen, dass er sie doch endlich heiraten und ihr die Kinder schenken möge, nach denen sie sich so sehnte. Doch zur Gründung einer Familie zeigte sich Jack erst in dem Moment bereit, in dem Kates Gynäkologe ihr mitteilte, dass sie mit nunmehr fünfundvierzig zu alt sei, um noch schwanger zu werden. Kurz darauf verließ er sie wegen einer zehn Jahre Jüngeren, die er alsbald heiratete und innerhalb von einem Jahr schwängerte.

Als Kate davon hörte, kam sie erst einmal eine Woche lang nicht mehr aus dem Bett heraus. Doch auch danach ließ ihre Verbitterung nicht nach. Sie fühlte sich im Stich gelassen, war gereizt und niedergeschlagen. Den Vorschlag, ihr eigenes Verhalten kritisch zu überprüfen und zu schauen, inwiefern sie auch selbst für das Geschehene verantwortlich war, empfand sie zunächst als Zumutung – schließlich hatte sich Jack überdeutlich als Scheusal erwiesen. Doch in dem Moment, in dem sie sich darauf einließ, begann es ihr wie Schuppen von den Augen zu fallen. Als Erstes erkannte sie, dass sich in der von Jack vollzogenen Trennung ihr eigener Umgang mit sich widerspiegelte: In der ganzen Zeit ihrer Beziehung hatte sie sich selbst aufgegeben. Während er nicht auf das Geringste verzichtete, um sich für die vielen Opfer zu revanchieren, die sie ihm brachte, hatte sie alles preisgegeben – ihren Verlobten, ihre Karriere, die Verbundenheit mit ihren Angehörigen und Freunden, sogar den Kinderwunsch. Im Rückblick fand sie unzählige Beispiele dafür, dass sie immer viel zu viel gegeben hatte, um Jack ihre Wertigkeit zu demonstrieren und ihn davon zu überzeugen, dass er sich zu ihr bekennt. Ihre eigenen Gefühle, Bedürfnisse und Wünsche schraubte sie dabei bis zur Unkenntlichkeit zurück. Wenn sie anderer Meinung gewesen war als er, hatte sie es für sich behalten und sich nie in den Mittelpunkt gestellt. Sie versuchte so sehr, die Frau zu sein, die er sich ihrer Meinung nach wünschte, bis sie sich schließlich praktisch selbst ausgelöscht hatte und im Grunde gar keine Kate mehr da war, die er hätte lieben können. Weiteres Salz streute es in ihre Wunden, als sie gerüchteweise hörte, Jacks neue Frau habe zahlreiche gesellschaftliche Verpflichtungen und einen so anspruchsvollen Beruf, dass er sein ganzes Leben auf sie einstellte, damit sie genügend Zeit für die Beziehung fanden. Er war offenbar sehr stolz auf sie und tat alles, um ihr rundum gerecht zu werden. Sich eingestehen zu müssen, dass Jack ihr nichts schuldig geblieben war, empfand Kate zwar als demütigend. Doch ging für sie damit die Erkenntnis einher, wie viel von sich selbst und ihrer Stärke sie der Beziehung wegen aufgegeben hatte.

Diese Einsicht krempelte ihr gesamtes Leben um. Die Veränderung zum Positiven leitete Kate damit ein, dass sie sich ganz fest vornahm, die bedürftige Frau hinter sich zu lassen, die sie in der Beziehung mit Jack gewesen war. Da sie erkannte, dass ein Teil von ihr ihn noch immer für den Mann ihres Lebens hielt, beschloss sie, eine weisere, reifere, glücklichere und gesündere Version ihrer selbst zu werden und sich zu einer Frau zu entwickeln, die sich nie mehr für einen Mann interessieren würde, der sie so armselig behandelt hatte wie er. Damit war die Latte zwar sehr hoch gelegt, aber Kate hörte auf, zu viel zu geben und es allen recht machen zu wollen, damit man sie mochte. Sie konzentrierte sich ganz darauf, eine Frau zu werden, die weiß, was sie will, die sich selbst treu ist und ihr gesamtes Potenzial ausschöpft, statt sich zur Märtyrerin für andere zu machen. Sie begann ihren Freunden und der Familie vernünftige Grenzen zu setzen, fing an, mit ihr nahestehenden Menschen über ihre Gefühle, Bedürfnisse, Auffassungen und Wünsche zu sprechen – in der gesunden Erwartung, ihnen so wichtig zu sein, dass sie angemessen darauf reagieren würden.

Heute ist Kate glücklich verheiratet – mit einem lieben, erfolgreichen und intelligenten Mann. Nachdem sie zwei Mädchen adoptiert hat, Zwillinge, ist sie Jack geradezu dankbar dafür, dass er ihr einst das Herz brach. Sie ist fest davon überzeugt, dass ihr Leben nur deshalb mittlerweile so glücklich und erfüllt sein kann, weil sie ihren Liebeskummer seinerzeit als eine Art Alarmzeichen nutzte und an ihrer persönlichen Entwicklung zu arbeiten begann, als hinge ihr Leben davon ab (was zweifellos der Wahrheit entspricht). Die passive, sich selbst verleugnende Frau, die sie in der Beziehung mit Jack gewesen war, ist ihr inzwischen, wie sie sagt, vollkommen fremd geworden. Und sie räumt auch ein, dass sie in ihrer damaligen Version bestimmt nicht die Richtige für ihn war. Denn ihrer heutigen Meinung nach hat er für sich eine kluge Entscheidung getroffen – und ihnen damit letztlich beiden einen Gefallen getan.

Sie tun's für sich!

Damit Sie sich nicht länger als Opfer betrachten müssen und eine Wende zum Besseren einleiten können, möchte ich Ihnen vorschlagen, dass Sie zu Ihrem Tagebuch greifen und die folgenden Fragen erörtern:

1. **Wem verübeln Sie was und warum?** Notieren Sie sich alle Ressentiments, die Sie Ihrem Expartner (und jedem, der sonst noch mit der Trennung zu tun hat) gegenüber hegen. Dabei sollten Sie sich weder zensieren noch versuchen, sich Ihr Leiden, Ihren Kummer oder Ihre Wut auszureden. All das steckt Ihnen noch in den Knochen – also schreiben Sie es sich vom Leib. Zum Beispiel: »Dieser Bastard hat mein Leben ruiniert«, »Der Hexe hab ich es zu verdanken, dass ich nie wieder jemandem vertrauen kann«, »Dieser Kerl hat mir die letzten Jahre gestoh-

len, in denen ich mir meinen Kinderwunsch noch hätte erfüllen können«, »Wie ich mich dafür hasse, dass ich mir die Chance auf Glück dermaßen verbaut habe!«.

2. **Wofür können Sie in der jeweiligen Situation die Verantwortung übernehmen?** Treten Sie einen Schritt zurück, um einen anderen Blickwinkel einzunehmen. Machen Sie sich klar, dass die Übernahme von Verantwortung kein Schuldeingeständnis darstellt, aber auch keine Rechtfertigung miesen Verhaltens beinhaltet. Schauen Sie einfach, was Sie persönlich zum Ausgang der Dinge beigetragen haben.

Fragen Sie sich:
»Inwiefern habe ich meine persönliche Stärke an die betreffende Person abgetreten?«
»In welchen Situationen könnte ich wider besseres Wissen gehandelt, meine Gefühle vernachlässigt, die Wahrheit verschwiegen und/oder nicht um eine Erklärung gebeten haben?«
»Wann und wie habe ich mich der betreffenden Person gegenüber nicht authentisch verhalten, um sie dazu zu bringen, dass sie mich liebt, will oder gut findet?«
»Wieso habe ich das, wovon ich doch genau wusste, dass es mir eine schlimme Erfahrung hätte ersparen können, nicht getan? Was hat mich davon abgehalten?«
»Welches egoistische, unfreundliche oder vielleicht sogar beleidigende Verhalten von mir hat meine(n) Ex zu seinen/ihren defensiven, destruktiven Reaktionen veranlasst?«
»Welche meiner Entscheidungen haben etwas zum Scheitern der Beziehung beigetragen, und was brachte mich dazu, sie zu treffen?«

3. **Welche Folgen hatte dieser Verzicht auf persönliche** Stärke sonst noch für Ihr Leben?

   Machen Sie sich bewusst, inwiefern Ihnen das Unter-den-Scheffel-Stellen Ihrer Wertigkeit, Kraft, Intelligenz, Güte und Ihrer Moralvorstellungen geschadet hat.

   Zum Beispiel: »Dadurch, dass ich nicht bereit war, vernünftige Grenzen zu setzen, habe ich andere geradezu aufgefordert, mich über den Tisch zu ziehen«, »Meine Kinder nehmen mich nicht mehr ernst, weil ich immer den Mund gehalten habe, wenn ich hätte ein Machtwort sprechen müssen«, »Dadurch, dass ich praktisch ausschließlich mit Männern zusammen war, die mich nicht zu schätzen wussten, habe ich mich selbst um die Liebe betrogen«, »Dass ich meine Beziehungen immer als so unbefriedigend erlebe, liegt daran, dass ich mich nur für Typen interessiere, die ich meine im Griff haben zu können«.

4. **Was müssen Sie an sich verändern, um weiterzukommen?**

   Arbeiten Sie mit aller Entschiedenheit an Ihrem persönlichen Wachstum und Ihrer Entwicklung, damit Sie diese kontraproduktiven Verhaltensweisen ein für alle Mal ablegen können.

   Zum Beispiel: »Ich nehme mir ganz fest vor, meine eigenen Gefühle und Bedürfnisse künftig genauso ernst zu nehmen wie die meiner Mitmenschen«, »Auf eine sexuelle Beziehung lasse ich mich erst wieder ein, wenn ich die betreffende Person sehr gut kennengelernt habe«, »Von jetzt an stehe ich für meine Interessen ein, statt mich ausnutzen zu lassen und still vor mich hin zu leiden«, »Hiermit gebe ich mir das feierliche Versprechen, ab sofort mehr auf mein inneres Wissen zu hören und meiner Intuition zu folgen«.

   Hinweis: Wenn es um neue Verhaltensmuster in zwischenmenschlichen Beziehungen geht, können sich viele zunächst einmal nur schwer vorstellen, wie sich diese praktisch umsetzen lassen. Womöglich, weil sie dergleichen aus ihrer Ursprungsfamilie nicht kennen. Weil sie nicht gelernt haben, Grenzen zu setzen, Konflikte zu lösen oder ihre Bedürfnisse anzumelden. Vielleicht haben ja auch Sie sich angesichts solcher Defizite bislang machtlos gefühlt? Glücklicherweise sind wir Menschen aber in der Lage, uns das ganze Leben über weiterzuentwickeln, und lernen ständig hinzu. Vor diesem Hintergrund würde ich Sie bitten, sich die folgende Frage zu beantworten.

5. **Welche neuen Fertigkeiten und Kompetenzen müssen Sie sich aneignen, um Ihre neue Lebensweise stringent durchhalten zu können?** Die besprochenen Veränderungen zum Positiven beruhen auf neuen Fertigkeiten und Kompetenzen. Versuchen Sie, diese im Einzelnen zu benennen – und eignen Sie sie sich an.

Zum Beispiel: »Um anderen meine Gefühle und Bedürfnisse mitteilen zu können, muss ich lernen, sie genau zu erkennen«, »Ich werde lernen, für mich einzustehen«, »Damit ich nie mehr übervorteilt werde, lerne ich mich in angemessener Form abzugrenzen«, »Ich werde mich darin schulen, besser mit Ablehnungen klarzukommen, um mir selbst treu bleiben zu können«.

An diesem Punkt sehen Sie sich vielleicht so sehr als Verursacher des Scheiterns Ihrer Beziehung, dass Sie zum Telefon greifen, eine E-Mail schreiben oder Ihren Ex aufsuchen wollen, um alles wieder ins Lot zu bringen. Wenn Sie meinen – ich möchte Ihren Enthusiasmus bestimmt nicht bremsen. Andererseits besteht der Prozess des »Conscious Uncoupling« aus weiteren Schritten, die ich Ihnen gern erst noch nahebringen würde. Wenn Sie und Ihr Ex das Programm nicht gemeinsam absolvieren, empfehle ich deshalb, bis nach dem vierten Schritt zu warten, bevor Sie versuchen, in irgendeiner Weise Wiedergutmachung zu leisten. Dies gilt insbesondere, wenn Ihr Liebeskummer noch nicht ganz abgeklungen ist. Der Impuls, eine Scharte auszuwetzen, wird oft insgeheim von dem Wunsch nach Versöhnung begleitet. Also hoffen Sie vielleicht, Ihren Partner zurückgewinnen zu können, indem Sie sich für die Entwicklung der Dinge verantwortlich erklären. Das ist verständlich. Aber es gibt Ihrem Eingeständnis einen gewissen Beigeschmack, etwas Zielgerichtetes, weil es mit der unausgesprochenen Erwartung einhergeht, dass der andere etwas zurückgibt. Im Idealfall sollte Ihr Eingeständnis jedoch das saubere Angebot darstellen, ein Unrecht wiedergutzumachen, Leid zu lindern, Heilung zu ermöglichen oder die betreffende Person zu segnen, während Sie sie aus Ihrem Leben entlassen. Bevor Sie also übereilt in Aktion treten, sollten Sie unbedingt Ihre Beweggründe überprüfen.

> *»Ich wollte ein perfektes Ende. Inzwischen aber habe ich gelernt – und zwar auf die harte Tour –, dass sich manche Gedichte nicht reimen und Geschichten nicht immer eindeutig in Anfang, Mitte und Ende gegliedert sind. Im Leben geht es darum, dass man Dinge nicht weiß, dass man sich verändern muss und das Beste aus einer Situation macht, ohne zu ahnen, was als Nächstes kommt.«*
> GILDA RADNER

Nicht immer muss »Conscious Uncoupling« für ein fein säuberliches Ende stehen. Es kann Sie auch dazu bringen, dass Sie Ihre automatisierten, unbewussten Verhaltensweisen erkennen, die verhängnisvollen Folgen Ihrer Handlungen und Entscheidungen für andere wahrnehmen und das Unbehagen, das Sie empfinden, zum Anlass nehmen, sich selbst zu analysieren, damit Veränderungen möglich werden.

Als sich Lily, eine Innenarchitektin Mitte dreißig, nicht länger mit Vorwürfen aufhielt, sondern ihr Augenmerk auf sich selbst als Urheberin ihrer wirklich schlimmen Trennung zu richten, packte sie das schiere Entsetzen. Denn sie musste erkennen, wie mies sie ihren Exfreund Jason, den dreiundvierzigjährigen Filialleiter ihrer Bank, behandelt hatte. Im ersten halben Jahr war in ihrer Beziehung noch alles glattgelaufen, weil der zurückhaltende, seriöse Jason Lily regelmäßig ausführte und sie wirklich zu mögen schien. Doch irgendwann meldete er sich dann nicht mehr so häufig. Manchmal hörte sie nur noch alle drei, vier Tage von ihm. Als sich Lily nach dem Grund erkundigen wollte, lag in ihrer Stimme ein unverkennbarer Vorwurf. Jason versuchte ihr zu erklären, dass bei ihm in dieser Jahreszeit regelmäßig zahlreiche Überstunden anfielen, aber nur noch ein oder zwei Monate lang und dann wäre wieder Schluss damit. Lily jedoch bekam es mit der Angst zu tun und fing an, an ihm herumzuzerren. Sie verlangte mehr Aufmerksamkeit und setzte ihre Sexualität ein, um Bestätigung von Jason zu bekommen. Geradezu zwanghaft rief sie immer wieder bei ihm an und hinterließ verführerische kleine Nachrichten auf seinem Anrufbeantworter – in der Hoffnung, dass er sie umgehend zurückrief. Tat er das nicht, war sie verletzt und fühlte sich zurückgewiesen. Im Bett löcherte sie ihn: Er hätte doch bestimmt nie in seinem Leben so guten Sex gehabt wie mit ihr?! Diese Frage war Jason unangenehm: Was sollte er darauf schon sagen? Als Lily nicht mehr die Bestätigung bekam, auf die sie aus war, ging sie auf ihn los, beschimpfte ihn als lieblos, scheinheilig und egoistisch. Von da an nahmen die Dinge sehr schnell ihren Lauf: Jason machte Schluss und brach alle Brücken hinter sich ab. Er bezeichnete Lilys Verhalten als übergriffig und verbat sich jede Kontaktaufnahme.

> *»Die Liebe ist bedingungslos.*
> *Auf Beziehungen aber trifft das nicht zu.«*
> GRANT GUDMUNDSON

Als die Wochen verstrichen, ohne dass das Telefon klingelte, hatte Lily genügend Zeit, über ihr Verhalten nachzudenken. Tief beschämt erkannte sie, wie unreif, manipulativ und destruktiv sie sich aufgeführt hatte. Auch musste sie sich eingestehen, dass all dies von der lange zurückliegenden Ablehnung durch ihren alkoholkranken Vater ausging und mit Jason nicht das Geringste zu tun hatte. Es verlangte sie danach, sich persönlich bei ihm zu entschuldigen, doch er verweigerte nach wie vor jeden Kontakt. Da sie erkannte, wie sehr sie ihn verletzt hatte, aber zugleich nichts tun konnte, um es wiedergutzumachen, schwor sie sich, keinen Mann je wieder so zu behandeln. In aller Entschiedenheit fasste sie die Absicht, sich weiterzuentwickeln und alles, was sie über sich erfahren hatte, zu nutzen, um durch ihr künftiges Verhalten Wiedergutmachung für bisherige Verfehlungen zu leisten.

Nicht alles lässt sich zurücknehmen, wie der folgende Eintrag auf Facebook anschaulich demonstriert:

»Schnapp dir einen Teller und schmeiß ihn auf den Boden.
Erledigt.
Ist er kaputt?
Das kannst du aber laut sagen.
Jetzt entschuldigst du dich bei ihm.
Sorry, tut mir leid.
Ist er jetzt wieder ganz?
Nein.
Kapiert?«

Nicht jeder Schaden, den wir angerichtet haben, lässt sich wieder beheben, und dann ist es durchaus angebracht, Gewissensbisse zu haben. Die Regeln des Anstands sind perfekt und dass wir uns schlecht fühlen, wenn wir gegen sie verstoßen, ist ein gutes Zeichen – wenigstens sind wir keine Soziopathen. Im Laufe der Jahre habe ich gelernt, einem schlechten Gewissen die volle Aufmerksamkeit zu schenken – mit größtem Respekt vor den Schwierigkeiten, die es birgt, sich zu einem reiferen, gesünder motivierten und, ja, auch das: moralischeren Menschen zu entwickeln. Aber so verhält es sich nun einmal mit den Lektionen, die uns das Leben erteilt. Alles ist möglich: Reifeprozesse, Erkenntnisgewinn und ein höher entwickeltes Bewusstsein. Dorthin aber gelangt man in der Regel erst infolge zahlloser Missgeschicke und Verfehlungen.

Die Ungeduld, mit der wir uns wünschen, die schmuddeligen, chaotischen Stadien der Trauer hinter uns zu lassen – den ganzen Groll, den Kummer, die Niedergeschlagenheit und Reue –, kann uns zu übertriebener Eile und vorschnellem Verzeihen veranlassen. Einer der führenden Experten auf dem Gebiet der Vergebung, Dr. Frederic Luskin von der Standford University, erklärt jedoch, das Verzeihen stehe nie am Anfang der Reise, sondern komme immer erst ganz am Schluss. Denn »die letzte Station unseres Leidens«, wie Luskin die Vergebung nennt, können wir erst nach vielen Runden im Kampf gegen die Schmerzen erreichen, die wir uns selbst und anderen mit unseren dummen, kurzsichtigen und/oder unreifen Entscheidungen zugefügt haben. Die Chance, uns reinzuwaschen, erhalten wir erst nach den Gewissensbissen, wenn wir uns der Folgen des von uns angerichteten Chaos bewusst geworden sind und den Vorsatz gefasst haben, künftig anders zu handeln. Erst nachdem der Zweck des Leidens erfüllt ist – es uns zur Korrektur begangener Fehler, zu Reue, Wachstum und Persönlichkeitsentwicklung veranlasst hat –, kann das tief greifende Loslassen an seine Stelle treten, das die Vergebung ermöglicht.

Der große österreichische Psychiater Viktor Frankl, der ein deutsches Konzentrationslager überlebte und sich deshalb mehr als gut mit dem Leiden auskannte, sagte, »dass menschliches Leben immer und unter allen Umständen Sinn habe«.[34] Indem Sie mit dem Liebeskummer arbeiten und zulassen, dass er Ihre lang gehegten ungesunden Gewohnheiten und unreifen, kontraproduktiven Beziehungsmuster offenlegt, können Sie Ihren Schmerz in etwas höchst Bedeutsames verwandeln, das Ihnen und Ihren Lieben für die kommenden Jahre unvergleichlich mehr Glück verheißt.

Fragen Sie sich:
»Was kann ich tun, um die Fehler, die ich gemacht habe, zu begreifen und meine persönliche Stärke zurückzugewinnen?«

Vorschläge zur Selbstfürsorge
(Setzen Sie pro Tag mindestens zwei davon um.)

1. **Sammeln Sie alles, was Sie an Ihre Beziehung erinnert, wie etwa Fotos, Geschenke und Liebesbriefe, ein** und verstauen Sie es an irgendeiner Stelle, an der Sie es nicht ständig vor Augen haben. Und keinesfalls im Schlafzimmer!
2. **Atmen Sie tagsüber immer mal wieder ganz langsam ein und aus,** bis tief in den Bauch hinein.
3. **Suchen Sie sich eine Vertrauensperson, die Sie in dieser schwierigen Zeit unterstützt.** Dabei kann es sich um eine gute Freundin, einen professionellen Coach beziehungsweise Therapeuten oder beides handeln. Sie sollten sich auf diese Person verlassen können, sie respektieren und darauf vertrauen, dass Sie ihr die Wahrheit sagen können, ohne den Schein wahren oder Angst haben zu müssen, kritisiert oder unfair beurteilt zu werden. Lassen Sie sich in dieser Zeit von jeman-

dem begleiten und unterstützen, der Sie mag und hinter Ihnen steht.
4. **Schauen Sie sich im Spiegel tief in die Augen** und sprechen Sie sich Mut zu, Ihr Verhalten so zu verändern, dass sich darin künftig mehr Eigenliebe, Selbstachtung und Würde ausdrückt.
5. **Setzen Sie sich ins Freie und schauen Sie in den Himmel,** um die Wärme der Sonne aufzusaugen und sich daran zu erinnern, wie sehr Sie vom Leben geliebt werden.
6. **Praktizieren Sie das, was Buddhisten Achtsamkeit nennen:** Nehmen Sie alles bewusst wahr, was sich tagsüber abspielt. Seien Sie präsent und sich Ihrer selbst bewusst, beobachten Sie Ihre Emotionen und körperlichen Empfindungen. Nehmen Sie Ihre Gefühlsregungen, Bedürfnisse, Wünsche voller Freundlichkeit und Güte wahr, ganz so, als könnten Sie sich selbst unterhaken, während Sie dieses tiefe Tal in großer Zärtlichkeit und Liebe durchschreiten.

Hinweis für Paare, die dieses Programm gemeinsam durchführen: Ich empfehle, dass Sie einander auch während dieses zweiten Schrittes noch mit einer gewissen Förmlichkeit begegnen und sich gegenseitig genügend Raum geben, damit sich jeder von Ihnen seines eigenen Verhaltens bewusst werden kann, ohne recht behalten oder Angst haben zu müssen, er könne das Gesicht verlieren. Sollten Sie insgeheim auf eine Versöhnung hoffen, stellen Sie sicher, dass die Erklärungen, die Sie anbieten, auf uneigennützigen Motiven beruhen und nur dazu dienen, einen Fehler wiedergutzumachen. Sie sollten nicht der Versuch sein, die Beziehung wiederzubeleben. Pressen Sie Ihrem Ex keinerlei Zugeständnisse ab. Gestehen Sie einander das Recht zu, dieses Programm im jeweils eigenen Tempo zu durchlaufen, und geben Sie sich gegenseitig genügend Zeit und Raum für diese Arbeit.

Schritt drei: Sie brechen aus alten Verhaltensmustern aus und heilen Ihr Herz

»Steh auf, wenn du kein Fußabtreter sein willst.«
AL-ANON

Im dritten Schritt Ihres »Conscious-Uncoupling«-Programms werden Sie Ihre Ursprungswunde identifizieren und begreifen, dass sie die eigentliche Ursache Ihrer kläglichen Verhaltensmuster in der Liebe ist. Sie werden aus der Trance aufwachen, all die Enttäuschungen auf diesem Gebiet würden Ihnen *zustoßen*, und erkennen, was Sie selbst alles dazu beitragen. Das gibt Ihnen die Kraft, um diese Muster hinter sich zu lassen.

So eröffnet sich Ihnen die Chance, die vertraute Liebeskummer-Litanei aufzugeben und künftig eine erfüllendere und lohnendere Beziehung zu führen.

In Schritt drei werden Sie:
- die Grundüberzeugungen identifizieren, die Ihr bisheriges Liebesleben sabotiert haben, und sich bewusst werden, dass Sie in der Lage sind, sich ein neues Narrativ zu erschaffen: das einer künftigen glücklichen, gesunden Liebe,
- nicht nur herausfinden, auf welche Weise Sie Ihre suboptimalen Verhaltensweisen in der Liebe unbewusst selbst erschaffen haben, sondern auch, wie Sie sie überwinden können,

- zu einem positiven Selbstwertgefühl zurückfinden und sich als beschützt, geliebt, geschätzt und respektiert erleben,
- sich neue Fertigkeiten und Kompetenzen aneignen, die dafür sorgen werden, dass Ihre Beziehungen in Zukunft besser funktionieren.

Anfang der 1970er-Jahre schrieb die junge Veronica Shoffstall das Gedicht »Nach einer Weile«.

*»Nach einer Weile erkennst du den feinen Unterschied
zwischen Händchenhalten und dem
In-Ketten-Legen der Seele.
Und du erfährst, dass weder Liebe gleichbedeutend ist mit
Sich-anlehnen-Können
noch Gesellschaft mit Sicherheit.
Du bekommst eine Ahnung davon, dass ein Kuss
kein Vertrag ist
und ein Geschenk kein Versprechen.
Und du beginnst deine Niederlagen einzugestehen,
erhobenen Hauptes,
mit offenen Augen,
mit der Anmut einer Frau, nicht mehr der Trauer
des Kindes.
Und du beginnst, alle deine Wege im
Heute zu verankern,
denn der Boden von morgen ist zu ungewiss für Pläne
und die Zukunft stürzt gern mal ab mitten im Flug.
Nach einer Weile bekommst du mit, dass selbst die Sonne
dich verbrennt,
wenn du zu viel von ihren Strahlen abbekommst.
Also legst du dir einen eigenen Garten an und schmückst
deine Seele selbst,*

statt auf jemanden zu warten, der dir Blumen schenkt.
Und du erfährst, dass du wirklich was aushalten kannst,
dass du echt stark bist
und wirklich was wert.
Und du lernst und du lernst.
Mit jedem Abschied lernst du ...«

Ihre aktuelle Mission besteht darin, sich lieben zu lernen, obwohl der Mensch, den Sie lieben, nicht in der Lage ist, Ihnen das zu geben, was Sie brauchen. Doch Sie bleiben bei Ihrer Wahrheit, verlieren Ihre Wertigkeit nicht aus dem Blick und wissen genau, dass Sie es verdient haben, geliebt zu werden, egal was geschieht. Das Schlimme an einer Trennung ist ja weniger der große Kummer, der sich mit dem Verlust einer wichtigen Beziehung einstellt, als die schiere Kränkung, die Verletzung des Selbstwertgefühls, die daraus resultiert. Die gefürchtete Statusveränderung: von jemandem, der gewollt und begehrt wurde, zu jemand Unerwünschtem; vom geliebten Menschen zu einem nicht mehr geliebten; von etwas ganz Besonderem zu jemand X-Beliebigem. Die Gefahr besteht nun darin, diese Verschiebung der Identität zu verinnerlichen – als Hinweis darauf, dass Ihre schlimmsten Befürchtungen vielleicht tatsächlich der Wahrheit entsprechen: dass Sie nämlich nie wieder geliebt werden und von jetzt an immer allein bleiben. Oder dass es Liebe nur für andere gibt, nicht aber für Sie. Denn jetzt scheinen ja all die negativen Überzeugungen, die Sie von sich haben und mit denen Sie sich schon seit Jahren herumschlagen, ausgerechnet von dem Menschen bestätigt zu werden, der Sie besser kennt als irgendjemand sonst.

Wie unfair das ist! Nach allem, was Sie versucht haben, um die Enttäuschungen Ihrer Kindheit und Jugend endlich hinter sich zu lassen, sind Sie nun wieder an genau demselben Punkt angelangt: einsam, abgewertet, ungeliebt, gedemütigt oder verlassen – zum gefühlt tausendsten Mal. Es ist wie in einem dieser Zombiefilme, in denen die Geister der Vergangenheit partout nicht krepieren wollen, sondern immer wieder zurückkehren, um einen zu quälen und zu verhöhnen. Da könnte man doch direkt ein Zölibatsgelübde ablegen. Oder aber sich ganz fest vornehmen, alle schmerzlichen Verhaltensmuster in der Liebe endgültig abzustreifen. Was würden Sie vorziehen?

Dass Ihre alten Verletzungen aus der Kindheit jetzt wieder aufbrechen, entmutigt Sie womöglich oder lässt Sie resignieren. Vielleicht sind Sie in Sachen Liebe ja mit einem Fluch belegt? Aber egal, wie sehr Sie sich den Dingen auch ausgeliefert fühlen mögen: Je früher Sie erkennen, dass Ihnen das Leben nicht zustößt, sondern Sie es führen, desto schneller können Sie Ihre frustrierenden Erfahrungen hinter sich lassen und in eine glücklichere und gesündere Zukunft starten.

Schnappen Sie sich also Ihren roten Umhang, die schwarzen Stiefel und die Formwäsche – und los geht's. Begeben Sie sich mit mir auf eine Reise in die Freiheit.

Kommen Sie der Geschichte Ihrer Ursprungswunde auf die Spur

Das kennen Sie schon, nicht wahr? Andere Gesichter, Namen und Umstände, aber dieselbe leidvolle Dynamik, derselbe Tritt in den Allerwertesten. Und wieder fühlen Sie sich verlassen, schlecht behandelt, ungeliebt. Sigmund Freud bezeichnete unsere Tendenz, die schlimmsten Verletzungen der Kindheit nachzustellen, als »Wiederholungszwang«. Solche Neuinszenierungen gelten im Allgemeinen als der unbewusste Versuch, die alten Wunden zu heilen. Aber Sie und ich wissen ja aus leidvoller Erfahrung, dass das in der Praxis bedauerlicherweise nicht klappt.

Eine Klientin von mir beschrieb ihre Kindheit als die reinste Hölle. Ein dominanter Vater hatte sie und ihre Mutter mit seinen unberechenbaren Wutanfällen so terrorisiert, dass sie sich unters Bett flüchtete und mitunter stundenlang nicht darunter hervorkam. Meinen Rat suchte sie, nachdem sie sich auf einen Ex-Häftling eingelassen hatte, der ständig eine Pistole bei sich trug; anfänglich gab ihr das noch ein Gefühl der Sicherheit, weil sie dachte, er würde sie vor all den bösen Menschen da draußen beschützen können. Schlussendlich aber wurde das Ganze zu einer alles andere als heilsamen Erfahrung, das darf ich Ihnen verraten.

Doch was denken wir, wie auch diese Klientin? *Dieses Mal* geht aber bestimmt alles gut: *Dieses Mal* werde ich genauso geliebt, unterstützt und beschützt, wie ich es mir immer gewünscht habe ... was das betrifft, scheint unser Optimismus grenzenlos. Doch die Enttäuschungen, die wir immer wieder erleben, gehen zu einem Großteil auf Überzeugungen zurück, die wir vor sehr langer Zeit gewonnen haben.[35] Ich spreche in diesem Zusammenhang von der *Geschichte der Ursprungswunde*: der Interpretation der entscheidenden ersten Verletzung, die Ihrem Narrativ von sich und Ihrer Fähigkeit, zu lieben und geliebt zu werden, zugrunde liegt. Bei der eben erwähnten Klientin lautete die Geschichte der Ursprungswunde: *Ich bin nie in Sicherheit, die Männer wollen mir ans Leder, die Liebe stellt eine Gefahr für mich dar.* Vor dem Hintergrund dieser Überzeugungen konnte sie auf die Risiken des Lebens gar nicht anders reagieren als durch die unbewusste Wiederholung dieses Narrativs: Sie schnappte sich einen Kerl, der nicht davor zurückschreckte, seine Pistole auch zu benutzen. Wer sonst hätte sie vor all den potenziell lebensgefährlichen Männern beschützen können? Für Sie hört sich das vielleicht extrem an und Sie denken: Eine Frau, die alle Tassen im Schrank hat, würde so etwas doch nie tun. Aber dazu muss ich sagen: Sie war Collegeprofessorin, hoch gebildet. Was unsere tiefsten Überzeugungen angeht, sind wir alle ein bisschen zurückgeblieben, und auch die Klügsten von uns haben ihre blinden Flecken.

> »Nicht die Dinge selbst beunruhigen die Menschen,
> sondern die Meinungen und die Urteile über die Dinge.«
> EPIKTET

Im Talmud heißt es: »Wir sehen das Leben nicht, wie es ist, sondern wie wir sind.« Aus dem Blickwinkel unserer vor langer Zeit gebildeten Überzeugungen reagieren wir auf die Dinge des Lebens so, dass die alten, schrägen Ansichten letztlich bestätigt werden. Wie von einem verzerrten inneren Kompass geleitet, treffen wir Entscheidungen und legen Verhaltensweisen an den Tag, die genau das Elend reproduzieren, mit dem wir aufgewachsen sind. Dies geschieht natürlich unbewusst, es scheint sich einfach schicksalhaft abzuspielen. Und schon stecken wir in der nächsten miesen Beziehung zu einem notorischen Fremdgeher oder einer überkritischen, an allem herumnörgelnden Frau. Himmel und Erde scheinen sich verschworen zu haben, um uns das wahre Glück in der Liebe zu verwehren. Und wir haben nicht die geringste Ahnung, dass das alles hausgemacht ist.

Meine Klientin Sarah, Hausfrau und Mutter zweier Kleinkinder, war als einzige Tochter einer beruflich stark eingespannten Alleinerziehenden aufgewachsen, betreut überwiegend von verschiedenen Kindermädchen. Aus dieser Zeit erinnerte Sarah praktisch nur das Gefühl der Isolation und Einsamkeit. In ihrer kleinen Welt waren die Beziehungen unverbindlich und zerbrechlich gewesen. Jeder Konflikt stellte eine potenzielle Gefahr dar, denn sobald sich ein Kindermädchen mit der Mutter anlegte, war es am nächsten Tag womöglich schon nicht mehr da. Dies brach Sarah das Herz, Stückchen für Stückchen. Und im Laufe der Zeit bildete sich die Geschichte ihrer Ursprungswunde heraus: *Ich bin allein. Alle verlassen mich. Nie kriege ich das, was ich brauche.*

An der Uni lernte Sarah Andrew kennen, dessen warmherziges, offenes Wesen sie sofort für ihn einnahm. Schon bei ihrem allerersten Date beschloss sie, ihn eines Tages zu heiraten. Um dieses Ziel zu erreichen, versuchte sie all das zu sein, was sich Andrew ihrer Meinung nach von seiner Zukünftigen wünschte. Sie widersprach ihm nie. Überließ ihm alle Entscheidungen. Lachte über jeden Witz von ihm und fragte ihn nach seinen Interessensgebieten aus. Vor allem aber vermied sie mögliche Konflikte, war sie doch der festen Überzeugung, dass ein Streit der Anfang vom Ende sein würde. Andrew dachte, er hätte die Richtige gefunden. Innerhalb von zwei Jahren heirateten sie tatsächlich, kauften sich in Andrews Heimatstadt ein hübsches Häuschen und gründeten ihre Familie.

Sarah gab sich größte Mühe, stets lieb, nett, zuvorkommend zu sein und allen das glückliche Zuhause zu erschaffen, das sie in ihrer Kindheit nie gehabt hatte. Doch zu ihrer Verwunderung wurde sie im Laufe der Jahre immer niedergeschlagener. Warum? Schließlich schien ihr Leben doch perfekt zu sein. Aber als Andrew abends sehr häufig länger arbeiten musste und sie allein zu Hause war, nachdem sie die Kinder ins Bett gebracht hatte, goss sie sich immer häufiger ein Gläschen Wein ein, um diesen rätselhaften Herzschmerz zu betäuben. So, wie sie als kleines Mädchen jeden Abend gewartet hatte, dass ihre Mutter endlich von der Arbeit kam, wartete sie jetzt auf ihren Mann. Und so müde und gestresst vom Alltag, wie es ihre Mutter gewesen war, hing nun auch ihr Mann seinen Gedanken an die Welt außerhalb der eigenen vier Wände nach, der Sarah nicht angehörte. Ihre Ehe schleppte sich nur noch dahin, leblos und oberflächlich. Beide Partner ignorierten den immer tiefer werdenden Abgrund, der zwischen ihnen klaffte, und versuchten, die Leere mit Small Talk zu überbrücken, der sich hauptsächlich um die Kinder drehte. So wäre es bestimmt noch Jahre weitergegangen – hätte sich Andrew nicht in eine Kollegin verliebt. Da sie es schon lange nicht mehr gewohnt waren, über die wirklich wichtigen Dinge zu sprechen, verließ er Sarah ohne größere Erklärungen.

Noch vollkommen schockiert, suchte sie mich auf, damit ich ihr half, sich einen Reim auf die Entwicklung der Dinge zu machen. Gemeinsam dröselten wir Sarahs Verhaltensweisen auf, die zur klammheimlichen Reproduktion der schlimmsten Aspekte ihrer Kindheit geführt hatten. Ihre Angst, Andrew zu verlieren, hatte zur Folge gehabt, dass sie Konflikte scheute wie der Teufel das Weihwasser, das musste sie sich eingestehen. Doch was sie total verblüffte: dass sie der Beziehung gerade deshalb eigentlich keine Chance gelassen hatte, sich zu einer echten Verbindung weiterzuentwickeln. Als ich ihr von den Forschungsergebnissen erzählte, zu denen Dr. John und Dr. Julie Gottman am Relationship Research Institute[36] gelangt waren, verschlug es Sarah die Sprache. Die beiden hatten nämlich herausgefunden, dass langfristige Verbindungen auf der gemeinsamen Lösung und Beilegung von Konflikten beruhen. Dadurch, dass Sarah immer nur damit beschäftigt war, das Bild der idealen Ehefrau abzugeben, und ihrem Mann nie widersprach, hatte sich auf emotionaler Ebene keine wirkliche Intimität zwischen den beiden einstellen können. Genauso entsetzte Sarah die Erkenntnis, dass sie durch die Unterdrückung ihrer wahren Gefühle und Bedürfnisse sich selbst wieder zu dem emotional vernachlässigten einsamen Kind gemacht hatte, das sie als Mädchen gewesen war. Genauso missachtet wie damals. Und nicht weniger irritierend fand sie, dass sie ihrerseits Andrew allein gelassen hatte, ohne eine verlässliche Partnerin, mit der er das Leben gemeinsam hätte meistern können. Der Schock stand ihr ins Gesicht geschrieben, als sie mir in meiner Praxis gegenübersaß: der Schock der Erkenntnis, dass sein Wunsch nach einer solchen Partnerin dermaßen groß gewesen sein musste, dass er sich schließlich für eine Kollegin aus dem Büro entschieden hatte.

> *»Ein Trauma hat die Eigenschaft, aus der einen erlittenen Wunde eine permanente Gemütsverfassung zu machen ... So wird ein einziger Moment zu einer ganzen Jahreszeit; der Vorfall zu einem Zustand.«*
> KAI ERIKSON

Sie fragen sich jetzt wahrscheinlich, wie ich auf die Idee kommen konnte, Sarah für Andrews zweifelhaftes Verhalten verantwortlich zu machen. Schob ich damit nicht dem Opfer die Schuld zu? Aber so war es ja nicht. Ich habe Sarah nicht gebeten, die Verantwortung für Andrews verletzendes Verhalten zu übernehmen. Ich habe sie lediglich aufgefordert, sich selbst als Urheberin jenes Gedankenmusters der Entfremdung und Einsamkeit zu erkennen, dem sie ihr ganzes bisheriges Leben lang anhing, damit sie endlich darüber hinauswachsen konnte. Ich wollte ihr herauszufinden helfen, auf welche Weise sie sich und auch Andrew unbewusst immer wieder dazu gebracht hatte, ihr Worstcase-Szenario zu reproduzieren, um sicherzustellen, dass sie es kein weiteres Mal so weit kommen lassen würde. Eine für Sarah verblüffende, ernüchternde Einsicht.

Anfänglich war es schmerzhaft für sie, sich selbst so deutlich als Quelle ihrer Erfahrungen zu erkennen. Dadurch aber, dass sie exakt nachvollziehen konnte, auf welche Weise sie die Qualen ihrer Vergangenheit reproduziert hatte, wurde ihr auch klar, dass das Gefühl der Isolation, das sie ihr Leben lang gehabt hatte, nicht Schicksal war, sondern einfach die Erfindung eines verletzten Kindes. Als kleines Mädchen hatte Sarah die Bindungsunfähigkeit ihrer Mutter nicht verstehen können, die ihr eine gute Beziehung zu ihrer Tochter unmöglich machte. Die einzig stimmige Schlussfolgerung, die sie aufgrund der großen Wunde in ihrem Herzchen ziehen konnte, war: »Ich werde von allen, die ich liebe, verlassen.« Gott erschuf die Berge, Gott erschuf die Sonne, und Gott sorgte auch dafür, dass die kleine Sarah mutterseelenallein war in dieser einsamen Welt.

Dadurch, dass sie ihre Überzeugungen nun nicht länger für die Wahrheit hielt, sondern sie als das Gedankenkonstrukt eines traurigen, einsamen kleinen Mädchens erkannte, änderte sich alles für Sarah. Endlich konnte sie begreifen, dass nichts an ihr verkehrt war, sondern dass sie bloß einer Gewohnheit anhing: ihre Beziehungen so zu führen, dass sie gar nicht anders konnte, als darin die ungelösten Traumata ihrer Vergangenheit unbewusst zu reproduzieren. Indem sie sich selbst als Schöpferin dieses Albtraums erkannte, wurde ihr auch bewusst, dass sie die Kraft hatte, sich daraus wachzurütteln.

Mit meiner Unterstützung begann sie, die Aussagekraft ihrer Kindheitsgeschichte in Zweifel zu ziehen, und brachte den Mut auf, ein wahrheitsgemäßeres Narrativ zu entwickeln. Unter Tränen erklärte sie: »Ich bin nicht auf der Welt, um einsam zu sein! Ich habe sehr wohl die Fähigkeit, zu lieben und geliebt zu werden. Und ich kann lernen, glückliche, gesunde Beziehungen zu Menschen zu haben, die ich liebe und die mich so lieben, wie ich es mir wünsche!« Mit diesen Feststellungen begann Sarahs transformative Reise, während der sie über die Geschichte ihrer Ursprungswunde hinauswuchs.

Fragen Sie sich:
»Inwiefern hat mich mein Ex ähnlich enttäuscht, wie ich schon in meiner Jugend enttäuscht wurde?« (Zum Beispiel: »Er hat mich und die Kinder genauso verlassen, wie mein Vater die Familie verlassen hat, als ich fünf war.«)
»Auf welche Weise habe ich meinen Ex ähnlich enttäuscht, wie ich als Kind enttäuscht worden bin?« (Zum Beispiel: »Ich war genauso überkritisch wie meine Mutter früher mir gegenüber.«)

Erkennen Sie die Geschichte Ihrer Ursprungswunde
Ihre Befreiung von den schmerzlichen Verhaltensmustern in der Liebe beginnt damit, dass Sie die Geschichte Ihrer Ursprungswunde in aller Deutlichkeit erkennen. Dass Sie sich der zugrunde liegenden Überzeugungen bewusst werden, die zur Reproduktion Ihrer traurigen Liebesgeschichte geführt haben, damit Sie frei werden, Ihren Beziehungen künftig eine glücklichere, gesündere Richtung zu geben.

Die folgende Übung wird Sie bei der Identifikation der Geschichte Ihrer Ursprungswunde unterstützen, denn sie hilft Ihnen dabei, die in der Kindheit gewonnenen Überzeugungen präzise zu benennen als auch die Möglichkeiten, die Ihnen auf dem Gebiet der Liebe offenstehen. Ich habe sie mit meiner Kollegin Claire Zammit zusammen entwickelt.[37]

1. **Kommen Sie zur Ruhe.** Suchen Sie sich einen Ort, an dem Sie ein paar Minuten lang nicht gestört werden. Schließen Sie die Augen, atmen Sie einige Male tief in den Bauch und versuchen Sie, sich bestmöglich zu entspannen.
2. **Werden Sie sich Ihrer Gefühle in Bezug auf die Trennung bewusst.** Werden Sie sich aller Gefühle bewusst, die Sie in

Bezug auf die Trennung haben. Achten Sie darauf, an welchen Stellen Ihres Körpers sich diese Gefühle manifestieren.

Zum Beispiel: »Diese Emotionen sind wie ein Brennen im Solarplexus«, »Sie machen mir das Herz schwer«, »Es fühlt sich wie ein Loch zwischen den Schulterblättern an, als wäre mir dort ein Messer in den Rücken gerammt worden« oder »Sie sind wie ein Knoten im Hals, sodass ich kaum schlucken kann«.

3. **Heißen Sie Ihre Gefühle willkommen.** Atmen Sie tief ein und aus und versuchen Sie, den Teil von sich auszumachen, der diese Emotionen voller Mitgefühl wahrnehmen kann. Schenken Sie dem Körperteil Ihre Liebe, in dem sich diese Gefühle ausdrücken, und heißen Sie jedes einzelne mit Güte und Fürsorge willkommen. Wiederholen Sie jetzt die Übung von Schritt eins, indem Sie sich fragen, was genau Sie fühlen, und jede Ihrer Emotionen sanft spiegeln, eine nach der anderen. Dabei werden Sie feststellen, dass sich Ihre Fähigkeit verbessert, einen Schritt zurückzutreten und Ihre Gefühle liebevoll zu beobachten. Sie lassen sich jetzt nicht mehr von ihnen verzehren.

4. **Achten Sie darauf, welche Bedeutung Sie der Trennung verleihen.** Hören Sie auf, sich irgendetwas zusammenzureimen, und richten Sie die Aufmerksamkeit stattdessen auf Ihren Körper; machen Sie sich den emotionalen Mittelpunkt all Ihrer düsteren, problematischen Gefühle bewusst. Aus diesem heraus beantworten Sie sich bitte die folgenden Fragen:

»Was leite ich aus der Trennung über mich ab?« Zum Beispiel: »Ich werde nicht geliebt«, »Ich bin allein«, »Ich bin austauschbar«, Ich bin nicht gut genug«, »Ich bin schlechter als andere« oder »Ich bin ein Loser«.

»Welche Schlüsse ziehe ich aus der Trennung im Hinblick auf meine Beziehung zu Männern/Frauen (je nachdem, zu welchem Geschlecht Sie sich hingezogen fühlen)?« Zum Beispiel:

»Männer entscheiden sich lieber für eine andere Frau als für mich«, »Frauen mögen mich nicht«, »Meine wahren Gefühle und Bedürfnissen interessieren niemanden«, »Wenn mich mal jemand liebt, dann nur, weil ich etwas für ihn tun kann« oder »Männer wollen von mir immer nur das eine«.

5. **Erkennen Sie die Geschichte Ihrer Ursprungswunde.** Nun möchte ich Sie bitten, diese Überzeugungen so zusammenzufügen, dass daraus die Geschichte Ihrer Ursprungswunde hervorgeht.

   Zum Beispiel: »Ich bin nicht gut genug. Männer entscheiden sich lieber für eine andere als für mich. Ich kriege nie genügend Liebe ab.«

   »Ich bin nichts wert. Die Frauen nutzen mich immer nur aus und geben mir dann den Laufpass. Ich muss mich ständig abstrampeln, um zu beweisen, dass ich auch etwas wert bin.«

   »Ich bin eine Null. Die Männer verlassen mich, wenn ich ihnen nicht alles recht mache. Mein Leben ist sinn- und lieblos.«

6. **Wie alt ist dieser Teil von Ihnen / Wie groß ist die Energie in seinem Zentrum?** Schauen Sie jetzt, ob Sie in der Lage sind, das Alter desjenigen Teils von sich zu bestimmen, der in dieser Geschichte feststeckt. Das muss nicht unbedingt eine Zahl sein; vermutlich bekommen Sie eher ein Gefühl für das Alter, in dem Sie waren, als Sie angefangen haben, diese Perspektive einzunehmen.

   Fragen Sie sich: »Wie alt ist der Teil von mir, der in dieser Geschichte gefangen ist?« Zum Beispiel: »Ich bin noch ein Baby«, »Fünf oder sechs« oder »Da bin ich zwölf«.

   Achten Sie auch darauf, wie groß die Energie in diesem Zentrum ist.

   Fragen Sie sich: »Wie groß ist die Energie, die ich da habe?« Zum Beispiel: »Riesig, wie ein ganzer Wohnblock«, »Sie reicht einen halben Meter über meinen Körper hinaus«, »Es handelt

sich um einen festen schwarzen Knoten, der mir das Herz einschnürt«.
7. **Öffnen Sie die Augen und schütteln Sie es ab!** Um wieder in Ihr starkes Erwachsenen-Ich zurückzukehren, öffnen Sie die Augen und schütteln sich.

Fragen Sie sich: »Was ist das Beste an meinem gegenwärtigen Alter im Vergleich zu der Zeit, als ich _____ Jahre [das Alter, das Sie als den Beginn Ihrer Geschichte identifiziert haben] war?« Zum Beispiel: »Ich habe jetzt viel mehr Wahlmöglichkeiten als damals«, »Inzwischen habe ich gelernt, Grenzen zu setzen, um mich besser zu schützen«. Oder »Heutzutage stehen mir viel mehr Möglichkeiten offen als damals, und ich kann mir jederzeit Hilfe suchen.«

Die Geschichte der Ursprungswunde aufrechterhalten

Als die sechsundzwanzigjährige Jurastudentin Emily auf Rick traf, den Frontmann einer Rockband, verliebte sie sich Hals über Kopf in ihn. Da er sie auch sehr mochte, verabredeten sie sich oft. Und jedes Date war aufregender als das vorherige. Doch nach etwa vier Wochen rief Rick plötzlich nicht mehr an. Während er ihr zuvor mindestens eine SMS pro Tag geschrieben hatte, hörte Emily jetzt ganze vier Tage lang nichts von ihm. Ihr Vater hatte die Familie verlassen, als sie fünf war, und nun war ihre Angst, ein weiteres Mal im Stich gelassen zu werden, riesig. Daher inszenierte sie einen, wie sie fand, brillanten Akt der Vorwärtsverteidigung, indem sie Rick schrieb, sie hätte einen anderen getroffen und sei nicht länger an ihm interessiert. Was sich da wirklich abgespielt hatte, fanden die beiden erst drei Jahre später heraus, als sie sich zufällig wiedertrafen.

Und siehe da: Rick hatte sich nicht etwa deswegen nicht mehr bei Emily gemeldet, weil er sich nicht mehr mit ihr treffen wollte. Ganz im Gegenteil: Er hatte sich eine kleine Auszeit genommen, weil er beabsichtigte, die Beziehung zu ihr zu intensivieren und verbindlicher zu gestalten. Doch zuvor wollte er noch die eine oder andere lockere Affäre beenden, die er hatte. Als Emily das erfuhr, fiel sie aus allen Wolken. Ganz in ihrer Überzeugung gefangen, von Männern immer verlassen zu werden, hatte es für Ricks Funkstille in ihren Augen nur die eine Erklärung gegeben: Er wollte sie nicht mehr. Und es brach ihr schier das Herz, als sie erkennen musste, dass sie durch ihr präventives Schlussmachen selbst für die Beendigung der Beziehung verantwortlich war.

> »Dass Ihnen das Herz gebrochen wird, werden Sie nicht immer vermeiden können – dass Sie es sich selbst brechen aber schon.«
>
> LEIGH NEWMAN

Die Inventur Ihres Verhaltens

Beziehungsmuster stellen sich nicht einfach so ein. Vielmehr beruhen sie auf unseren Annahmen, welche wiederum die Art und Weise prägen, wie wir auf unsere Lebensumstände reagieren. Damit Sie aus Ihren leidvollen Mustern in Sachen Liebe herauswachsen können, möchte ich Sie um eine Inventur jener unbewussten Verhaltensweisen bitten, die zur Reproduktion der Geschichte Ihrer Ursprungswunde geführt haben.

Stellen Sie sich zunächst folgende Fragen:

1. **Inwiefern hat Ihr Umgang mit sich selbst die Geschichte Ihrer Ursprungswunde bestätigt?** Da die Beziehungen zu unseren Mitmenschen nie besser sein können als die, die wir zu uns selbst haben, möchte ich Sie bitten herauszufinden, wie genau sich Ihr Umgang mit sich im Verhalten des Partners zu Ihnen widergespiegelt hat. Schauen Sie, auf welche Weise Sie Ihren Ex unbewusst dazu angehalten haben, Sie so zu behandeln, wie es Ihrem Verhältnis zu sich selbst entsprach.

    Zum Beispiel: Sollten Sie verlassen worden sein, überlegen Sie, ob Sie sich während der Beziehung nicht vielfach selbst aufgegeben haben. Für den Fall, dass sich Ihr Ex als egozentrisch und eigennützig erwiesen haben sollte, schauen Sie, inwiefern Sie selbst Ihre Gefühle und Bedürfnisse vernachlässigt haben. Sollten Sie überkritisch behandelt worden sein, finden Sie heraus, unter welchen Umständen Sie selbst allzu hart mit sich ins Gericht gegangen sind.

2. **Inwiefern könnten Sie Ihren Partner zu einem Verhalten verleitet haben, das die Geschichte Ihrer Ursprungswunde bestätigte?** Auf welche Weise haben Sie Ihren Ex unbewusst dazu veranlasst, Sie ähnlich zu enttäuschen, wie Sie es aus Ihrer Vergangenheit schon kennen?

    Zum Beispiel: »Da ich nie offen über meine Gefühle und Bedürfnisse gesprochen habe, konnte mein Ex beim besten Willen nicht wissen, was ich von ihm gebraucht hätte. Deshalb konnte er mich eigentlich nur enttäuschen.«

    »Weil ich nicht wollte, dass meine Ex sauer auf mich wird, habe ich mich nie auf irgendeine Weise abgegrenzt; diese Selbstaufgabe ist bei mir so weit gegangen, dass sie schließlich keinen anderen Ausweg mehr sah, als mich zu verlassen.«

    »Ich habe mich so verzweifelt nach Liebe gesehnt, dass ich

mich in der Hoffnung darauf, dass er sich ändern würde, mit weniger begnügt habe, als ich verdient hätte. Dadurch aber, dass ich nicht für mich eingestanden bin, habe ich ihm im Grunde selbst das Recht eingeräumt, mich schlecht zu behandeln.«

Hinweis: Seien Sie vorsichtig, dass Sie im Hinblick auf Ihre Schwächen und alten Wunden in keine Opferhaltung gehen. Sagen Sie also nicht: »Ich kann nicht für mich einstehen, weil ich als Kind von meinem Vater misshandelt wurde«, sondern übernehmen Sie die Verantwortung für Ihre Entscheidungen, beispielsweise so: »Ich habe immer wieder entschieden, mich selbst ähnlich zu misshandeln, wie es mein Vater mit mir getan hat. Dadurch habe ich meinen Freund praktisch dazu erzogen, genauso mit mir umzugehen.« Denn solange Sie in der Haltung des hilflosen Opfers verbleiben, sind Sie nicht in der Lage, über Ihre alten Verhaltensmuster hinauszuwachsen. Konzentrieren Sie sich also auf die aktiven, willentlichen Teile Ihrer Entscheidungen, denn sie sind der Dreh- und Angelpunkt von Veränderungen.

3. **Inwiefern bestätigt Ihre Weltsicht die Geschichte Ihrer Ursprungswunde?** Da wir dazu neigen, das Schlimmste der Kindheit auf das Universum zu projizieren, nehmen wir vom Leben oft nicht viel mehr wahr als Bestrafung, Versagung, mangelnde Fürsorge oder Grausamkeit, je nachdem, wie wir unsere ersten Bezugspersonen (etwa Eltern und ältere Geschwister) erlebt haben. Und im Rahmen dieser Weltsicht erbringen wir dann unbewusst den Beweis für die Richtigkeit unserer Überzeugungen.

Fragen Sie sich: »Was hat meine Weltsicht dazu beigetragen, dass die Beziehung den Bach runtergegangen ist?«

Zum Beispiel: »Weil ich immer geglaubt habe, dass ich eh nie das kriege, was ich mir wünsche, habe ich ständig Kompromisse geschlossen und mich mit weniger begnügt, als ich verdient habe. Bis ich dann schließlich nicht mehr konnte und mich getrennt habe.«

»Weil ich es für gefährlich hielt, so gesehen zu werden, wie ich in Wirklichkeit bin, habe ich meine tatsächlichen Gefühle und Bedürfnisse so weit runtergespielt, dass ich mich praktisch unsichtbar gemacht habe. Und dann blieb mir schließlich gar nichts anderes mehr übrig, als Schluss zu machen.«

»Für mich ist das Leben immer ein einziger Kampf gewesen. Deshalb war ich ständig aggressiv und in Habachtstellung. Er hatte den ewigen Krieg dann irgendwann satt und ist gegangen.«

Hinweis: Sich bewusst zu werden, was man selbst zu der Trennung beigetragen hat, ist äußerst aufschlussreich; es kann aber auch so demütigend sein, dass Sie womöglich mit Selbsthass und Scham reagieren. Vergessen Sie nicht: Es besteht die Gefahr, dass Sie darin stecken bleiben und das, was Sie gerade als potenziellen Katalysator Ihrer Weiterentwicklung und Veränderung identifiziert haben, nicht mehr nutzen können. Ich würde Ihnen also zu Nachsicht gegenüber Ihren Fehlern und Schwächen raten. Betrachten Sie die Lektion, die das Leben Ihnen erteilt hat, als wichtige Station auf Ihrem Weg zu mehr Weisheit und größerer Reife. Einen Menschen, der Sie nicht so geliebt hat, wie Sie es brauchen, hatten Sie schon. Erschaffen Sie sich keinen zweiten, indem Sie sich selbst nun auch noch niedermachen.

Was ist wirklich wahr?

So, wie uns ein Nahtoderlebnis die Augen für den Sinn des Lebens öffnen kann, vermag uns auch der Tod einer Liebesbeziehung aus der Trance falscher Überzeugungen aufzurütteln und uns die Pracht und die Herrlichkeit unseres Seins bewusst zu machen. Von einem Moment auf den anderen erweist sich unsere alte Geschichte als das, was sie ist: nur eine *Geschichte*. Wir hatten sie uns zusammengeschustert, als wir noch viel zu jung waren, um eine andere Erklärung zu finden. Sobald wir diese Wahrheit erkannt haben, können wir anfangen, die Schlüsse, zu denen wir kamen, infrage zu stellen und uns ein differenzierteres Bild dessen zu machen, was sich zu der Zeit, als wir uns diese Weltsicht zulegten, wirklich zwischen uns und den anderen abgespielt hat.

Überzeugungen sind beziehungsbedingt, will heißen: Wir haben sie nicht aus der Luft gegriffen, sondern sie sind aus der Beziehung zu den Menschen entstanden, die wir seinerzeit am meisten liebten und von denen wir am abhängigsten waren. Zwischen Ihnen und Ihrer Mom oder Ihrem Dad, der Oma oder auch dem komischen Onkel Jim ist irgendetwas gelaufen, was Ihnen sehr wehgetan und Sie so verwirrt hat, dass Sie es nicht begreifen konnten. Sie waren ein Kind im Prozess der Identitätsfindung. Auf der Suche nach seinem Platz in der Welt. Und da war es mehr als verständlich, dass Sie alles, was geschah, irgendwie auf sich bezogen haben. Ein realistischeres Bild kann sich erst ergeben, wenn Sie die Schlüsse, die Sie damals gezogen haben, mit der Rationalität des Erwachsenen überdenken, der mehr Sinn für Komplexität und Nuancen hat.

Jetzt müssen Sie in Ihre Vergangenheit zurückgehen und Ihrem jüngeren Ich aus dem verrückten, verzerrten Spiegelkabinett heraushelfen. Denn die Annahmen über sich und das Leben – dass Sie etwa schlecht, unerwünscht, ungeliebt, zu viel, nicht genug, machtlos seien oder für immer allein bleiben – sind einfach nicht wahr.

Trotzdem werden uns solche Kernüberzeugungen so lange verfolgen, bis wir sie erkennen und infrage stellen. Ist dies dann aber der Fall, sind wir frei. Und die alte, leidvolle Geschichte hat ein für alle Mal ihre Macht über uns verloren. Stephen Gilligan, der Autor von *Liebe dich selbst wie deinen Nächsten. Die Psychotherapie der Selbstbeziehung*, vertritt die Auffassung: »Es mag Jahre oder gar Generationen dauern, aber eine negative Erfahrung kommt wieder, bis menschliche Präsenz sie mit Liebe und Akzeptanz integriert.«[38] Und er nennt die Natur hier unendlich geduldig, aber durchaus auch grausam. Der Teil von Ihnen, der in der alten Geschichte feststeckt, wartet nur darauf, dass Sie ihn zu lieben beginnen. Deshalb möchte ich Sie bitten, jetzt sofort eine Hand auf die Körperstelle zu legen, in der diese alte Geschichte »wohnt« (zum Beispiel auf den Solarplexus, das Herz oder die Kehle), und sich dann direkt anzusprechen: »Schatz, diese Geschichte stimmt so gar nicht. In Wahrheit _____« (bitte ergänzen).

Hier einige mögliche Antworten:
... wirst du sehr vom Leben geliebt.
... bist du sehr wohl imstande, dich selbst zu beschützen.
... weiß niemand besser als ich, was gut für dich ist.
Meine Klientin Sarah wurde sich ihres Potenzials für gesunde Beziehungen bewusst und genau das wünsche ich mir auch für Sie: dass Sie die Trance der alten Geschichte Ihrer Ursprungswunde abschütteln. Werden Sie zum Helden beziehungsweise zur Heldin Ihrer Lebensreise und küssen Sie sich selbst wach. Jetzt gleich. Verschwenden Sie keinen weiteren Tag Ihres kostbaren Lebens auf den Albtraum irreführender Annahmen.

Überzeugung oder Wahrheit?

Fragen Sie sich:

»Welche der von mir gehegten Überzeugungen, die Geschichte meiner Ursprungswunde betreffend, entsprechen der Wahrheit?«

Überzeugung: Ich genüge nicht.
Wahrheit: Allein schon meiner reinen Existenz wegen habe ich eine schöne Liebesbeziehung mehr als verdient. Ich bin es von Natur aus wert, respektiert, geschätzt und geliebt zu werden.

Überzeugung: Ich zähle nicht.
Wahrheit: Meine Gefühle und Bedürfnisse spielen sehr wohl eine Rolle. Für mich zählen sie. Und ich habe alles Recht der Welt, davon auszugehen, dass sie auch für die mir am nächsten stehenden Menschen von Bedeutung sind.

Überzeugung: Ich bin nicht liebenswert.
Wahrheit: Selbst wenn mir die Person, die ich liebe, ihr Herz verschließt, bin ich immer noch zutiefst liebenswert und -würdig.

Überzeugung: Ich bin ein schlechter Mensch.
Wahrheit: Nur dass ich mich schäme, heißt noch lange nicht, dass es dafür auch einen Grund gibt.
Wahrheit: Meine Fehler sind Lektionen, die ich gelernt habe. Und jetzt tue ich alles, um das Chaos zu beseitigen. Ein guter Mensch zeichnet sich dadurch aus, dass er aus seinen Fehlern lernt und es beim nächsten Mal besser macht.

Überzeugung: Ich bin ganz allein.
Wahrheit: Ich bin nicht geboren, um allein zu bleiben, sondern um zu lieben und geliebt zu werden. Im Übrigen kann ich lernen, künftig glücklichere und gesündere Beziehungen zu führen.

Überzeugung: Ich bin nichts wert.
Wahrheit: Ich bin das Salz der Erde. Und ich muss nicht das Geringste tun, um meinen Wert unter Beweis zu stellen.

Überzeugung: Ich bin in Gefahr.
Wahrheit: Dadurch, dass ich mir neue, gesündere Beziehungsmuster aneigne, kann ich lernen, mich in Sicherheit zu bringen.

Freunden in einer schwierigen Situation beizustehen und ihnen gute Ratschläge zu geben – zum Beispiel ihnen ihren Wert und ihre Kraft vor Augen zu führen, wenn sie sich schwach fühlen – fällt uns selten schwer. Ganz anders ist es, wenn es um uns selbst geht. Unter dem Einfluss übermächtiger Emotionen verwechseln wir Gefühle leicht mit Tatsachen und geraten in Gefahr, die Situation, in der wir uns befinden, aus einer kindlichen Perspektive heraus zu betrachten. Sobald Sie merken, dass Sie sich in der Abwärtsspirale der Geschichte Ihrer Ursprungswunde befinden, sollten Sie sich auf den weisen, intelligenten, gebildeten und hoch entwickelten Erwachsenen-Teil von sich konzentrieren, der die Geschehnisse aus dem Blickwinkel der Klarheit und des Mitgefühls betrachten kann. Aus diesem erwachsenen Zentrum/Kern heraus nehmen Sie sich dann Ihres jüngeren, verwirrten und verletzten Anteils an – ganz so, als würden Sie sich um eine enge Freundin kümmern, die Sie von Herzen lieb haben. Während Sie die Wunden, die Sie an Herz und Seele davongetragen haben, versorgen, beschenken Sie das Kind in sich mit all den kostbaren Wahr- und Weisheiten, die Ihr Erwachsenen-Ich gewonnen hat, mit Ihrem gesamten Verständnis und den Erkenntnissen des gesunden Menschenverstandes.

Kommunikation von Seele zu Seele

Das Problem bei einer Trennung ist, dass man sich leicht mit den Augen des Verflossenen sieht: als irgendwie minderwertig. Dieser Mensch erzählt sich vielleicht im Zusammenhang mit der Trennung irgendeine Geschichte über Sie, die er zu Ihren Ungunsten interpretiert. Jetzt wertet er Sie ab, um seine Verlustschmerzen zu lindern. Was er wirklich über Sie denkt, wissen Sie gar nicht. Aber das Gefühl, nicht länger erwünscht, geliebt, angebetet und auserwählt zu sein, kann so mächtig werden, dass Ihre Fantasie verrückt zu spielen beginnt. Sind Sie unter diesen Umständen noch in der Lage, an Ihrer Stärke und Güte festzuhalten? Können Sie aufhören, sich Ihren Wert von einem anderen diktieren zu lassen, und zu sich stehen, sich zu Ihren Stärken bekennen? Können Sie das, obwohl Sie ausgerechnet von der Person niedergemacht werden, die Ihnen gestern noch die Welt bedeutet hat?

Da Überzeugungen eben, wie schon gesagt, beziehungsbedingt sind, haben wir oft damit zu kämpfen, was es über uns aussagt, wenn wir von einem geliebten Menschen verlassen werden. Dann ist plötzlich vergessen, wie oft uns die Beziehung unseren Wert gespiegelt hat, und wir denken nur noch an die schrecklichen Momente zurück, in denen wir uns entehrt, ausrangiert, entwertet gefühlt haben – Erfahrungen, die das Ego ganz schön ankratzen können. In der Beziehung selbst lässt sich daran momentan wohl kaum etwas ändern. Deshalb möchte ich Ihnen im Folgenden eine Übung vorstellen, die Ihnen bei der Befreiung von dieser »Altlast« helfen kann und Ihnen Ihr Selbstwertgefühl zurückgibt.

Hinweis: Sollten Sie das »Conscious-Uncoupling«-Programm mit Ihrem Ex zusammen durchlaufen, würde ich empfehlen, dass jeder von Ihnen diese Übung einzeln macht. Nachdem Sie den dritten Schritt absolviert haben, dürfen Sie sich gern über Ihre Erfahrungen austauschen.

1. **Kommen Sie zur Ruhe.** Suchen Sie sich ein Plätzchen, an dem Sie ein paar Minuten nicht gestört werden. Schließen Sie die Augen, atmen Sie einige Male bis tief in den Bauch und entspannen Sie sich, so gut Sie können.
2. **Verankern Sie sich in Ihrem Erwachsenen-Ich.** Verbinden Sie sich mit dem starken, kompetenten, intelligenten, hoch entwickelten erwachsenen Anteil von sich, als könnten Sie dessen Energie in Ihrem ganzen Körper verankern – und darüber hinaus. Atmen Sie ganz tief in den Bauch, in die Beine, die Füße; lassen Sie Ihre Energie in die Erde fließen und den gesamten Raum erfüllen.
3. **Bitten Sie Ihr jüngeres Ich, das Zimmer zu verlassen.** Fordern Sie den jüngeren Anteil von sich liebevoll auf, sich irgendwohin zu begeben, wo er in Sicherheit ist – so, als würden Sie ein Kind bitten, aus dem Raum zu gehen, wenn sich die Erwachsenen unterhalten wollen.
4. **Bitten Sie Ihre(n) Ex, vor Ihnen Platz zu nehmen und von Seele zu Seele mit Ihnen zu kommunizieren.** (Hinweis: Sollte diese Person Ihnen gegenüber zu Gewalt neigen, empfehle ich, dass Sie sich zu Ihrem Schutz eine Brandmauer vorstellen, die Sie umgibt.) Bitten Sie den oder die Verflossene(n), sich Ihnen gegenüberzusetzen, so als könnten Sie tatsächlich ein Gespräch mit seiner/ihrer Seele führen. Der Ton der Unterhaltung sollte herzlich und respektvoll sein. Stellen Sie sich vor, Sie würden der

betreffenden Person in die Augen schauen und ihr Folgendes sagen (gern in Ihren eigenen Worten oder auch in größerer Ausführlichkeit, aber doch so, dass der Sinn erhalten bleibt):

»In gewisser Weise habe ich selbst dich dazu gebracht, mich so zu behandeln, wie du mich behandelt hast. Dafür übernehme ich die Verantwortung. Mir ist bewusst, dass dein Verhalten oft das widergespiegelt hat, das ich mir selbst gegenüber an den Tag gelegt habe.«

Stellen Sie sich vor, dass Ihnen Ihr Gegenüber aufmerksam und mit echtem Interesse zuhört. Sprechen Sie dann weiter:

»Dass du dich mir gegenüber so ungut benommen hast, hat mir die Augen geöffnet und mir geholfen, meine Wertigkeit, meine Kraft, meine Güte, meine Intelligenz zu erkennen. Es hat mir bewusst gemacht, dass ich es verdient habe, zu lieben und geliebt zu werden. Dafür danke ich dir.«

Lassen Sie die Sätze wirken, bevor Sie weitersprechen:

»Doch jetzt möchte ich die Dinge zwischen uns geraderücken, indem ich dich wissen lasse, wer ich in Wirklichkeit bin. Damit möchte ich etwaige Fehlwahrnehmungen meiner Person korrigieren, denen du vielleicht noch anhängst.«

Sprechen Sie nun alles aus. Sagen Sie genau, wer Sie sind und was Sie vermögen.

Zum Beispiel: »Ich bin ein starker, liebevoller Mann, der es verdient hat, wahrgenommen, unterstützt, geschätzt und respektiert zu werden«, »Ich bin eine attraktive, sinnliche, Frau, die es wert ist, von ihrem Partner begehrt zu werden«, »Ich bin eine wunderbare, kluge, faszinierende Frau, die wie eine Königin behandelt werden sollte«, »Mir ist bewusst, dass ich in unserer Beziehung mein Potenzial nicht voll ausgeschöpft habe. In mir steckt noch viel mehr. Und jetzt bringe ich alles, was ich mit und bei dir gelernt habe, in meine nächste Beziehung ein, damit ich in Zukunft ein glücklicheres Liebesleben führen kann«.

Zeigen Sie sich in Ihrer ganzen Pracht und Schönheit, insbesondere, wenn Sie während der Beziehung eine abgespeckte Version von sich präsentiert haben. Stellen Sie sich vor, Ihr Ex würde Ihnen zum allerersten Mal begegnen. Nehmen Sie den Respekt, die Bewunderung und Wertschätzung in seinen Augen wahr, und spüren Sie das Wohlwollen und die Liebe, die Ihnen entgegengebracht werden.

Sagen Sie dann, als wären Sie immer noch direkt mit der Seele Ihres Verflossenen verbunden:

»Ich ersuche dich, mich ab sofort mit Respekt zu behandeln. Ob wir uns nun tatsächlich sehen oder nicht: Ich will, dass du mich in deinen Gedanken, deinen Worten und in deinem Tun so behandelst, wie es meinem wahren Wert, meiner Kraft, Intelligenz, Güte und meinem Recht entspricht, zu lieben und geliebt zu werden. Ich werde es mit dir genauso halten, darauf hast du mein Wort.«

Erkundigen Sie sich: »Bist du damit einverstanden?«, und warten Sie auf das »Ja«, bevor Sie weitermachen. Schauen Sie der Person direkt in die Augen, sehr präsent und bereit, Würde und gegenseitigen Respekt in die Beziehung zurückkehren zu lassen. Stellen Sie sich dann vor, dass sich all die Momente der Demütigung, Beschämung, Betretenheit, Würde- und Respektlosigkeit, die es zwischen Ihnen gegeben hat, auflösen und Sie spüren, wie gegenseitige Wertschätzung, Respekt und Liebe entstehen.

5. **Stellen Sie sich vor, Sie und Ihr Ex würden sich tief voreinander verbeugen.** Malen Sie sich aus, dass Sie beide sich verneigen, um das Gespräch zu beenden, und einander versichern, dass die zwischen Ihnen getroffene Vereinbarung nunmehr in Kraft getreten ist.

Hinweis: Falls Ihr Selbstwertgefühl zwischenzeitlich doch einmal in den Keller rutscht, sollten Sie alle Gedanken an die Momente, in denen Sie sich diffamiert, entehrt, nicht respektiert und ungeliebt gefühlt haben, nach Möglichkeit verscheuchen. Denken Sie lieber an die Erfahrungen, die Sie bei dieser Übung gemacht haben. Oder auch an die Momente in Ihrer Beziehung, in denen Sie Lust, Bewunderung, Verlangen, Zärtlichkeit und wahre Liebe gespürt haben. Überzeugen Sie sich, dass dies die Augenblicke waren, in denen Ihr Ex Sie am deutlichsten wahrnehmen konnte.

Schluss mit leidvollen Liebesmustern

Bei glücklichen, funktionierenden Beziehungen geht es nicht allein darum, dass man den Richtigen kennenlernt und sich in ihn verliebt. Auch nicht darum, womöglich unter einem Glücksstern geboren worden zu sein, oder um irgendwelche astrologischen Übereinstimmungen. In guten Beziehungen geht es vielmehr – sowohl innerlich als auch im Außen – um eine Weiterentwicklung, die es Ihnen mit der Zeit ermöglicht, ein gesundes Maß an Vertrautheit und Zugewandtheit gegenüber einem anderen Menschen herauszubilden. Und auch wenn die meisten von uns in der Reproduktion alter Verhaltensmuster den Versuch sehen, die Vergangenheit zu bereinigen, ist es doch mindestens ebenso wahrscheinlich, dass wir solche Dynamiken nur deshalb reproduzieren, weil wir einfach nicht wissen, wie es anders gehen könnte.

»Statt uns zu fragen, warum uns etwas zustößt, sollten wir uns lieber dafür interessieren, wofür es gut ist.«
AUGUST GOLD

Dadurch, dass Ihnen nunmehr bewusst geworden ist, auf welche Weise Sie sich in Sachen Liebe selbst zum Scheitern verurteilt haben, haben Sie jetzt die Chance, das Ruder herumzureißen. Sie können lernen, sich so zu präsentieren, wie es Ihrem wahren Wesen entspricht – und nicht den irrigen Überzeugungen, die Sie von sich hatten. Sie können lernen, für sich einzustehen, Ihre Meinung zu äußern, vernünftige Grenzen zu setzen, Fragen zu stellen, die Ihrer Sicherheit dienen. Sie können lernen, Ihrem inneren Wissen zu folgen und sich auch anderer Menschen so anzunehmen, dass es möglich wird, Vertrauen aufzubauen und Verbundenheit entstehen zu lassen. Dadurch, dass Sie lernen, sich neu und anders auf jemanden einzulassen, kann an die Stelle Ihres Liebeskummers Hoffnung treten und ein für alle Mal Schluss sein mit den alten, dysfunktionalen Verhaltensmustern.

Die Befreiung von alten, enttäuschenden Gewohnheiten setzt bei den meisten voraus, dass wir uns bestimmte Grundfertigkeiten und -fähigkeiten zulegen, die wir uns zuvor irgendwie nie angeeignet hatten. In den Klauen der Geschichte unserer Ursprungswunde gefangen, sind wir in der Entwicklung zurückgeblieben. Wenn Sie wirklich der Überzeugung sind, dass sich andere keinen Deut für Ihre Gefühle und Bedürfnisse interessieren: Warum sollten Sie sich die Mühe machen und lernen, sie zu kommunizieren? Wenn Sie ohne jeden Zweifel wissen, dass Sie eh immer wieder verlassen werden: warum lernen, so mit Konflikten umzugehen, dass daraus gegenseitiges Verständnis erwachsen kann? Würde das auf lange Sicht nicht nur noch mehr wehtun? Wenn Sie sowieso fest davon ausgehen, dass die Liebe lebensgefährlich ist: warum dann den Schutzpanzer ablegen und aggressive Verteidigungsstrategien aufgeben? Damit würden Sie das Unheil doch geradezu heraufbeschwören, oder etwa nicht? Ohne neue, vernünftige, rationale

Fähig- und Fertigkeiten werden Sie nie in der Lage sein, mit Ihren alten Verhaltensmustern in der Liebe abzuschließen. Weil Sie dann nämlich einfach nicht dafür gerüstet wären, künftig irgendetwas anders zu machen.

> »Wunder erwachsen aus Problemen.«
> JEAN DE LA BRUYÈRE

Egal, was für ein Psychologie-Crack Sie im Laufe der Jahre geworden sind – Sie können Ihre Probleme rauf- und runterbeten, genauestens benennen, was geschehen ist, mit wem und warum: Solange Sie sich die spezifischen Fähigkeiten und Fertigkeiten nicht angeeignet haben, die es Ihnen ermöglichen, in der Liebe künftig bessere Erfahrungen zu machen, werden Sie Ihre alten Muster immer weiter reproduzieren. Unmittelbar nachdem sich meine Klientin Sarah dazu entschlossen hatte, die Geschichte ihrer Ursprungswunde – dass sie stets allein sein würde – hinter sich zu lassen, wurde sie damit konfrontiert, wie wenig sie eigentlich über den Aufbau emotionaler Intimität wusste. Als sie erkannte, dass sie in keiner Weise gerüstet war, eine echte Beziehung einzugehen, fühlte sie sich wie an eine Wand gedrückt und wusste nicht mehr weiter. Sie hatte ja nicht einmal zu sich selbst eine nennenswerte Beziehung. Nachdem sie ihre Emotionen jahrelang beiseitegeschoben und als unbedeutend abgetan hatte, realisierte sie jetzt, dass ihre Unfähigkeit, anderen ihre Gefühle und Bedürfnisse zu vermitteln, zu einem großen Teil darauf zurückzuführen war, dass sie sie eigentlich selbst nicht so genau kannte.

Während unserer Arbeit fand Sarah heraus, dass emotionale Intimität dann entsteht, wenn beide Partner das Risiko eingehen und einander Einblick in ihre Innenwelt gewähren. Um sie darauf vorzubereiten, half ich Sarah zunächst, ihre Gefühle und

Bedürfnisse klar zu erkennen. Statt zu sagen, sie fühle sich nicht so gut, begannen wir die verschiedenen Nuancen davon zu unterscheiden: verzweifelt, entmutigt, enttäuscht, verstört, dumpf, bedrückt, hoffnungslos oder auch verloren. Und um auszudrücken, dass es ihr besser ging, lernte sie Worte zu finden, die ihren Zustand präziser beschrieben, wie zum Beispiel: optimistisch, aufgeschlossen, hoffnungsvoll, heiter, lebendiger, freudvoll oder erholt. Anschließend machte sie sich klar, dass die Gefühle einen wichtigen Indikator für ihre Bedürfnisse darstellten, die sie ebenfalls zu benennen lernte: Was sie brauchte, waren Wertschätzung, Respekt, das Gefühl, Gehör zu finden und als die Person geliebt zu werden, die sie war.

Im Idealfall hätte Sarah zwischen ihrem fünften und neunten Lebensjahr gelernt, jedes ihrer Gefühle und Bedürfnisse zu identifizieren, wie es ihrer altersgemäßen Entwicklung entsprochen hätte. Aber in der Familie, in der sie aufgewachsen war, gab es niemanden, der ihr half, ihre neuen inneren Erfahrungen zu entschlüsseln. Und weil zur Geschichte ihrer Ursprungswunde unter anderem die Annahme gehörte, dass niemand ihr je das geben würde, was sie brauchte, wäre sie auch nie auf die Idee gekommen, sich in dieser Hinsicht weiterzuentwickeln.

Sobald die Fertigkeiten und Kompetenzen identifiziert waren, deren Fehlen zu Sarahs Beziehungsunfähigkeit geführt hatte, und wir an ihrer Herausbildung zu arbeiten begannen, war sie in der Lage, die leidvollen Gefühlsmuster von Isolation und Einsamkeit abzulegen, die ihr ganzes Leben überschattet hatten. Innerhalb relativ kurzer Zeit wurde sie zu einer richtig guten Kommunikatorin. Und ich freue mich, sagen zu dürfen, dass sich alle ihre Anstrengungen ausgezahlt haben. In der Beziehung, die sie heute führt, ist sie bei Weitem glücklicher, als sie es mit ihrem Ehemann je war. Zwar streiten sie und ihr neuer Lebenspartner gelegentlich, aber immer so, dass es sie einander näherbringt und sie sich hinterher noch besser verstehen. Wenn Sarah daran denkt, wie ihre Ehe hätte laufen können, wäre sie zu der Zeit bereits die Frau gewesen, die sie jetzt ist, macht es sie manchmal traurig. Doch auf die Erfahrung, die hinter ihr liegt, würde sie um keinen Preis der Welt verzichten wollen. Die Trennung hatte ihr die notwendige Chance gegeben, eine vollkommen neue Sichtweise auf die Möglichkeiten des Lebens und der Liebe zu gewinnen.

Vielleicht stellen Sie fest, dass Sie gar nicht wissen, wie das geht: aus den alten Mustern herauszuwachsen. Vielleicht haben Sie keine Ahnung, was gesunde Grenzen überhaupt sind, geschweige denn, wie man sie setzt. Oder Sie fühlen sich unsicher, wenn es um die Erfüllung Ihrer Bedürfnisse geht, fragen sich, welche anderen gegenüber auch nur zu äußern angemessen ist. Womöglich sehen Sie sich nicht in der Lage, sich zu beruhigen und nicht jedes Mal aus der Haut zu fahren und im Dreieck zu springen, wenn es nicht nach Ihrem Willen geht. Wir alle haben blinde Flecken, die uns daran hindern, das jeder Beziehung innewohnende Potenzial für Liebe und Glück zu erkennen. Das aber sind genau die Punkte, an denen wir oftmals nicht weiterkommen, weil wir uns von allem, was wir noch nicht wissen, einschüchtern lassen und dann schnell wieder in die gewohnten, eingefahrenen Muster zurückfallen, weil wir … nun, weil wir es eben nicht anders kennen.

Damit Sie aus Ihren gebetsmühlenartig wiederholten Mustern in der Liebe herauswachsen können, schlage ich Ihnen vor, eine Haltung einzunehmen, die Buddhisten als »Anfängergeist« bezeichnen. Gemeint ist damit die warmherzige Neugier auf alles, was Sie noch nicht wissen, die Bevorzugung des Unbekannten gegenüber den Gewissheiten und der Verwundbarkeit gegenüber der Wahrung des Scheins. Es geht darum, dass Sie herauszufinden versuchen, welche speziellen Fertigkeiten und Fähigkeiten es braucht, damit Sie sich befreien können, und sich diese dann anzueignen, als hinge Ihr Leben davon ab – was gar nicht mal so falsch ist. Keiner, der einmal einen schlimmen Liebeskummer durchgemacht oder einem anderen das Herz gebrochen hat, will so etwas noch einmal erleben. Woraus sich für Sie genau zwei Möglichkeiten ergeben: Entweder Sie machen die Schotten dicht und verzichten darauf, je wieder zu lieben und geliebt zu werden; oder Sie nehmen schleunigst Ihre Weiterentwicklung in Angriff, um darauf vertrauen zu können, dass es beim nächsten Mal besser klappt.

Glücklicherweise sind wir Menschen ja Geschöpfe, die sich ihr ganzes Leben lang weiterentwickeln und dazulernen. Und was auch toll ist: dass es heute eine Menge fantastischer Lehrer und Lehrerinnen gibt, die Ihnen alles beibringen können, was Ihnen in der Kindheit entgangen ist. Wir haben so viele begabte Lehrkräfte, die es als ihre Aufgabe betrachten, den Menschen zu einem glücklichen, gesunden Liebesleben zu verhelfen, in welcher Form auch immer. Ich würde mir wünschen, dass Sie den einen oder die andere in Ihr Leben lassen (wenn auch vielleicht nur digital), damit auch Sie sich die Beziehung aufbauen können, die Sie sich wünschen. Erste Anregungen finden Sie im Anhang dieses Buches.

Sehen Sie in der Trennung nicht nur ein Ende, sondern auch einen wunderbaren Neuanfang. Die meisten brauchen solche Weckrufe wie den, den Sie gerade erhalten haben, um das Potenzial, das in uns allen steckt, zur Gänze ausschöpfen zu können. Für viele werden die schwierigsten Lektionen auch zu ihren größten Geschenken, weil sie nämlich beschließen, ihre Niederlagen als Chance für ein bedeutend intensiveres Lieben und Leben zu betrachten.

Fragen Sie sich:
»Wie kann ich so mit mir umgehen, dass darin zum Ausdruck kommt, was für ein wertvoller und starker Mensch ich bin und dass ich es verdient habe, zu lieben und geliebt zu werden? Welche neuen Fertigkeiten und Fähigkeit muss ich herausbilden, um mich so zeigen zu können?«
Zum Beispiel: »Ich könnte anfangen, auf meine Gefühle und Bedürfnisse zu achten, statt automatisch immer erst denen der anderen gerecht werden zu wollen. Dafür müsste ich nur lernen, meine Gefühle und Bedürfnisse besser einzuschätzen.«

»Wie kann ich mit anderen so umgehen, dass darin zum Ausdruck kommt, was für ein wertvoller und starker Mensch ich bin und dass ich es verdient habe, zu lieben und geliebt zu werden? Welche neuen Fertigkeiten und Fähigkeiten muss ich herausbilden, um mich so zeigen zu können?«
Zum Beispiel: »Ich könnte das Risiko eingehen, anderen meine wahren Gefühle und Bedürfnisse zu vermitteln, um herauszufinden, wem etwas an mir liegt und wem nicht. Dann wüsste ich, welche Beziehungen es wert sind. Dafür müsste ich in der Lage sein, besser mit meiner Verletzlichkeit umzugehen, und lernen, mehr anzunehmen.«

»Wie kann ich so mit dem Leben umgehen, dass darin zum Ausdruck kommt, was für ein wertvoller und starker Mensch ich bin und dass ich Gutes verdient habe? Welche neuen Fertigkeiten und Fähigkeiten muss ich herausbilden, um mich so zeigen zu können?«

Zum Beispiel: »Ich könnte meine Erwartungen höher schrauben und anfangen, das anzugehen, was ich wirklich will und brauche. Dafür müsste ich lernen, mehr vom Leben zu verlangen und mir Größeres vornehmen als bisher. Und auch mehr, als es den Frauen meiner Familie bisher möglich war.«

Vorschläge zur Selbstfürsorge
(Setzen Sie täglich mindestens zwei davon um.)

1. **Trinken Sie viel reines, sauberes Wasser** – als symbolische Geste, mit der Sie schädliche Angewohnheiten aus Ihrem Leben spülen.
2. **Nehmen Sie gesunde, herz- und nahrhafte Lebensmittel** voller Vitalkraft und Liebe zu sich.
3. **Lüften Sie gut durch**; erfüllen Sie Ihr Zuhause mit frischer Luft, viel Licht, schönen Blumen und wohlriechenden Dingen.
4. **Gehen Sie über sich hinaus und probieren Sie täglich etwas aus**, was verdeutlicht, dass Sie ein wertvoller, starker, intelligenter, gütiger Mensch sind und dass Sie es verdient haben, zu lieben und geliebt zu werden.
5. **Legen Sie Musik auf, die Sie mögen, und tanzen Sie**; drücken Sie dabei all Ihre Emotionen aus.
6. **Legen Sie drei Listen an.** Die erste enthält zwanzig Dinge, über deren Verlust Sie sich seit dem Ende der Beziehung freuen (zum Beispiel sein allnächtliches Schnarchen). In der zweiten Liste notieren Sie sich zwanzig Punkte, die jetzt besser sind als während der Beziehung (zum Beispiel dass Sie jetzt mehr Zeit für Ihre Hobbys haben). Und drittens stellen Sie zwanzig Möglichkeiten zusammen, wie Sie die Enttäuschung, die hinter Ihnen liegt, zum Besten machen können, was Ihnen je passiert ist (dass Sie jetzt beispielsweise endlich eine erwachsene Frau werden, die sich keine Vorschriften mehr machen lässt).

Hinweis für Paare, die das Programm gemeinsam durchführen: Bei diesem Schritt Ihres »Conscious-Uncoupling«-Programms werden Sie sich über Ihre Erkenntnisse und Durchbrüche austauschen wollen, die die Dinge zwischen Ihnen allmählich zum Abschluss bringen und Ihnen künftig größere Autonomie ermöglichen. Dieses Mitteilungsbedürfnis sollte jedoch nicht von dem Wunsch gespeist werden, Ihrem Ex wieder näherzukommen (obwohl dies paradoxerweise durchaus ein Nebenprodukt der gemeinsamen Durchführung des Programms sein kann). Der einzige Grund für die Unterhaltung besteht darin, dass Sie sich selbst aus der Gefahr befreien, beim nächsten Partner die Geschichte Ihrer Ursprungswunde ein weiteres Mal durchzuspielen.

Wohlbemerkt: Dabei spreche ich von Ihnen und nur von Ihnen. In dieser Hinsicht ist jeder allein für sein Wachstum verantwortlich; keiner sollte versuchen, den anderen wieder hinzubiegen, oder sich verpflichtet fühlen, dem Gegenüber seine mangelnde Entwicklung zu spiegeln. Deshalb sollten Sie, jeder für sich, absolut ehrlich und offen sein, was die eigenen Schwächen, blinden Flecken oder falschen Beweggründe angeht, und um der Rettung Ihrer Seele willen ruhig auch einen Gesichtsverlust riskieren. Machen Sie sich klar, dass nicht Ihr Ex es kapieren muss. Vielmehr müssen *Sie* es begreifen, um endlich frei sein zu können.

Ich empfehle, dass Sie sich jeden Ratschlag oder auch nur ein Feedback verkneifen, es sei denn, Sie werden ausdrücklich darum gebeten. Stattdessen bleiben Sie ganz bei sich und kehren vor Ihrer eigenen Haustür. Nachdem Sie sich beide ausgesprochen haben, danken Sie einander für Ihre Offenheit und den Mut zur Wahrheit. Wichtig ist, dass Sie die verschiedenen Perspektiven zulassen – wissend, dass nicht alles zwischen Ihnen geklärt werden muss. Versuchen Sie nach Kräften, die Konflikte, die nicht gelöst werden können, einfach so stehen zu lassen. Werten Sie sie als Ausdruck der Weisheit des Lebens, das Sie beide jetzt in unterschiedliche Richtungen führt. Machen Sie sich klar, dass dieses Gespräch nicht nur dazu dient, Sie reifen und aus Ihren bisherigen Verhaltensmustern herauswachsen zu lassen; es bietet auch die Chance, zwischen Ihnen und Ihrem Ex ein gewisses Wohlwollen wiederherzustellen und einander für zukünftige Beziehungen von Herzen alles Gute zu wünschen.

Schritt vier: Sie werden zum Alchemisten der Liebe

»Sobald ich mein Herz verschließe, fehlt es mir.«
JEFF BROWN

Im vierten Schritt Ihres »Conscious-Uncoupling«-Programms erleben Sie sich als die unbezähmbare Naturgewalt, die Sie sind: bestens gerüstet, für sich eine positive Zukunft zu erschaffen, so hart die Zeiten für Sie bislang auch gewesen sein mögen. Denn an diesem Punkt können Sie Entscheidungen treffen und Schritte einleiten, die Sie aus den leidvollen Verhaltensmustern der Vergangenheit herausführen und die Dynamik zwischen Ihnen und Ihrem Ex so verändern, dass es Ihrer Wertigkeit und Stärke gerecht wird. Dadurch erlauben Sie der Beziehung, eine andere Form anzunehmen, in der sich ihr volles Potenzial realisieren kann. Sie stellen sicher, dass Ihr neues Leben um Welten besser wird als das, von dem Sie sich gerade lösen.

Im vierten Schritt werden Sie:
- die Liebe bewahren, die Sie ursprünglich zusammengebracht hat, indem Sie sowohl das wertschätzen, was Sie gerade verabschieden, als auch das Neue, das Sie erschaffen. Sie tun dies in dem Wissen, dass alle Stadien Ihrer Beziehung es wert sind, anerkannt, respektiert und gewürdigt zu werden,

- sich in aller Klarheit für eine positive Zukunft entscheiden; diese feste Absicht wird Ihr Polarstern sein, an dem Sie sich orientieren, um die Trennung mit Redlichkeit, einer Vision und Stärke durchziehen zu können,
- herausfinden, wie Sie jeden Rest von Wut oder Verletztheit, der noch zwischen Ihnen stehen mag, auflösen und mit einem klaren Schnitt in das nächste Kapitel Ihres Lebens starten können, so zu kommunizieren lernen, dass Sie in die Lage versetzt werden, für die Zukunft eine gesündere Dynamik zu erschaffen.

Die Demontage eines Beziehungs-Zuhauses kann genauso anstrengend sein, als würden Sie die Wände, Fußböden und Decken Ihrer Wohnung einreißen. In beiden Fällen fühlt man sich den brutalen, aggressiven Elementen des Lebens schutzlos ausgeliefert. Und während diese Demontage noch in vollem Gange ist, werden von Ihnen Entscheidungen verlangt, die Ihr Leben und das Ihrer Lieben womöglich jahrzehntelang beeinflussen. Kein Wunder, dass unter diesen Umständen eine Trennung oft zu einem feindseligen, brachialen Prozess voller Machtkämpfe und Maulwurfshügeln wird, die sich schnell zu einer gewaltigen Gebirgskette auswachsen.

Im schlimmsten Fall endet die Beziehung wie durch eine Abrissbirne, die wie wild durch Ihre Wohnung fegt und alle frühere Liebe und Zuneigung restlos zerstört. Schäden, die bei einer solchen Explosion von Hass und Wut entstehen, sind äußerst schwer zu beheben. Beim gemeinsamen Auseinandergehen lassen wir es deshalb gar nicht erst so weit kommen. Stattdessen werden Sie die Liebe, die Sie und Ihren Ex seinerzeit zusammengeführt hat, bewusst schützen und alles gemeinsam Aufgebaute als einen wertvollen Ausgangspunkt für die Überführung der Beziehung in eine gesündere neue Form nutzen.

Wer der Tendenz nachgibt, um sich zu schlagen, alles niederzumachen und die frühere Verbundenheit rundheraus zu verleugnen, um besser mit dem Verlust klarzukommen, zahlt dafür einen hohen Preis. Eine frühere Liebe niederzumachen, ist so, als würde man die Sonne anschnauzen, wenn sie abends untergeht, oder behaupten, der schöne Garten, der in ihrem Licht entstanden ist, sei nichts als ein Haufen billiger Dekopflanzen. Die Gefahr einer solchen Perspektive besteht darin, dass sie einen dazu verleitet, die Jalousien nie wieder hochzuziehen, weil man fürchtet, das Licht, das sie hereinließen, könnte nicht real sein. Doch wenn Sie nicht gerade auf einen Hochstapler hereingefallen sind, der Sie um Ihr Vermögen gebracht hat, *war* das, was Sie miteinander hatten, real. Einer von Ihnen (oder auch Sie beide) hat vielleicht Fehler gemacht, in denen sich fatale Schwächen offenbaren, die Sie zuvor nicht bemerkt oder heruntergespielt haben. Das heißt aber nicht, dass die ganze Beziehung null und nichtig gewesen wäre. Denn die Liebe lässt sich nun einmal nicht allein daran messen, wie lange sie gehalten hat.

Die meisten von uns tun sich schwer mit dieser Komplexität. Da wir ja dazu neigen, alles nur schwarz oder weiß zu sehen, fällt es uns nicht gerade leicht, die guten Zeiten auch noch während der schlechten in Ehren zu halten. Beides wertzuschätzen – sowohl die früheren Gemeinsamkeiten als auch das zu erschaffende Künftige –, setzt Entschlossenheit und Disziplin voraus. Doch einer solchen Gewissenhaftigkeit bedarf es nun einmal, wenn Sie nach einem Liebeskummer die Grundlagen einer gesunden, glücklichen Zukunft für sich und andere erschaffen wollen. Wenn sich Ihr Ex für den scheinbar leichteren Weg entscheidet, indem er Sie und die Liebe abwertet, die Sie einst verband, dann distanziert er sich. Das heißt nicht, dass Sie seinem Beispiel folgen sollten. Manchmal muss man – auch in der Liebe – neue Wege gehen, selbst wenn es größerer

Anstrengungen bedarf, und Raum schaffen, damit sich andere einem anschließen können.

Zukunft? Welche Zukunft?

In Begleitung meiner Freundin Price zog ich mit dreißig als aufstrebende Singer-Songwriterin von New York nach Los Angeles. Wir luden unsere Siebensachen auf einen Lkw und machten uns auf den – knapp fünftausend Kilometer weiten – Weg. Unterwegs legten wir zahlreiche Zwischenstopps ein, um mit anderen Truckern Biscuits and Gravy zu futtern, kleine Brötchen mit Soße und Würstchen.

> *»Jeden Abend gebe ich meine Sorgen an Gott ab.*
> *Der bleibt ja sowieso die ganze Nacht über wach.«*
> MARY C. CROWLEY

Doch auch nach meinem Umzug war ich noch oft in meiner alten Heimat. In der Zeit schlüpfte ich bei meinen glücklich verpartnerten Freunden Ralph und Richard unter. Immer wieder nach New York zurück führten mich musikalische Projekte, von denen ich mir viel versprach, die ich aber noch nicht zu Ende gebracht hatte – Texte, für die es noch keine Melodie gab, oder Lieder, die ich aufnehmen wollte. Während ich wochenlang das zweite Schlafzimmer von Ralph und Richard mit Beschlag belegte, kam ich schnell wieder in meinen alten New Yorker Rhythmus: Tagsüber schrieb ich, nachts waren Proben oder Aufnahmen. Die ungestörten, ruhigen Nachmittage, die ich in der Brooklyner Wohnung meiner Freunde verbrachte, nahm ich als reinen Luxus wahr. Anders als in dem trubeligen Leben, das ich mir in L. A. aufgebaut hatte, fand ich dort genau den Freiraum, den ich brauchte, um mich kopfüber in den kreativen Prozess des Songschreibens stürzen zu können. Bis heute bilden die Lieder, die in jenen kostbaren Wochen entstanden, den Soundtrack meines Lebens.

Interessanterweise fand ich mich mehr als zwanzig Jahre später, als ich mit dem vorliegenden Buch schwanger ging, genau in derselben Wohnung wieder; ich saß am selben Esstisch, von dem aus ich in denselben üppig grünen Park hinabschaute, vernahm dieselben Verkehrsgeräusche und überließ mich erneut einem kreativen Prozess: dem der Geburt des Manuskripts, das Sie nun in gedruckter und gebundener (oder elektronischer) Form in den Händen halten. Etwas aber hatte sich mittlerweile grundlegend verändert: Ralph und Richard lebten nicht mehr zusammen. Zwei Jahre zuvor hatten sie ihre Lebenspartnerschaft aufgelöst, und zwar leider weder gemeinsam noch in Freundschaft. Es war eine sehr schlimme Trennung. Nachdem sie mehr als dreißig Jahre so eng miteinander verbandelt gewesen waren, sah Richard wohl keine andere Chance, die Verbindung zu lösen, als durch einen klaren, brutalen Schnitt. Er hatte einen Neuen gefunden und ging einfach, praktisch nur mit einem Koffer. Alles andere ließ er in der Wohnung zurück. Die sah nun noch genauso aus, wie ich sie kannte: dieselben Bilder an den Wänden, dasselbe antike Mobiliar in den immer etwas überladen wirkenden Zimmern, dieselben Dekoartikel. Nur dass das, was einmal ein Zuhause war, zu einem Grab geworden ist, Ralphs trauriger Tribut an sein Leben mit Richard. Selbst die Fotos, die die beiden in glücklicheren Zeiten zeigen, stehen noch, hübsch gerahmt, in den Regalen. Das Ganze hatte etwas skurril Museales an sich.

*»Kennen Sie das? Kaum ist eine Wunde gerade mal
ein bisschen verheilt, und dann reißen Sie einfach den
Schorf ab, wieder und wieder?«*

ROSA PARKS

Damit will ich nicht sagen, dass Ralph keine Trauerarbeit leistete. Ganz im Gegenteil: Er betrauerte nicht nur den Verlust seiner Liebesbeziehung, sondern auch die vielen Jahre, in denen er weggeschaut und so getan hatte, als wüsste er von nichts, obwohl ihm innerlich längst alles klar war. Er trauert um all die Wochen, Monate und Jahre, die er sich geweigert hatte, den Mund aufzumachen, die richtigen Fragen zu stellen oder seine Erwartungen höherzuschrauben. Jahre des Hoffens, Wartens und Betens, dass sich etwas ändern möge ... das nenne ich mal einen Fall von falsch verstandenem positiven Denken. Diese Jahrzehnte seines Lebens kann ihm niemand zurückgeben, und wann immer er im Spiegel seine Falten sieht, wird ihm das auch klar.

In Ralphs Kopf gibt es für ihn keine strahlende Zukunft. Da gibt es nur eine strahlende Vergangenheit. Noch verschlimmert wird sein Kummer durch diese Wohnung, die zu einem Schrein für alles geworden ist, was er verloren hat. Sie versetzt ihn immer wieder in die Vergangenheit zurück und lässt so praktisch nicht den geringsten Raum für einen Neuanfang.

Ich verzichtete darauf, die ganzen Dinge, die ihn pausenlos an seine Vergangenheit erinnerten, in große Mülltüten zu stopfen und zur Wohlfahrt zu bringen, während er bei der Arbeit war. Das eine oder andere Teilchen hätte ich natürlich dagelassen, als Reminiszenz an die vielen gemeinsamen Jahre mit Richard, ein paar ausgesuchte Erinnerungsstücke, irgendwo liebevoll an einer speziellen Stelle aufbewahrt. Aber ich hätte auch Schubladen ausgeräumt, damit ein neuer schöner Mann das eine oder andere seiner T-Shirts hineinlegen konnte. Ich hätte ein paar hübsche Bilderrahmen für Fotos eines künftigen neuen Liebespaares gekauft. Und im Kleiderschrank hätte ich Platz geschaffen für die Anzüge des Lebenspartners in spe.

Aber zu entscheiden, was man für einen Freund tut oder besser nicht tut, kann manchmal ganz schön schwer sein.

An Dates mangelt es Ralph nicht, seit Richard weg ist. Aber keinen der Männer hat er so nahe an sich herangelassen, dass er sein Herz hätte berühren können. Eine Zeit lang war er mit einem Hundezüchter zusammen, der ebenfalls den Verlust seines Partners betrauerte; nach vierzigjähriger Beziehung war er zwei Jahre zuvor gestorben. Die Monate, die Ralph und er miteinander verbrachten, kamen meiner Meinung nach eher einer gemeinsamen Totenwache gleich, als dass sie ein Neuanfang waren. Danach verlief sich die Beziehung völlig undramatisch im Sande – kein Wunder, war sie doch nie sehr tief gegangen – und Ralph verschanzte sich wieder allein in seinem Denkmal für die verlorene Liebe.

> *»Ein Verlust ist die tiefgründigste Einführung in die Geheimnisse des menschlichen Lebens, eindringlicher und intensiver sogar als eine glückliche Liebe.«*
> DEAN INGE

Ich habe Ihnen diese Geschichte erzählt, um zu zeigen, was schiefgehen kann (und *wird)*, wenn man sich in den hypnotischen Sog der Vergangenheit hineinziehen lässt. Der Abschied von einer Liebesbeziehung ist nur äußerst selten ein organischer, sich von selbst ergebender Prozess. Da können Sie nicht einfach warten, bis Sie mal in Stimmung sind. Sich so von einer Beziehung zu lösen, dass Ihr Herz glücklich und leicht bleibt, offen und frei für eine neue Liebe, ist ein Entschluss, den Sie bewusst treffen müssen, tausend Mal am Tag: sich mit aller Kraft von der Vergangenheit abzuwenden und Ihre gesamte Energie auf die Erschaffung einer leuchtenden, positiven Zukunft zu richten. Dazu müssen Sie mehr Interesse für alles aufbringen, was von nun an möglich ist, als für das Herumdoktern an der Vergangenheit. Und mehr Wert auf einen harmonischen Übergang legen als auf das Erreichen kurzfristiger Ziele. Die Sicherheit, Integrität und das Wohlbefinden aller muss für Sie wichtiger werden als Ihr Bedürfnis, recht zu haben oder Rache zu nehmen. Sie müssen das Heraufdämmern einer positiven Zukunft bewusst betreiben, während Sie gleichzeitig das schmerzhafte Scheitern Ihrer Vorhaben von gestern verkraften. Es ist ein bisschen so, als würden Sie ein Flugzeug bauen, während Sie schon in der Luft sind – bestimmt nichts für schwache Nerven.

Doch den dazu nötigen Schwung verleiht Ihnen die Entschiedenheit Ihrer Vorsätze im Hinblick darauf, was an die Stelle des Alten treten soll. Wie eine Brücke zwischen den Welten können feste Absichten eine Zukunft gestalten helfen, die für alle Beteiligten positiv ist, und einen sicheren Übergang gewährleisten. Auf diese Weise können Sie den potenziell tödlichen Fehlern entgehen, die nur allzu leicht auch noch die letzten Reste gegenseitigen Wohlwollens zwischen den Partnern zerstören, während sie sich durch das Minenfeld der teilweise äußerst schwierigen Probleme kämpfen, die jetzt verhandelt werden müssen.

Freunde von mir, die Autoren Janet Bray Attwood und Chris Attwood, beschlossen, sich scheiden zu lassen, weil bestimmte Dinge nicht mehr zusammenpassten: Einerseits verband sie eine tiefe Freundschaft und große Liebe, andererseits stimmten sie, wie Janet sagt, »sexuell nicht mehr überein«. Was für beide eine bittere Enttäuschung darstellte.

Eines Tages beschlossen sie beim Abendessen, aus dieser neuen Phase ihrer Beziehung keine Tragödie zu machen, sondern eine

Chance. Gemeinsam fassten sie den Vorsatz, etwas zu versuchen, wofür sie keinerlei Vorbild hatten: Sie wollten beste Freunde bleiben und einander auch weiterhin unterstützen. Für den Fall, dass einer von ihnen eine neue Liebe fand, versprachen sie sich, damit klarzukommen, ohne ihre Verbundenheit aufs Spiel zu setzen.

Etliche Jahre später sollte sich herausstellen, dass diese Absicht von weit größerer Bedeutung war, als sie ursprünglich gedacht hätten: Janet bekam die Gelegenheit, sich beruflich mit zwei höchst erfolgreichen Bestsellerautoren zusammenzutun. Und weil Chris ihr bester Freund war, berichtete sie ihm als Erstem von dieser Chance. Woraus sich ergab, dass auch er an dem Projekt beteiligt wurde. So entwickelte sich die Freundschaft zwischen Janet und ihm zu einer geschäftlichen Partnerschaft weiter. Dies war der Anfang einer Reise, die sie beide zu Bestsellerautoren machte und eine weltweite Bewegung in Gang setzte, in deren Mittelpunkt ihr Buch *Passion Test. Entdecken Sie Ihre Leidenschaften* steht.

Als Chris kurz darauf Doris traf, mit der er heute verheiratet ist, wurde der Vorsatz, den er und Janet gefasst hatten, auf eine ernste Probe gestellt. Denn dass die beiden beruflich so eng miteinander verbandelt waren, gefiel Doris gar nicht. Es kam zu Spannungen. Und Janet musste sich alle Mühe geben, um Doris davon zu überzeugen, dass sie keine Bedrohung für ihre Beziehung zu Chris darstellte. Doch die ganzen Anstrengungen zahlten sich aus. Denn nicht nur, dass heute, ein Jahrzehnt später, er und Janet nach wie vor erfolgreich zusammenarbeiten; auch sind sie und Doris mittlerweile eng befreundet, und Janet ist die Patin der drei tollen Kinder, die aus Chris' zweiter Ehe hervorgegangen sind. Der Vorsatz, den Janet und er gefasst hatten, war für sie in der Tat wie der Polarstern, an dem sie sich auf ihrem Weg in eine zunächst unvorhersehbare, dann aber ausgesprochen positive Zukunft orientieren konnten. Mit all ihren Entscheidungen und ihrem Handeln gelang es ihnen, eine »Trotz-allem-glücklich-bis-ans-Lebensende«-Lösung zu finden, von der alle Beteiligten profitierten.

Peilen Sie eine für alle positive Zukunft an

Unabhängig davon, ob Sie beide beschließen, Freunde zu bleiben, wie Janet und Chris es getan haben, oder nicht: Der Vorsatz, Fairness, gegenseitiges Wohlwollen, Großzügigkeit walten zu lassen und den Bedürfnissen der Kinder gerecht zu werden, verspricht, Sie mit einer besonderen Energie in die Zukunft zu geleiten. Sie ist so stark wie die, die es braucht, diesen Vorsatz zu fassen. Statt sich planlos auf beängstigend unbekanntes Terrain stoßen zu lassen, nehmen Sie Ihre Zukunft mithilfe dieses Vorsatzes selbst in die Hand und können das Bestmögliche daraus machen. Wie genau diese Zukunft aussehen soll und was Sie dafür alles tun müssen, wissen Sie momentan vielleicht noch gar nicht im Einzelnen. Aber allein dadurch, dass Sie an einer erstrebenswerten Vision festhalten, setzen Sie eine Dynamik in Gang, die diese über kurz oder lang Wirklichkeit werden lässt. Wie ein Freund von mir, Reverend Dr. Michael Beckwith, gern sagt: »Der Schmerz drückt so lange, bis die Vision anfängt zu ziehen.« Die Ausrichtung auf das Optimum stellt für Sie, wie ich nur noch einmal wiederholen kann, den Polarstern dar, an dem Sie sich auch in der dunkelsten Nacht orientieren können, während Sie sich von Ihren guten Vorsätzen in eine herrliche Zukunft leiten lassen.

Gute Vorsätze für ein gemeinsames Auseinandergehen beruhen auf den folgenden drei Faktoren:

1. **Sie müssen sich auf die Zukunft beziehen.** Nehmen Sie sich nicht vor, wieder so Freunde zu werden, wie Sie es vor Ihrer

Liebesbeziehung waren. Und versuchen Sie auch nicht, jetzt endlich all die ungelösten beziehungsweise unlösbaren Probleme zwischen Ihnen zu bereinigen. Vielmehr sollten Sie sich ganz darauf konzentrieren, neue Wege im Umgang miteinander zu finden.

Zum Beispiel: »Wir haben die feste Absicht, eine Atmosphäre von gegenseitiger Wertschätzung, Respekt und Großzügigkeit zu erschaffen, die unserer Tochter eine gute Beziehung zu jedem von uns ermöglicht.«

2. **Sie müssen positiv formuliert werden.** Sie sollten sich zum Beispiel nicht vornehmen, dass Sie künftig weniger streiten oder nicht mehr so kleinlich sind. Treffen Sie vielmehr eine positive Aussage.

Zum Beispiel: »Ich nehme mir ganz fest vor, meinem Ex mit so viel Wohlwollen und Großzügigkeit zu begegnen, dass wir uns gut zusammen in einem Raum aufhalten können und auch unsere erwachsenen Kinder sowie gemeinsame Freunde gern in unserer Gesellschaft sind.«

3. **Sie sind von einer edlen Sinnhaftigkeit durchdrungen, die Sie inspiriert, über sich hinauszuwachsen, um diesen Vorsätzen treu zu bleiben.** Uninspirierte Absichten – zum Beispiel das Ziel, ein bisschen besser miteinander klarzukommen, oder der Versuch, etwas netter zueinander zu sein – würden schnell verpuffen und wären bald vergessen. Ein Vorsatz, der Sie antreibt, das Beste aus sich herauszuholen, kann dagegen wahre Wunder bewirken.

Zum Beispiel: »Wir haben ganz fest vor, das Unsrige zu einer größer werdenden und sich entwickelnden Familie beizutragen, die unseren neuen Rollen gerecht wird und sowohl uns beiden als auch den Kindern eine Zukunft sichert, in der Wohlbehagen, gegenseitige Unterstützung und Glück herrschen.«

Nehmen Sie sich jetzt etwas Zeit, um den Vorsatz einer positiven neuen Zukunft für sich, Ihren Ex und alle zu fassen, auf die sich Ihre Trennung ebenfalls auswirkt. Er sollte kurz und knapp sein, sodass Sie ihn sich auch in emotional aufgeladenen Situationen leicht in Erinnerung rufen können. Denn je intensiver Sie in solchen Momenten an Ihrem Vorsatz festhalten, desto vernünftiger werden Sie sich während des Prozesses verhalten können. Und je vernünftiger Sie sich verhalten, desto größer wird die Wahrscheinlichkeit, dass sich Ihre Vision realisiert.

Sollten Sie dieses Programm mit Ihrem Ex zusammen durchführen, können Sie ihm gern von Ihren Vorsätzen berichten und ihn auch bitten, sich Ihnen anzuschließen. Doch für den Fall, dass er einwilligt, möchte ich Sie warnen: Achten Sie darauf, dass Sie nicht anfangen, einander zu kontrollieren, was die guten Absichten betrifft. Bleiben Sie ganz bei sich und betrachten Sie die Realisierung Ihrer Vision als je eigene Aufgabe. Nicht, um den anderen aus der Verantwortung zu entlassen, sondern weil Sie allein auf Ihre persönliche Stärke vertrauen sollten, unabhängig von Ihrem Gegenüber und ohne sich von irgendjemandem Vorschriften machen zu lassen. Vergessen Sie nie: Güte ist ansteckend. Und an Gemeinheiten oder Kleingeist festzuhalten, wird dem anderen umso schwerer fallen, je aufmerksamer, respektvoller und großzügiger Sie sich ihm oder ihr gegenüber verhalten.

Sollte Ihr Ex nicht bereit sein, sich Ihren guten Vorsätzen anzuschließen, empfehle ich, dass Sie sie trotzdem nicht aufgeben; dass Sie auch weiterhin auf ein Wunder zwischen Ihnen vertrauen und ein Vorbild bleiben, an dem sich alle Beteiligten orientieren können.

Hinweis: Sollte von Ihrem Ex eine ernsthafte Bedrohung ausgehen, hat er keinen Platz mehr in Ihrem Leben. In diesem Fall empfehle ich, dass Sie sich an die Polizei wenden, die Sie und gegebenenfalls auch Ihre Kinder beschützen kann. Unter solchen Umständen besteht eine angemessen gute Zukunft darin, dass Sie (und alle anderen Betroffenen) nach der Trennung in Sicherheit sind, gesund bleiben und sich ungestört weiterentwickeln können.

Fragen Sie sich:
»Was hat mir die Beziehung gegeben, das ich würdigen, schätzen und wofür ich dankbar sein kann?«
Zum Beispiel: »Ich habe die Musik entdeckt und meine Liebe zur Natur. Meine Attraktivität ist mir bewusst geworden und ich habe meinen persönlichen Wert erkannt.«

»Welche tolle neue Zukunft kann ich mir erschaffen – nun, da ich mich von meinen früheren Plänen verabschiedet habe?«
Zum Beispiel: »Ich habe fest vor, dafür zu sorgen, dass wir beide als stärkere, innerlich bereicherte Persönlichkeiten aus unserer Beziehung hervorgehen und besser als früher in der Lage sind, zu lieben und geliebt zu werden.«

»Was tue ich als Nächstes, um auf diese Zukunft hinzuarbeiten? Welche Schritte beziehungsweise Entscheidungen wären dafür hilfreich?«
Zum Beispiel: »Ich könnte meinen Exmann und seine neue Freundin zum Thanksgiving-Dinner bei mir und den Kindern einladen«, »Ich könnte für meine Verflossene beten und sie in Gedanken segnen« oder »Ich muss mich ja nicht sklavisch an die ausgehandelten Bedingungen des Umgangsrechts halten, sondern kann die Kinder ihren Dad so oft sehen lassen, wie sie es sich wünschen«.

»Im Leben können Sie sich entweder von den äußeren
Umständen leiten lassen oder von einer Vision.«
WERNER ERHARD

Auf dem Weg in eine transformierte Zukunft

Die alte Kunst der Alchemie suchte nach Möglichkeiten, aus Blei Gold zu machen. Und den Künstler, der zu einer solchen radikalen Transformation anregt, nennt man Alchemist. Die Alchemie sowie die Annahme, auf der sie beruht – bei unedlen Metallen handele es sich einfach um weniger entwickelte Formen von Gold –, sind schon lange von den moderneren, ausgefuchsteren naturwissenschaftlichen Erkenntnissen abgelöst worden, für die meisten zumindest. Doch 1980 verblüffte der Chemiker und Nobelpreisträger Dr. Glenn Seaborg die Welt und sogar die aufgeschlossensten, progressivsten Naturwissenschaftler mit der tatsächlichen Transmutation einer winzigen Menge von Bismut zu Gold.[39] Entscheidend für diesen Erfolg war, dass er der Mischung nichts hinzufügte (wie es sich die Alchemisten vorgestellt hatten), sondern die brillante Idee hatte, etwas wegzunehmen. Und zwar drei der zweiundachtzig Bismutprotonen, die in einer Kernreaktion freigesetzt werden.

»Weine. Vergib. Lern etwas. Und zieh weiter.
Benetze die Samen deines künftigen Glücks
mit der Flüssigkeit deiner Tränen.«
STEVE MARABOLI

Dies ist eine passende Metapher für all jene von uns, die den ätzenden Kummer ihrer Trennung zu einem positiven, lebensbejahenden Wendepunkt machen wollen. Am Anfang der meisten Transformationen steht nichts, was hinzugefügt würde, sondern der freiwillige Verzicht auf etwas. Sobald Sie den Vorsatz eines radikalen Sinneswandels fassen, merken Sie, was Sie alles aus Ihrem Leben verabschieden müssen, um dieses Ziel zu erreichen. Den bittern Groll, der Ihnen ein Loch in den Magen zu fressen scheint, wann immer Sie seinen Namen hören. Die ursprüngliche, unverheilte Wunde, nicht so wahrgenommen, geschätzt oder gemocht worden zu sein, wie Sie es gebraucht hätten. Das Entsetzen, das Sie packt, wenn Sie an die verhängnisvollen Entscheidungen denken, die Sie getroffen haben. Oder der Nachhall unfreundlicher Worte, die nie mehr zurückgenommen werden können und immer noch zwischen Ihnen und Ihrem Ex stehen.

Versöhnlichkeit ist weniger ein Gefühl als eine Entscheidung, die Sie aus Ihrem stärksten, gesündesten Punkt heraus treffen. Eine Perspektive, die Sie einnehmen. Eine Haltung, die Sie sich zur Gewohnheit machen. Und ein Bekenntnis zum Leben, das Sie inmitten von Zerstörung, Tod und Sterben ablegen. In diesem Moment fragen Sie sich vielleicht noch, ob es nicht leichter wäre, aus Blei Gold zu machen, als das Unverzeihbare zu vergeben und aus der Asche Ihrer verlorenen Liebesbeziehung Wohlwollen für den Ex entstehen zu lassen. Ich vermute jedoch, dass ein Teil von Ihnen auch neugierig darauf ist, wie es nach dieser Katastrophe wohl wäre, wenn Sie auf den weisesten, am weitesten entwickelten Teil von sich hören würden. Oder wie es sich anfühlen mag, auf die Enttäuschung mit einer Vision zu reagieren statt sich zum Opfer zu erklären. Wir alle haben tief in unserem Inneren einen edlen Nelson Mandela sitzen. Und jeder, der einmal ein Friedenssymbol an einer Kette um den Hals getragen oder im Stau John Lennons Zeile »All we are saying is give peace a chance« mitgesungen hat, glaubt zumindest an das Ideal einer besseren Lösung.

»Vergessen wir nie, dass sich jeder daran messen lassen muss, wie er mit Leuten umgeht, von denen er nichts, aber auch gar nichts Gutes zu erwarten hat.«

ANN LANDERS

Auf den ersten Blick scheint das viel zu schwer und wider die Natur, die uns scheinbar auf Krieg programmiert hat. Die Erfahrung, zum Opfer geworden zu sein, übernimmt das Ruder und verlangt nach Rache. Ein japanisches Sprichwort lautet: »Erst während der Scheidung lernst du deine Frau richtig kennen.« Es verweist auf die radikale Persönlichkeitsveränderung, zu der es kommen kann, wenn jemand im Zuge einer Trennung sein emotionales Zuhause verliert. Wie wahnsinnig leicht benimmt man sich mies nach dem Tod einer Liebe! Plötzlich verschwindet der anständige Mensch, für den Sie sich immer gehalten haben, und Sie bekommen es mit der latent wahnsinnigen Person zu tun, die auch in Ihnen steckt. Wider jede Vernunft in die Fänge moralisch mehr als fragwürdiger Fantasien von gemeinen, blutrünstigen Vergeltungs- und Racheakten geraten, sehen Sie sich dem ultimativen Lackmustest Ihres Charakters gegenüber. Wer wollen Sie jetzt sein? Auf welchen Teil Ihres Selbst hören Sie als Reaktion auf die erlittenen Verletzungen? Das sind die Fragen, mit denen Sie jetzt konfrontiert sind. Und mit den Folgen der Antworten, die Sie darauf finden, werden Sie von nun an leben müssen.

Wenn Sie betrogen, verlassen oder getäuscht wurden, müssen Sie davon ausgehen, dass Sie Wut empfinden. Dafür spricht einfach die Biologie. Aber Sie können auch beschließen, mit Anstand, Selbstachtung und Integrität zu reagieren. Das wäre eine bewusste Antwort. Was es Ihnen nach einer solchen Verletzung ermöglicht, sich derart würdevoll zu verhalten? Das ist die ebenso simple wie gutherzige Entscheidung, den Schlag einzustecken, die Lektionen, die sich dahinter verbergen, zu lernen und den Schmerz loszulassen, statt sich ihm hinzugeben und Ihre Wut auszuleben.

Um diese tief greifende Befreiung erreichen zu können, müssen Sie zunächst bereit sein, das Narrativ des Unrechts, in das Sie gesetzt wurden, etwas abzuschwächen. Wir alle haben unsere Geschichten, und die meisten stecken so voller verzerrter Interpretationen der Geschehnisse, dass es schwer ist, »meine Wahrheit« von »*der* Wahrheit« zu unterscheiden. Die Story, die Sie sich und anderen über die Trennung auftischen, enthält eine Menge Annahmen, die nicht unbedingt der Realität entsprechen. Jeder x-beliebige Kriminalkommissar wird Ihnen bestätigen, dass keine zwei Augenzeugen eines Verbrechens die gleiche Aussage machen, auch wenn beide sich redlich Mühe geben, die Ereignisse wahrheitsgemäß wiederzugeben.

Das menschliche Begriffsvermögen ist nun einmal höchst subjektiv und das gilt umso mehr für das Gedächtnis. Wie neuere Studien bestätigen,[40] erzählen wir unsere Geschichten in der Regel nicht so, wie sie sich abgespielt haben, sondern gefiltert durch die interpretative Linse eines vorgefertigten Weltbildes. Nehmen Sie Ihre Schlussfolgerungen also nicht allzu ernst. Wenn Sie darauf bestehen, die Geschichte Ihrer Trennung aus der Opferperspektive zu betrachten, indem Sie Ihren Ex zum Bösewicht machen und sich selbst mit einem Heiligenschein versehen (oder auch umgekehrt), entgeht Ihnen mit größter Wahrscheinlichkeit etwas sehr Wichtiges. Nicht zuletzt vielleicht der Beitrag, den Sie selbst zum Lauf der Dinge geleistet haben (oder der andere). Um wirklich frei zu werden, müssen Sie mit der ständigen Grübelei aufhören, wer wem was angetan hat, und anfangen, nicht nur sich, sondern auch Ihrem Ex die vielen Fehler zu verzeihen, zu denen es während der Beziehung gekommen ist.

Vergebung

Meine liebe Freundin Marianne Williamson, die Autorin des Bestsellers *Verzauberte Liebe*, schreibt in *Ein Jahr in Wundern*:

> *»Alles reduziert sich auf die Frage: Woran glaube ich? Glaube ich an das Lieblose, das mir ein anderer angetan hat, oder vertraue ich auf die ewig währende Liebe, die alles korrigiert? Indem ich mich der Beschlagnahme durch dein Tun entziehe, kann, was du getan hast, keinen Einfluss mehr auf mich nehmen. Ich setze mein Vertrauen in etwas anderes. Das ist das Wunder der Vergebung.«*
>
> MARIANNE WILLIAMSON

In dem Maße, in dem Sie an Ihrem Groll festhalten, fesseln Sie Ihre Seele an ihren Peiniger und überlassen es seiner Gnade, ob er Ihnen die Freiheit schenkt – oder auch nicht. Genauso gut könnten Sie Ihre persönliche Kraft in ein Kästchen packen und es mit einer Schleife versehen der Person aushändigen, die schon längst bewiesen hat, dass sie weder Ihr Vertrauen verdient noch Ihre Zuneigung.

Als Jesus uns anhielt, für unsere Feinde zu beten, tat er das nicht etwa, weil nette Christen das eben so machen. Vielmehr wollte er uns lehren, spirituelle Meister zu werden. Uns zeigen, wie man der Versuchung widersteht, aus den niedersten Impulsen heraus zu reagieren und sich dadurch selbst zu einem schlechteren Leben zu verurteilen. Er forderte uns auf, zu Kräften des Guten und der Liebe in der Welt zu werden, was uns auch widerfahren mag. Das ist persönliche Kraft. Und das heißt es, ein Alchemist der Liebe zu sein.

Wenn Sie sauer sind, werden Sie Ihre Gründe dafür haben. Nichts ist verkehrt daran, in eine Geschichte der Opferlogik und der Vorwürfe hineinzurutschen. Das ist nur allzu menschlich. Sie wachen morgens schon mit dieser Geschichte auf und werden womöglich den ganzen Tag über von ihr begleitet. Die Aufgabe besteht nun darin, sich selbst auf eine höhere Ebene zu katapultieren. Und hier kommt die spirituelle Praxis ins Spiel. Am besten greifen Sie jetzt die Übung zum zweiten Schritt wieder auf, denn sie kann Ihnen helfen, sich ganz auf das zu konzentrieren, worauf es im Moment ankommt – auf *Sie und Ihre persönliche Transformation*.

Eine der weltweit bedeutendsten Glücks-Expertinnen, Marci Shimoff, die Autorin des Bestsellers *Glücklich ohne Grund*, eine gute Freundin von mir, hat mir eine Übung nahegebracht: Mit deren Hilfe schaffte sie es, im Prozess ihrer Scheidung zentriert und stark zu bleiben. Ursprünglich stammt sie von der verstorbenen Reverend Roberta Herzog[41] und beruht auf der Passage im Vaterunser, in der Gott gebeten wird, »uns unsere Schuld« zu vergeben, »wie wir vergeben unseren Schuldigern«. Wenn wir verzeihen und auch selbst um Vergebung bitten, können wir die negative Dynamik der Situation neutralisieren und unser Schicksal wieder selbst in die Hand nehmen.

Die folgende Visualisierungsübung führen Sie zwei Wochen lang zweimal täglich durch, sowohl morgens nach dem Aufstehen als auch unmittelbar vor dem Zubettgehen. Dadurch wird Ihnen das Herz auf beinahe magische Weise immer leichter. Denn während Sie der anderen Person vergeben, befreien Sie sich zugleich selbst von Ihrem Leid.

Visualisierung zur Versöhnung

Setzen Sie sich und schließen Sie die Augen. Stellen Sie sich die Person, der Sie verzeihen möchten, mit einem glücklichen Lächeln auf dem Gesicht vor. Und sagen Sie dann laut:

> »(Der Name Ihres Ex), ich vergebe dir alles, was du je gesagt oder getan hast, und sei es auch nur in Gedanken, womit du mich verletzt hast. Davon bist du jetzt frei. Und ich bin es auch.
> Und (Name Ihres Ex), ich bitte dich, mir gleichfalls alles zu vergeben, was ich je gesagt oder getan habe, und sei es auch nur in Gedanken, womit ich dich verletzt habe. Davon bist du jetzt frei. Und ich bin es auch.
> Danke, Gott (Universum, höheres Wesen oder Leben), für die Gelegenheit, (Name Ihres Ex) und auch mir zu vergeben.

Wenn Sie sauer sind, sollten Sie nicht ins Grübeln geraten, sondern lieber versuchen, Ihre Aufmerksamkeit auf etwas Konstruktives zu richten. Sie sollten herausfinden, was genau sich da gerade in Ihnen regt. Betrachten Sie Ihre Wut als die ungezähmte Energie des Wandels und fragen Sie sich, welche Haltung Sie annehmen können, um die Durchschlagskraft Ihres Zorns etwas abzumildern. Wut stellt eine Aufforderung dar: die dringende Aufforderung, sich klarzumachen, was man auch weiterhin tolerieren möchte – und was definitiv nicht mehr. So umgeleitet kann der Zorn zum besten Freund des Menschen werden.

Eine andere, sehr wirkmächtige Übung, die Sie durchführen können, sobald Sie in Rage geraten – vor allem sich selbst gegenüber –, ist das alte hawaiianische Gebet *Ho'oponopono* (»in Ordnung bringen«). Ausgehend von der Überlegung, dass Zorn sowohl körperlich als auch psychisch krank macht, geht es bei dieser Übung darum, den Geist zu reinigen und negative Emotionen zu besänftigen. Außerdem hilft sie dabei, etwaige Racheimpulse zu überwinden und so aus der Aggressionsspirale herauszukommen.

Wenn Sie es sind, der Ihrer Gnade am meisten bedarf, können Sie die *Ho'oponopono*-Übung auch gern für sich selbst machen.

Legen Sie eine Hand auf Ihr Herz; dann nennen Sie sich freundlich beim Namen und sprechen das Gebet stumm, als fände jede seiner Aussagen den direkten Weg zum Kern Ihrer selbst.

Ho'oponopono-Übung

1. **Erkennen Sie, was Sie stört.** Erinnern Sie sich an eine Szene, die Sie immer noch (ver)stört und die Sie Ihrem Ex und/oder sich selbst weiterhin verübeln.
2. **Lassen Sie Ihre Gewissheit los.** Seien Sie bereit, einzuräumen, dass Sie nicht hundertprozentig sicher sind, was da tatsächlich geschehen ist. Betrachten Sie Ihren gegenwärtigen Stand der Erkenntnisse als korrekt, aber nicht allumfassend. Machen Sie sich klar, dass es neben Ihrer Interpretation jener Szene noch andere gibt, die genauso richtig sind; versuchen Sie nach Möglichkeit, alle denkbaren Perspektiven in Ihre Überlegungen einzubeziehen.
3. **Wiederholen Sie das Ho'oponopono-Gebet.** Sagen Sie die folgenden Worte mit Demut und dem Wunsch, alles in Ordnung zu bringen, so oft Sie mögen:
   Ich liebe dich.
   Es tut mir leid.
   Bitte vergib mir.
   Danke.

Sich selbst zu vergeben, setzt zumeist einen Akt der Reue voraus, der zur Wiedergutmachung begangenen Unrechts beiträgt.[42] Deshalb überlegen Sie jetzt wahrscheinlich, was Sie tun können: sich entschuldigen, eine Entschädigung anbieten oder versprechen, künftig mehr Selbstachtung und Eigenliebe an den Tag zu legen. Sobald Sie klar erkannt haben, was zu tun ist, um das Unrecht auszugleichen, werden Sie in Aktion treten wollen, denn ohne einen Akt der Reue ist Selbstvergebung praktisch unmöglich.

Beim Verzeihen geht es nicht um die Billigung schlechten Verhaltens. Und auch nicht darum, jemanden wieder in Ihr Leben zu lassen. Genau gesagt geht es beim Verzeihen überhaupt nicht um eine andere Person. Es geht ausschließlich um *Sie* – um Ihre Entscheidung, sich künftig nicht von dieser leidvollen Erfahrung definieren zu lassen. Es geht um Ihren Entschluss, wegen dieser Enttäuschung keine Kompromisse einzugehen und sich von allen toxischen Emotionen zu befreien, die Ihre Chance auf neues Glück und neue Liebe erheblich beschneiden würden.

Hinweis: Sollte sich Ihre Wut nicht auf die Vergangenheit beziehen, sondern auf einen gegenwärtigen Missstand, können Sie die schiere Wucht Ihrer Emotionen nutzen, um eine Wandlung zum Besseren hervorzurufen. Anstelle einer Reaktion auf die Verletzung Ihrer persönlichen Grenzen finden Sie heraus, was genau sich ändern muss, und bringen den Mut auf, die dafür nötigen Schritte einzuleiten. Finden Sie Ihre Stimme, werden Sie sich Ihrer Kraft bewusst und handeln Sie: mit größter Entschiedenheit im Interesse aller Beteiligten.

Fragen Sie sich:
»Von welcher Opferstory kann ich mich verabschieden und inwiefern bin ich für die entstandene Situation mitverantwortlich?«
Zum Beispiel: »Ich kann mit den Vorwürfen aufhören, die ich ihr mache, weil sie gegangen ist, und einräumen, dass ich sie in gewisser Weise dazu getrieben habe«, »Ich will nicht mehr ständig darauf herumreiten, was mir von meinem Ex alles an-

getan wurde, sondern mich darauf konzentrieren, was ich mir dadurch, dass ich es mir zu lange habe bieten lassen, selbst angetan habe« oder »Statt mich immerzu mit dem Gedanken zu quälen, dass er mich zum Sexobjekt gemacht hat, könnte ich mich dazu bekennen, dass ich meine Sexualität eingesetzt habe, damit ich bekam, was ich von ihm wollte«.

»Auf welche nötige Veränderung meines Verhaltens will mich die Wut hinweisen? Was will sie gerade in mir erwecken?«
Zum Beispiel: »Sie fordert mich auf, mich nicht länger so schlecht behandeln zu lassen. Und sie macht mir bewusst, dass ich das Recht habe, Nein zu sagen«, »Die Wut lässt mich wissen, dass ich endlich aufhören muss, mich mit weniger zufriedenzugeben, als ich verdient habe. Und genau diese Anspruchshaltung weckt sie in mir« oder »Die Wut zwingt mich in die Knie und verlangt von mir, dass ich endlich die Unsinnigkeit meiner ständigen Versuche einsehe, das Unmögliche möglich zu machen. Daher bin ich fest entschlossen, mein Herz von nun an nur noch jemandem zu schenken, der unter Beweis stellt, dass er mich auch liebt«.

»Welche Art Wiedergutmachung mir oder anderen gegenüber kann ich jetzt leisten, um die Sache zum Abschluss zu bringen?«
Zum Beispiel: »Ich kann mich bei meinem Ex dafür entschuldigen, dass ich ihn dazu gebracht habe, mich zu enttäuschen, indem ich viel zu selten mit ihm über meine Gefühle und Bedürfnisse gesprochen habe«, »Ich könnte insofern Wiedergutmachung leisten, als ich mich darauf verpflichte, die Männer in meinem Leben künftig eher aufzubauen, als immerzu an ihnen herumzumäkeln« oder »Ich kann mir das Versprechen geben,

dass ich nie, nie wieder immer nur gebe, um meinen Wert unter Beweis zu stellen«.

»*Um solch eine dunkle Nacht der Seele ungefährdet überstehen zu können, müssen Sie auf sich und das Gute im Leben vertrauen. Selbst wenn Sie es nicht spüren und schon gar keinen Beweis dafür haben, sollten Sie so handeln, als wären Sie der festen Überzeugung, dass das gesamte Leben Sie in Ihrer Heilung und Entwicklung unterstützt und letztlich auch in Ihrem Erfolg.*«

CLAIRE ZUMMIT

Mit der Vergangenheit aufräumen

Gewissensbisse. Reue. Schuldgefühle. Scham. Solche großen Emotionen sollten eigentlich aufgelöst werden. Doch bei einer schlecht orchestrierten Trennung verfestigen sie sich und was von der Beziehung bleibt, ist ausgerechnet ihr destruktivstes Element.

Wir alle kennen Paare, die schon seit Jahren nicht mehr zusammen sind und bei denen die ehemaligen Partner trotzdem noch regelmäßig wie versteinert dastehen, sobald der andere den Raum betritt. Die Zeit heilt eben nicht alle Wunden, das müssen wir schon selbst tun. Und wenn wir uns keine Mühe geben, gemeinsam in Frieden auseinanderzugehen, ist der Preis, den wir dafür zahlen müssen, sehr hoch.

Eine meiner niederschmetterndsten Trennungen hatte ich, als ich noch viel zu jung war, um mir des Langzeiteffekts eines schlimmen Beziehungsendes bewusst zu sein. Ich war achtzehn und bereits vier Jahre mit Frank zusammen, als er mir in einer der gemütlichen Sitzecken »unseres« Steakhauses gegenübersaß. Mit hochrotem Kopf versuchte er mir zu erklären, dass ich nicht aufs College dürfe. Da Frank beschlossen hatte, nicht weiter zur Schule zu gehen, sondern gleich ins Geschäft seiner Eltern einzusteigen, wollte er nicht, dass seine Zukünftige auf so ein schickes College ging, wo sie sich bestimmt in einen Kommilitonen verlieben und mit ihm durchbrennen würde. Mir stiegen die Tränen in die Augen, als ich realisierte, dass das das Ende war. Die Kluft zwischen uns hatte eine solche Dimension angenommen, dass ich beschloss, sofort Schluss zu machen. Geliebt hatte ich Frank sehr, doch seinen Versuch, mir meine Zukunftspläne auszureden, fand ich unsäglich. Obwohl ich aber auf gar keinen Fall mit ihm zusammenbleiben wollte, konnte ich auch den Gedanken, ihn nie wiederzusehen, nicht ertragen. Deshalb machte ich ihm allen Ernstes den Vorschlag, dass sich unsere Wege jetzt erst einmal trennen, wir uns aber wiedertreffen und mit sechzig oder so heiraten würden, nachdem alle größeren Lebensentscheidungen getroffen waren.

Ob Frank in diesen bescheuerten Plan einwilligte oder nicht, weiß ich heute gar nicht mehr. Aber ich glaube eigentlich, er saß nur völlig schockiert da, weil ich Schluss gemacht hatte. Ich dagegen fühlte mich an mein Versprechen gebunden. Und während Frank gleich im folgenden Jahr heiratete, jeden Kontakt mit mir verweigerte und ich unerträglich traurig war, hielt ich irgendwie an meinem Versprechen fest, dass wir eines fernen Tages wieder zusammenkommen würden. Diese unsinnige Hoffnung quälte mich sage und schreibe zwei Jahrzehnte lang. In dieser Zeit wachte ich nachts oft völlig verschwitzt und mit rasendem Herzen auf – mit bohrendem Verlangen nach meiner längst verlorenen Phantomliebe.

Mit einundvierzig – ich war noch Single und weit und breit kein Ehemann in Sicht – legte ich das nächste unerhörte

Gelübde ab. Da ich fest an die Macht von Vorsätzen glaubte, rief ich eine Freundin an und erklärte ihr, dass ich spätestens bis zu meinem zweiundvierzigsten Geburtstag verlobt sein würde. Eines muss man ihr lassen: Weder lachte sie mich aus noch wies sie mich auf die Statistik hin, der zufolge es für eine Frau über vierzig bedeutend wahrscheinlicher ist, in die Hände von Terroristen zu fallen, als noch einen guten Ehemann zu finden. Stattdessen versicherte sie mir, dass sie mich bei meinen Bemühungen, das Kaninchen aus dem Hut zu zaubern, sehr gern unterstütze. Ich müsse bloß in Eigenverantwortung zu der Frau werden, die eine derart seltene Entwicklung ermögliche. Und so kam es zu dem inzwischen weltweit anerkannten Programm »Calling in ›the One‹«, mit dessen Hilfe man den richtigen Partner findet. Ich hörte auf, nach der Liebe zu suchen, und richtete meine Aufmerksamkeit stattdessen nach innen, um mir der Barrieren bewusst zu werden und sie abzubauen, die mich bis dato davon abgehalten hatten, sie zu finden.

Bei diesen Ausgrabungsarbeiten blieb kein Stein auf dem anderen. Keine meiner Überzeugungen, Annahmen, Gewohnheiten und auch kein Beziehungsmuster, die unbewusst dazu geführt hatten, dass ich trotz aller Anstrengungen immer noch Single war. Nicht lang und mir fiel auch der unüberlegte »Pakt« wieder ein, den ich mit Frank geschlossen hatte. Ich beeilte mich, die Entscheidung zurückzunehmen, die ich zu einer Zeit getroffen hatte, als ich noch viel zu jung war, um es besser zu wissen. Jetzt begriff ich, dass dieser »Vertrag« mit dazu geführt hatte, dass ich immer noch Single war. Einfach, um verfügbar zu sein, falls Frank zu mir zurückkehren sollte. Das war alles wahnsinnig romantisch, auf eine denkbar dramatische Romeo-und-Julia-Art-und-Weise.

Um meiner Absicht, einen Partner fürs Leben zu finden, eine reelle Chance zu geben, beschloss ich, die Angelegenheit zwischen Frank und mir nun endlich zum Abschluss zu bringen und den Pakt aufzukündigen. Gleichzeitig wollte ich aber auch sein Familienleben nicht durcheinanderbringen – er war zu der Zeit bereits über zwanzig Jahre verheiratet und hatte drei Kinder. Also entschloss ich mich, nicht bei ihm anzurufen, sondern trat stattdessen in eine Kommunikation mit seiner Seele (siehe Schritt drei) ein.

Ich schloss die Augen, atmete tief ein und aus und stellte mir vor, Frank säße vor mir. Ich dankte ihm für die Liebe, die er mir entgegengebracht hatte, und entschuldigte mich dafür, dass ich ihm so wehgetan hatte. Dann erinnerte ich ihn an mein Versprechen, das ich in Zukunft allerdings nicht mehr würde halten können. Da ich frei sein wolle, um mich wieder zu verlieben, müsse ich ihn jetzt loslassen. Ich vergoss ein paar Tränen, verbrauchte reichlich Papiertaschentücher. Aber am Ende der Übung wusste ich, dass ich einer unbelasteten Zukunft entgegensah. Und tatsächlich: Ich hörte auf, von Frank zu träumen, und lernte kurz darauf Mark kennen, meinen späteren Ehemann.

Acht Jahre danach – inzwischen hatte ich fast drei Jahrzehnte lang kein Wort mehr mit Frank gewechselt – arrangierte eine gemeinsame Freundin von uns ein Telefonat. Vorher war ich total nervös. Es gab so vieles, was ich ihm schon lange hatte sagen wollen. Vor allem aber wollte ich mich bei ihm entschuldigen, denn ich wusste genau, wie sehr ich ihn seinerzeit verletzt hatte. Es wurde ein ausgesprochen emotionales Gespräch, bei dem wir uns gegenseitig das Herz ausschütteten und einander versicherten, wie sehr wir die traumatische Art unserer Trennung bedauerten. Als Frank mir gestand, dass ihn ebenfalls schlimme Träume geplagt hätten, war ich richtiggehend schockiert. Denn auch Jahre nach unserer Trennung hatte er noch von mir geträumt. Noch verblüffter aber war ich, als er mir sagte, wann das aufgehört hatte: vor acht Jahren, genau zu der Zeit, als ich mein Seelengespräch mit ihm geführt hatte. Andererseits hörte sich das viel zu merkwürdig an, um darin mehr als Zufall zu sehen. Deshalb dachte ich nicht weiter darüber nach.

Frank und ich beabsichtigten nicht, ein weiteres Mal miteinander zu sprechen. Für zwei Menschen, die beide mit jemand anderem verheiratet waren, hatte schon unser erstes Telefonat allzu große Intensität besessen. Außerdem genügte es uns vollauf, dass wir die Angelegenheit nach all der Zeit in so vertrautem Ton hatten beilegen können. Stillschweigend verständigten wir uns, einander nicht wieder anzurufen. Doch eines späten Abends etwa ein Jahr später, als ich noch am Computer saß, wurde ich plötzlich von einer Woge der Zuneigung für Frank erfasst. Kurzerhand schrieb ich ihm eine Mail, in der ich ihn wissen ließ, dass ich oft an ihn dachte. Und ich wäre immer für ihn da, sollte er einmal jemanden zum Reden brauchen. In dem Moment, in dem ich die Mail abschickte, war mir plötzlich klar: »Frank lässt sich scheiden.« Und was soll ich sagen – eine Stunde später schrieb er zurück: »Ich kann's kaum fassen, dass Du Dich gerade jetzt meldest. Vorhin beim Abendessen hat mir meine Frau gesagt, dass sie die Scheidung will.« Für mich war es die zweite Bestätigung der nicht lokalen, nicht linearen Natur einer auf Liebe beruhenden Verbindung. Sie machte mir bewusst, wie eng wir auf einer tiefen Ebene doch alle miteinander verbunden sind.

Ende der Zwanzigerjahre des vergangenen Jahrhunderts machte der Physiker und Nobelpreisträger Niels Bohr, einer der Entdecker der Quantenmechanik, die Welt mit der Idee der Nicht-Lokalität bekannt, die damals auch »Quantenverschränkung« genannt wurde. Eine Freundin von mir, die Journalistin und Vordenkerin Lynne McTaggart, erklärt diese Verschränkung in ihrem Buch *The Bond* als »seltsamen Zug der

Quantenphysik«, sie habe den »poetischen Beiklang ewiger Unzertrennlickeit – wie ein Paar, dessen Liebe unter einem schlechten Stern steht, sodass es zur Trennung gezwungen wird, doch geistig und emotional für alle Zeiten verbunden bleibt«.[43] Mhm. Wenn das mal keine Bestätigung unserer schlimmsten Albträume ist. Albert Einstein, ein Kollege Bohrs, sprach von »spukhafter Fernwirkung«, was ich ziemlich passend fand. Denn das Ganze kam mir definitiv wie ein Spuk vor. Trotzdem war ich fest entschlossen, jene Beziehung, die mich den größten Teil meines Erwachsenenlebens verfolgt hatte, zu einem gesunden Ende zu bringen.

Zu erfahren, dass Frank nicht mehr lange verheiratet bleiben würde, schockierte und verwirrte mich zwar, doch freute ich mich zugleich unglaublich über die Gelegenheit, mich ihm als wahre Freundin zeigen und auf diese Weise alles zwischen uns in Ordnung bringen zu können. In den folgenden Monaten sprachen wir viel miteinander; zunächst versuchte ich ihm bei der Rettung seiner Ehe zu helfen, und als das nicht klappte, unterstützte ich ihn dabei, sie zu einem guten Ende zu bringen. Das war nicht nur für mich eine Chance der Wiedergutmachung, indem ich ihn mit meiner Liebe bedenken konnte. Es gab uns beiden auch die Gelegenheit zu erkennen, dass unsere Trennung seinerzeit das Beste war, was wir hatten tun können. Denn wir haben in dieser Zeit mehr als einmal herzlich darüber lachen müssen, wie weit unsere Ansichten und Wertvorstellungen auseinandergingen. Dass Frank mir wiederholt versicherte, wie richtig es gewesen war, ihn zu verlassen, gab mir Trost und zerstreute auch noch meine letzten Zweifel.

Dieses schöne Ende war so, als würden Splitter entfernt, die tief in unseren Seelen gesessen hatten. Frank und ich verzehren uns nachts nicht mehr vor Verlangen nacheinander und wir plagen uns auch nicht mehr mit dem »Was wäre, wenn …«. Das

Ende unserer Liebesbeziehung quält uns nicht länger und es schränkt uns nicht mehr ein. Stattdessen empfinden wir unsere gemeinsame Vergangenheit als Bereicherung und betrachten sie als entscheidenden Teil unserer Entwicklung. Denn sie machte uns bewusst, dass wir einst zutiefst geliebt wurden – von einem Menschen, der einen Blick in unsere Seele geworfen und Zugang zu unserem Herzen gefunden hatte. Im Idealfall ist dies die Liebe, die zwei Menschen füreinander empfinden, wenn sich ihre Wege trennen. Ohne jede Verbitterung oder Feindseligkeit, sondern bereichert von der Tiefe und Größe gegenseitiger Fürsorge.

Die Kunst des gemeinsamen Auseinandergehens

Ein sauberes Ende besteht aus drei Komponenten: erstens der Erkenntnis, dass Ihnen die betreffende Person viel bedeutet hat; zweitens aus der Wertschätzung all dessen, was Sie von ihr haben lernen dürfen. Und drittens aus dem ernsthaften Versuch, die Beziehung zu einem gesunden Ende zu bringen, indem Sie eine Art Wiedergutmachung anbieten, entweder direkt dem Menschen gegenüber, dem Sie wehgetan haben, oder in Form des Vorsatzes, begangene Fehler nie zu wiederholen. Wie Sie sehen, gehört zu diesen drei Punkten weder die Überbrückung unüberbrückbarer Differenzen noch, dass Ihre emotionalen Bedürfnisse jetzt endlich erfüllt werden.

Es gibt gute Gründe, dass Sie auseinandergehen. Ihre Wertvorstellungen sind zu unterschiedlich, die Weltanschauungen unvereinbar oder wesentliche Bedürfnisse nicht in Übereinstimmung zu bringen. Im Prozess des »Conscious Uncoupling« ist das alles kein Problem, weil wir dabei, ausgehend von Ken Wilbers Annahme, dass letztlich jeder in irgendeiner Angelegenheit richtig liegt, Raum für Differenzen und Divergenzen lassen. Hier geht es nicht darum, einen Krieg zu gewinnen. Im Gegenteil, es gilt, jegliche Vorstellung von Krieg überhaupt aufzugeben und dafür zu sorgen, dass alle Beteiligten als Gewinner aus der Situation hervorgehen. Wer recht hat und wer im Unrecht ist, spielt in diesem Stadium nicht mehr die geringste Rolle. Es ist egal, wer mehr verletzt wurde. Und es ist sogar gleichgültig, ob Sie sich auf den Grund Ihrer Trennung verständigen können. Das Einzige, was zählt, ist das Bestreben, so auseinanderzugehen, dass am Ende alle in der Lage sind, sich zum Positiven weiterzuentwickeln.

Als Robin und Gary nach neunzehnjähriger Ehe die Scheidung einreichten, legten sie größten Wert darauf, dass ihre zwölfjährigen Zwillingssöhne Zach und Miles sowie ihre Tochter Emma, die zu dem Zeitpunkt zehn war, von der Trennung möglichst wenig in Mitleidenschaft gezogen wurden. Doch in den Wochen nach Garys Auszug begannen sich alle drei Kinder zu verändern: Emma fing an, düstere Gedichte zu schreiben, Zachs Schulnoten verschlechterten sich dramatisch und Miles prügelte sich mit einem Mitschüler. Dies veranlasste die Eltern, sich einen Termin bei mir geben zu lassen. Ich erklärte ihnen, dass ihre Entschlossenheit, sich nicht vor den Kindern zu streiten, zwar aller Ehren wert sei, aber nicht ausreiche, um ihnen das nötige Wohlbefinden und Zusammengehörigkeitsgefühl zu geben. Auf irgendeiner Ebene wissen Kinder immer alles. Die Andeutung eines Augenrollens, leicht geschürzte Lippen, das unbewusste Verschränken der Arme vor dem Körper oder tiefes, vielsagendes Seufzen: alles Dinge, die verraten, wie es Ihnen wirklich geht, ganz unabhängig davon, was Sie sagen. Da Robin und Gary fürsorgliche Eltern waren, willigten sie ein, eine Übung zu machen, die die Luft zwischen ihnen reinigen sollte, damit sie den Kindern ihre unausgesprochenen, gleichwohl deutlich spürbaren Spannungen künftig ersparen konnten.

Robin war zu dem Entschluss gekommen, sich scheiden zu lassen, weil sie das, was sie emotional gebraucht hätte, von Gary nicht bekam. Jahrelang hatte sie ihn zu Therapiestunden geschleppt, um ihn dazu zu kriegen, dass er über seine Gefühle sprach und auf ihre einging. Was aber nicht in Garys Natur lag. Er war mehr ein Kopf- als ein Herzmensch und die ständige Unzufriedenheit seiner Frau ging ihm gewaltig auf die Nerven. Da gab er sich Mühe noch und noch, aber er konnte es ihr einfach nicht recht machen. Und so beschlossen die beiden denn nach fast zwanzig Jahren Ehe, getrennte Wege zu gehen. Vor den Kindern hoben sie nie die Stimme und stritten sich auch nicht, doch unter der Oberfläche brodelte es. Er fühlte sich ständig kritisiert, als könnte nichts, was er tat, je genügen. Und sie fühlte sich zutiefst ungeliebt, als hätte er mehr Anstrengungen unternehmen müssen, um ihr gerecht zu werden, damit die Ehe Bestand haben konnte.

> *»Nie etwas zerschneiden, was auch*
> *aufgedröselt werden kann.«*
> JACLYN SMITH

Im Geiste des gemeinsamen Auseinandergehens waren sie bereit, sich gegenseitig ausreden zu lassen und alles in Ruhe zu besprechen. Robin hörte als Erste zu. Stockend gestand Gary, wie frustrierend er es fand, ständig mit Wünschen konfrontiert zu werden, die er nur schwer erfüllen konnte, weil er dafür einfach nicht gestrickt war. Es ging Robin sehr ans Herz, als sie erfuhr, wie unzulänglich ihr künftiger Exmann sich deshalb fühlte. Und statt darauf zu reagieren, indem sie über *ihre* enttäuschten Erwartungen sprach oder zu erklären versuchte, *warum* sie mehr emotionale Unterstützung brauchte, hörte sie ihm einfach zu. Nun, da sie nicht länger darauf angewiesen war, das zu klären, genoss sie den Luxus, sich eine Art Wiedergutmachung überlegen zu können. Sie entschuldigte sich für die Qualen, die sie ihm bereitet hatte, und versprach sich selbst, an einen künftigen Partner keine übersteigerten Erwartungen mehr zu stellen. Sie gelobte, Gary von diesem Augenblick an aus einer Haltung der Wertschätzung heraus zu behandeln und nicht mehr von ihm zu verlangen, dass er sich veränderte. Die Erleichterung, die Gary darüber empfand, war deutlich spürbar und spülte jegliche Reste von Verletztheit und Groll, die er seit Jahren mit sich herumgeschleppt hatte, davon.

Anschließend war er dann in der Lage, seine Aufmerksamkeit ganz auf Robin zu richten und ihr konzentriert zuzuhören, als sie ihm ihr Herz ausschüttete. Sie erzählte, wie sehr es sie enttäuschte, dass er ihr trotz allem, was sie in die Ehe investiert hatte, emotional nicht näherkommen konnte. Auch sprach sie davon, wie allein sie sich in der Ehe gefühlt hatte. Und Gary, so erleichtert, dass er emotional endlich nichts anderes mehr für sie tun musste, als ihr zuzuhören und ihre Gefühle ernst zu nehmen, konnte sie endlich verstehen. Er begann, sich in sie einzufühlen, auf die Erfüllung ihrer Wünsche zu hoffen, und er begriff allmählich, dass die Scheidung tatsächlich für alle das Beste war. Seine Wiedergutmachung bestand darin, sie freizugeben, damit sie einen passenderen Partner finden konnte, der besser in der Lage war, ihre emotionalen Bedürfnisse zu befriedigen. Zugleich befreite er Robin damit auch von den Schuldgefühlen, die sie immer noch quälten.

Die Energie zwischen den beiden veränderte sich. Aus der Brutstätte für Verletzungen wurde eine beinahe wohlige Atmosphäre gegenseitiger Unterstützung. Den Kindern, die diese Veränderung spürten, ging es praktisch über Nacht besser. Die Scheidung von Robin und Gary wurde zu einer Art Familienabenteuer; die Zwillinge und Emma verfolgten die Suche ihres

Vaters nach einer neuen Wohnung mit Interesse, und als er sie schließlich gefunden hatte, halfen sie ihm beim Einrichten. Robin hat inzwischen eine neue Beziehung zu einem gefühlvollen, emotional großzügigen Mann, der in vielerlei Hinsicht ihr Traummann ist. Die Kinder mögen ihn, und weil seine Ex so glücklich mit ihm ist, akzeptiert und schätzt Gary ihn ebenfalls.

> »Im Laufe meines Lebens musste ich vieles zurücknehmen, was ich von mir gegeben hatte. Und ich kann nur sagen, dass es mir immer gut bekommen ist.«
> WINSTON CHURCHILL

Wie neue neurobiologische Studien zeigen, bleiben negative Gespräche länger haften als positive. Wenn wir uns von dem Menschen, den wir einmal geliebt haben, verflucht, verdammt, beschämt und beschuldigt fühlen, produziert der Körper größere Mengen an Cortisol, jenem Stresshormon, das kämpferisches und Abwehrverhalten in uns hervorruft. Von einem Liebespartner zurückgewiesen zu werden, ist so verletzend, dass wir seine letzten Handlungen und Äußerungen für viel schlimmer halten, als sie eigentlich waren; dadurch prägen sie unsere Erinnerungen an die Beziehung als Ganze und erzeugen ebenjene toxischen Spannungen, die sich für eventuell beteiligte Kinder wie ein Höllenfeuer anfühlen.

Wohl kaum einer von uns wird am Ende einer Liebesbeziehung andere oder auch sich selbst bewusst verletzen wollen; die meisten werden zumindest den Versuch einer freundschaftlichen Trennung unternehmen. Doch wird bei diesen abschließenden Gesprächen oft allzu viel Zeit auf die Erklärung der Gründe für das jeweilige Verhalten verwendet. *Mein Vater hat meine Mutter auch immer so behandelt. Ich hab es nie anders kennengelernt. Das liegt alles an meinem Sternzeichen. Ich war nur so zu dir, weil du* ... Vor allem anderen geht es uns darum, verstanden zu werden. Und so quatschen wir den Ex mit Argumenten voll, die uns entlasten sollen, bevor wir richtig zur Kenntnis nehmen, wie sich unser Verhalten auf ihn ausgewirkt hat. Als wäre sein Schmerz nicht annähernd so wichtig wie unser Frust, missverstanden worden zu sein.

Reinen Tisch machen

Um mit den Spannungen, die zwischen Ihnen beiden noch existieren, aufräumen zu können, sollte es Ihnen weniger darum gehen, verstanden zu werden, als darum, die Wirkung Ihrer Entscheidungen und Handlungen auf den anderen zu begreifen. Weniger darum, recht zu behalten, als darum, alles wieder ins Lot zu bringen.

Zu diesem Zweck schlage ich Ihnen eine – leicht abgewandelte – Übung vor, die ursprünglich von meiner Kollegin Claire Zammit stammt. Vielleicht haben Sie Lust, sie mit Ihrem Ex zusammen zu machen. Sollte dies nicht – oder nicht risikofrei – möglich sein, können Sie sie aber auch in Form einer Unterhaltung mit seiner Seele durchführen (siehe Schritt drei) und mithilfe Ihrer Vorstellungskraft nach einem für alle zuträglichen Abschluss der Beziehung suchen.

1. **Machen Sie sich klar, dass der einzige Zweck dieser Übung darin besteht, reinen Tisch zu machen.** Führen Sie sich vor Augen, dass die Übung ausschließlich dazu dient, die Verletzungen und noch vorhandenen Ressentiments zwischen Ihnen und Ihrem Ex aus der Welt zu schaffen. Deshalb würde ich Sie bitten, sich alle anderen Ziele aus dem Kopf zu schlagen – wie etwa, dass Ihre Bedürfnisse endlich befriedigt werden, Ihr Gegenüber es sich noch einmal anders überlegt, Sie aus einem

Streit als Gewinner hervorgehen oder unüberbrückbare Differenzen beigelegt werden könnten.
2. **Nehmen Sie die Verletzungen und Enttäuschungen wahr, mit denen Sie beide auch jetzt noch zu kämpfen haben.** Mein Vorschlag: Sprechen Sie die Verletzungen und Ressentiments an, die noch zwischen Ihnen stehen, auch wenn Sie sich schon beieinander entschuldigt haben.
3. **Übernehmen Sie Verantwortung für die Auswirkungen Ihres Verhaltens auf den Ex.** Legen Sie fest, wer als Erster spricht (respektive zuhört).
Für den Sprechenden: Erzählen Sie von den Verletzungen, die Sie noch nicht überwunden haben, und von den Folgen, die das Verhalten Ihres Ex für Sie hatte. (Zum Beispiel: »Ich bin immer noch zutiefst bestürzt darüber, dass du mich belogen hast, und weiß nicht, ob ich überhaupt noch einmal jemandem werde vertrauen können«, »Weil du mich ständig zur Schnecke gemacht hast, ist mein Selbstwertgefühl jetzt auf dem Nullpunkt«, »Dein plötzlicher Weggang hat mich so traumatisiert, dass ich seit Wochen weder richtig essen noch schlafen kann«.)
Für den Zuhörenden: Im ernsthaften Bemühen, das aufzunehmen, was Ihnen Ihr Ex zu sagen hat, sollten Sie Ihre Verteidigungslinien verlassen. Unabhängig davon, ob Sie der Meinung sind, dass seine Geschichte der Wahrheit entspricht, versuchen Sie die Situation aus seinem Blickwinkel zu betrachten. Machen Sie sich klar, dass wir Menschen einander sehr oft ganz unbeabsichtigt verletzen; dass wir unbewusst ständig alten Mustern folgen, abgelenkt, ichbezogen sind oder einfach davon ausgehen, dass wir alle gleich reagieren. Es geht gar nicht darum, ob Sie Ihren Ex verletzen wollten oder nicht. Das Einzige, was zählt, ist, *dass* er verletzt wurde. Kümmern Sie sich nicht darum, wer recht und wer unrecht hatte, und seien Sie bereit, die

Verantwortung für die Auswirkungen zu übernehmen, die Ihr Verhalten auf den anderen hatte. Leugnen, minimieren oder streiten Sie nichts von dem ab, was er sagt. Versuchen Sie vielmehr herauszufinden, inwiefern Sie zu dem Schmerz beigetragen haben, unter dem Ihr Ex im Moment leidet.

4. **Teilen Sie Ihrem Ex die Einsichten mit, die Sie bezüglich der Folgen Ihres Verhaltens auf ihn gewonnen haben.**
   Für den Zuhörenden: Unterbrechen Sie Ihr Gegenüber nur, wenn Sie etwas noch nicht ganz verstanden haben. Lassen Sie alles, was Ihr Ex Ihnen zu sagen hat, tatsächlich an sich heran. Ohne das Warum Ihres Verhaltens oder wie sich die Situation auf Sie ausgewirkt hat, zu erklären, konzentrieren Sie sich ganz auf die andere Person. Interessieren Sie sich wirklich für die Auswirkungen, die Ihre Entscheidungen und Handlungen auf sie hatten.
   Zeigen Sie ihr dann in bescheidener Aufrichtigkeit, dass Sie verstanden haben, wie sich Ihre Entscheidungen und Handlungen auf sie und andere auswirken.
   Für den Sprechenden: Sprechen Sie erst weiter, wenn Sie das Gefühl haben, dass Ihr Ex die Auswirkungen seiner Entscheidungen und Handlungen auf Sie und Ihre Lieben tatsächlich verstanden hat.

5. **Bieten Sie an, etwas zu tun, was die Situation bereinigt.** Verletzungen verschwinden nicht einfach, weil wir ein schlechtes Gewissen haben. Und auch ein »Tut mir leid« hilft nicht immer. Was die Luft wirklich von verbliebenen toxischen Schwebstoffen reinigt, sind Dinge, die mit der festen Absicht unternommen werden, das Beste aus der Situation zu machen.
   Für den Zuhörenden: Überlegen Sie, was Sie jetzt tun können. Bestimmte Entscheidungen lassen sich nicht mehr zurücknehmen. Aber Sie finden gewiss Mittel und Möglichkeiten, den entstandenen Schaden wenigstens zum Teil wiedergut-

zumachen. Zum Beispiel mit Geld. Oder Sie versuchen, das Chaos, das Sie mit angerichtet haben, zumindest teilweise zu beseitigen. Auch könnten Sie versprechen, so etwas künftig niemandem mehr anzutun.

Für den Sprechenden: Überlegen Sie, was den Schaden, den Ihr Ex angerichtet hat, zu beheben helfen könnte, und nehmen Sie die angebotene Wiedergutmachung an. Zwar lässt sich das Geschehene durch nichts rückgängig machen, aber ein Akt echter Reue und wahren Bedauerns kann einen Beitrag dazu leisten, dass Sie und alle anderen Betroffenen sich von dem Erlebten erholen und einer von den Fehlern der Vergangenheit befreiten Zukunft entgegensehen können.

Sobald der Sprecher gesagt hat, was er sagen wollte, tauschen Sie die Rollen, sodass beide Gelegenheit haben, die Atmosphäre von jeglicher Feindseligkeit, Verletztheit und allen verbliebenen Ressentiments zu reinigen.

Hinweis: Kommunikationsübungen werden gewöhnlich eingesetzt, um Menschen zu helfen, die sich nicht trennen, sondern einander näherkommen wollen. Und womöglich hat der Prozess des »Conscious Uncoupling« Sie an einen Punkt geführt, an dem Sie sich sogar eine Versöhnung vorstellen können. Sollte dies der Fall sein, würde ich Ihnen vorschlagen, die Internetseite www.ConsciousRecoupling.com zu besuchen. Dort finden Sie (allerdings auf Englisch) Informationen, die Sie beim Versuch eines Neuanfangs unterstützen.

> *»Beziehungen, die zu keinem friedlichen Abschluss kommen, gehen nie zu Ende.«*
> MERRIT MALLOY

Die Weiterentwicklung der Beziehung

Als Kintsugi bezeichnet man die jahrhundertealte japanische Kunst, zerbrochene Keramikgegenstände mit Silber, Gold oder Platin zu reparieren und so ein scheinbar kaputtes Objekt in eines von einzigartiger Schönheit und Eleganz zu verwandeln.[44] Die Philosophie, die sich dahinter verbirgt: der Geschichte eines beschädigten Gegenstandes durch die Art des Ausbesserns die Ehre zu erweisen. Das, was dabei entsteht, ist oft sogar von größerer Schönheit als das ursprüngliche Objekt. Auf ähnliche Weise können wir auch eine in die Brüche gegangene Beziehung so »reparieren«, dass es ihrer Geschichte gerecht wird. Und zwar durch das Verhalten, das wir an den Tag legen, wenn sie zu Ende ist.

Als mein Mann Mark und ich uns scheiden ließen, haben wir die finanziellen Angelegenheiten allein geregelt, ohne juristischen Beistand. Etliche Monate ging alles gut, weil wir beide unseren Verpflichtungen gerecht werden konnten. Doch eines Tages, ich saß gerade beim Mittagessen, rief Mark mich an, um mir mitzuteilen, dass er seinen Arbeitsplatz verloren hatte. Meine erste Sorge galt seiner Wohnungsmiete, die er sich vielleicht bald nicht mehr würde leisten können. Doch kurz darauf kam mir zu Bewusstsein, dass er dann auch nicht mehr in der Lage wäre, den Unterhalt für unsere Tochter zu zahlen. In dieser Situation hätte ich leicht die Nerven verlieren und alle guten Absichten eines friedvollen Auseinandergehens in den Wind schießen können. Doch da ich davon ausging, dass Mark die Sache näher ging, als er zugegeben hatte, versuchte ich ihm Mut zuzusprechen: Er würde bestimmt im Nullkommanichts eine neue Stelle finden. In meinem Inneren allerdings herrschte Panik. Auch mit beiden Gehältern war es schon schwer genug, statt einem nun zwei Haushalte zu führen. Da mir bewusst war, dass Mark bald jeden

Cent würde umdrehen müssen, spulte ich im Kopf die ganze Litanei von Gründen ab, weshalb das Wohlergehen unserer Tochter Vorrang hatte und er seine finanziellen Zusagen auch während der drohenden Arbeitslosigkeit einhalten musste.

Den ganzen Nachmittag über zermarterte ich mir das Hirn, was ich in dieser Situation tun konnte. Natürlich war ich von Marks Geld abhängig, um alle Rechnungen zu begleichen. Andererseits hatte ich finanziell schon öfter einen Hasen aus dem Hut gezaubert. Am Abend war ich zu einer wichtigen Entscheidung gelangt: Es musste Möglichkeiten der Erhöhung des Familieneinkommens geben, ohne meine Beziehung zu dem einzigen Vater, den unsere Tochter je haben würde, unnötig zu belasten. Da das psychische Wohlergehen des Kindes auf dem Spiel stand, beschloss ich also, etwas für die positive Weiterentwicklung unserer Familie zu tun. Ich rief Mark an und sagte ihm, er brauche sich während der Arbeitslosigkeit keine Sorgen um die Unterhaltszahlungen zu machen. Dadurch hielt ich ihm den Rücken frei, sodass er sich ganz auf die Suche nach einer neuen Stelle konzentrieren konnte. In den folgenden Wochen erhöhte ich meinen Arbeitseinsatz und nahm mehr private Klienten an. So kam ich bereits zwei Monate später auch ohne Marks Unterstützung gut über die Runden.

Dieser Akt von Teamwork und Großzügigkeit war eine Investition in die Zukunft, die wir uns aufbauen wollten. Eine Art Kintsugi. Die Reparatur der kaputten Familie, die wir zu werden drohten, mit feinem Gold. Sie bereitete den Boden für die vielen ähnlichen Momente von Großzügigkeit und gegenseitiger Rücksichtnahme, die unsere Beziehung seither charakterisieren. Weil ich damals weitsichtig genug war und die Gelegenheit ergriffen hatte, eine Atmosphäre der Güte zwischen uns zu schaffen, ist uns der Übergang von der traditionellen zur erweiterten Familie gelungen. Unser heutiger kleiner Clan ist vielleicht etwas ungewöhnlich, aber er funktioniert. Anders, als ich es mir vor dem Altar erhofft hatte, während ich lebenslange Liebe und Treue gelobte, doch auf seine ganz eigene, ebenso kreative wie schrullige Art und Weise auch schön.

So merkwürdig es sich anhören mag, aber es ist tatsächlich möglich, sich am Ende einer Beziehung sogar mehr geliebt zu fühlen als am Anfang. Denn in der Morgenröte des frischen Verliebtseins denken wir ja oft, dass wir von unserem neuen Partner alles bekommen, was wir uns wünschen und brauchen. Dann ist man leicht zu Opfern bereit. Doch wenn die Liebe am Ende ist, wenn wir es besser wissen, wenn wir mit den Enttäuschungen und sehr realen Grenzen der Beziehung kämpfen, dann haben wir die Gelegenheit zu echter Zuwendung – einer Zuwendung, der kein anderes Motiv zugrunde liegt als das, aus den richtigen Gründen das Richtige zu tun. Die sich daraus ergebenden großzügigen Gesten der Fairness und Kulanz tragen in Zeiten, in denen die alten Brücken zusammenbrechen, viel zum Bau von neuen bei.

> »An Revanche sollte man nur gegenüber Menschen denken, die einem geholfen haben.«
> JOHN E. SOUTHARD

Wir sollten uns angewöhnen zu fragen: Was erzeuge ich durch meine Reaktion auf die Probleme, die uns bevorstehen, Feindseligkeit? Noch mehr Trennendes? Größeren Stress? Oder Zusammenhalt? Heilung? Wohlbefinden? Wie wir alle wissen, erfordert der Aufbau einer guten Beziehung Zeit und Sorgfalt. Das gilt auch für neu entstehende erweiterte Familienverbände. Wir sollten uns deshalb ständig bemühen, Gutes zu tun, etwas zurückzugeben, toleranter zu werden, Fehler auszubügeln und aus ihnen zu lernen. Wir sollten bereit sein, aus unserer Komfortzone herauszutreten, um die Situation aus dem Blickwinkel des anderen betrachten zu können, verlorenes Vertrauen wiederaufzubauen, der Familie neu gerecht zu werden und alle Schäden zu beheben, die entstanden sind. Das dauert seine Zeit. Aber wir dürfen uns nicht einmal die unscheinbarste Gelegenheit entgehen lassen, die Beziehung zum Positiven hin weiterzuentwickeln. Jede von Herzen kommende Geste der Großzügigkeit hat das Potenzial, kleine Wellen der Güte zu erzeugen, die noch Jahre nachwirken können. Kindern, die in einer solchen Familie aufwachsen, geht es gut, ob ihre Eltern nun verheiratet bleiben oder nicht.

Fragen Sie sich:
»Welche großzügige(n) Geste(n), die ich meinem Ex gegenüber machen könnte, hätte(n) das Potenzial, entstandenen Schaden zu beheben, Frieden zu stiften und/oder mehr Wohlwollen zwischen uns zu erzeugen?«

Ein kleiner Ratschlag

An diesem Punkt empfehle ich Ihnen einen etwas förmlicheren Umgang miteinander, der jedem den nötigen Freiraum gibt, sich auf die neuen Lebensumstände einzustellen. Da Sie nun nicht mehr für das Glück Ihres früheren Partners verantwortlich sind, sollten Sie sich so weit wie möglich aus seinem Leben heraushalten und ihm ein Recht auf Privatsphäre einräumen. Doch *wenn* Sie miteinander kommunizieren, dann sollten Sie es im Geiste der Friedfertigkeit tun, damit Sie kleinliche Streitereien vermeiden und alles unternehmen können, um immer größere Kulanz walten zu lassen.

Denjenigen, die auch während des Trennungsprozesses und danach miteinander kommunizieren, sei es der Kinder wegen, sei es aus beruflichen oder anderen Gründen, empfehle ich, nie zu vergessen, dass ich hier von Idealen spreche, die anzustreben sind. Sollte Ihnen während dieses Prozesses ein Fehler unterlaufen, beseitigen Sie das Chaos einfach wieder und fangen noch einmal von vorn an.

Richtschnur für die Kommunikation nach der Trennung

1. **Tun Sie Ihr Bestes, um aus Ihrem weisen, starken und kompetenten Erwachsenen-Ich heraus zu kommunizieren und ohne auf die ohnmächtigen, verwundeten Teile in sich zu hören.** Wenn wir wild um uns schlagen, uns bedürftig, destruktiv und verletzend zeigen, dann gewöhnlich, weil wir auf den jüngeren Anteil von uns fixiert sind, der keinen Zugang zu der Weisheit, Stärke und Kompetenz hat, über die wir als funktionstüchtige Erwachsene eigentlich verfügen. Doch statt zu versuchen, diese zarten, jüngeren Teile von sich zu unterdrücken, sollten Sie sich ihnen lieber zuwenden und sich selbst besänftigen, bevor Sie mit Ihrem Ex sprechen. Nur so können Sie sich wie der kompetente Erwachsene verhalten, der Sie im Grunde sind (siehe die Übung aus Schritt eins: »Die Entwicklung Ihres ganz persönlichen Mentoren-Mantras«). Denken Sie daran: Nicht Ihr jüngeres Ich hält die Schlüssel für eine tolle Zukunft in der Hand, sondern Ihr Erwachsenen-Selbst.
2. **Drücken Sie sich so aus, dass es der Zukunft, die Sie sich aufbauen möchten, zuträglich ist.** Das Wort *Abrakadabra*, das überall auf der Welt als Zauberformel bekannt ist, soll auf das Aramäische zurückgehen und »Ich erschaffe, was ich sage«

bedeuten. Gehen Sie nicht davon aus, dass Sie Ihr Ziel – eine positive Zukunft – schon allein deshalb erreichen können, weil Sie es sich vorgenommen haben. Versuchen Sie vielmehr, auch Ihre Ausdrucksweise so zu gestalten, dass sie einem Schöpfungsakt gleichkommt.

Statt nur zu berichten, was geschieht – was oft einen entschieden negativen Beigeschmack hat –, versuchen Sie in den Worten, die Sie wählen, die Kraft zum Aufbau einer neuen Welt zu erkennen. Verwirklichen Sie die Zukunft, auf die Sie aus sind, indem Sie positive, lebensbejahende Äußerungen tätigen wie etwa »Wir hatten zwar unsere Schwierigkeiten, jetzt aber sind wir doch schon ganz gut in der Lage, unsere Probleme gemeinsam zu lösen«, »Aus deinem Feedback habe ich so viel gelernt, dass meine künftigen Beziehungen mit Sicherheit bedeutend besser werden« oder »Jetzt haben wir die einmalige Chance herauszufinden, wie wir künftig noch perfekter kooperieren können«.

3. **Reagieren Sie besonnen.** Lassen Sie sich nicht verleiten, Ihre Macht an jemanden abzutreten, der aus seinem infantilen, unbewussten Teil heraus kommuniziert, indem Sie es ihm gleichtun. Versuchen Sie lieber, das Gespräch mit dem Ex auf eine höhere Ebene zu heben, indem Sie besonnen reagieren, also mit Reife, Intelligenz und Weisheit. Dafür erinnern Sie ihn zunächst am besten an Ihrer beider Vorsätze und legen dabei genau die Höflichkeit und Besonnenheit an den Tag, die es braucht, um sie in die Tat umzusetzen.

Vielleicht werden Sie Ihre Erwartungen herunterschrauben, neue Grenzen setzen, eindeutige Forderungen oder gar ein Ultimatum stellen müssen; tun Sie es aber auf eine Art und Weise, die der neuen Zukunft, auf die Sie sich verpflichtet haben, entspricht. Drücken Sie sich so aus, dass es zur Deeskalation beiträgt. Sagen Sie zum Beispiel so etwas wie »Ich verstehe dich ja und kann mir auch vorstellen, warum du so aufgebracht bist. Die Situation ist für uns alle schwierig. Aber ich habe immer noch ganz fest vor, dass wir alle erfolgreich daraus hervorgehen. Lass uns also schauen, ob wir nicht doch eine gemeinsame Lösung finden.«

Mit der Entscheidung, zu einem Alchemisten der Liebe zu werden, nehmen Sie das Blei Ihres beschwerten Herzens, um daraus das Gold einer neuen strahlenden Zukunft zu machen. Diese Entscheidung ist weder erzwungen oder naiv noch oberflächlich optimistisch, sondern intelligent, inspiriert und kompetent. Der darin zum Ausdruck kommende Optimismus zeugt von einem Wissen um das Schlimmste, was passieren kann, und bestätigt allem zum Trotz das insgesamt doch Gute des Lebens.

Gehen Sie ruhig noch einen Schritt weiter: Werden Sie ganz bewusst zum Agenten des Guten. Im Ernst: Man kann überall auf der Welt suchen, doch nirgends gibt es etwas Größeres als die Liebe.

> »Wenn alle Stricke reißen, hilft nur noch die Liebe.«
> ELIZABETH LESSER

Vorschläge zur Selbstfürsorge
(Setzen Sie pro Tag mindestens zwei davon um.)

1. **Seien Sie gesellig**. Rufen Sie einen Freund oder eine Freundin an, einfach so. Verabreden Sie sich zum Essen oder halten Sie auch nur ein Schwätzchen mit den Nachbarn. Gehen Sie auf andere zu und stellen Sie eine echte Verbindung zu ihnen her.

2. **Gehen Sie raus.** Verbringen Sie mindestens fünf Minuten in der Sonne, machen Sie einen Spaziergang, beschäftigen Sie sich im Garten oder ziehen Sie die Schuhe aus und gehen Sie barfuß über den Rasen.
3. **Lernen Sie etwas hinzu, irgendetwas Neues, nur zum Spaß.** Schnappen Sie sich ein Buch, das nichts mit Ihrem Beruf zu tun hat, besuchen Sie einen Fremdsprachenkurs für Anfänger, ein Kochseminar oder nehmen Sie Kunstunterricht.
4. **Gestalten Sie Ihr Zuhause um.** Reißen Sie alle Fenster auf, um frische Luft hereinzulassen, stellen Sie die Möbel um oder geben Sie Dinge weg, die Sie nicht länger wollen, brauchen oder lieben.
5. **Versuchen Sie, andere glücklich zu machen.** Gehen Sie mit Ihrer Zeit, Aufmerksamkeit, mit Geld und Ihrem Herzen großzügig um. Schenken Sie jemandem, der ihn dringender benötigt als Sie, einen 5-Euro-Schein. Überraschen Sie einen Ihrer Mitmenschen, indem Sie irgendetwas Nettes für ihn tun, um ihn zu entlasten. Hören Sie jemandem mit Interesse zu, der sich noch isolierter und einsamer fühlt als Sie.
6. **Erstellen Sie eine Liste der einhundert wichtigsten Dinge, für die Sie dankbar sind**, und bewahren Sie sie so auf, dass sie gegebenenfalls jederzeit zur Hand ist.

Hinweis für Paare, die das Programm gemeinsam durchführen: Mit diesem vierten Schritt Ihres »Conscious-Uncoupling«-Programms möchte ich Sie ermutigen, direkt miteinander zu kommunizieren, um gemeinsam den Vorsatz einer neuen Zukunft zu fassen, zu der Sie beide etwas beitragen (solange dies für keinen von Ihnen ein unnötiges Risiko birgt). Jeder Partner sollte seine Vorschläge einbringen können und zur Zusammenarbeit bereit sein, wenn es darum geht, sich Ziele zu setzen, die für beide erstrebenswert sind.

Formulieren Sie Ihre Vorsätze einprägsam, denn Sie werden sich ihrer entsinnen müssen, wenn auf dem Weg ans Ziel Schwierigkeiten auftreten. Falls einer von Ihnen sie einmal vergisst und den gemeinsamen guten Absichten zuwiderhandelt, sollte der andere ihn sanft und mit den richtigen – also tröstenden und respektvollen – Worten und durch ebenso faires wie ehrenwertes Verhalten wieder auf den rechten Weg bringen.

Denken Sie daran: Sie müssen *beide* bereit sein, den Anführer zu geben und sich mehr darum zu kümmern, mit Rückschlägen und Stagnation vernünftig umzugehen, als mit der Frage, ob der Ex sich an die Regeln hält. Sie können getrost davon ausgehen, dass Sie beide Fehler machen werden. Gehen Sie gnädig damit um und machen Sie sich klar, dass Perfektion auf diesem Gebiet ein Ding der Unmöglichkeit ist. Lassen Sie genügend Raum für Irrtümer, sowohl die eigenen als auch die Ihres Ex. Es geht nicht darum, wie oft Sie zu scheitern drohen. Sondern darum, dass Sie es immer wieder neu versuchen.

Schritt fünf: *Trotz allem* wieder glücklich werden

> *»Ihre gegenwärtigen Lebensumstände sagen nichts über Ihre Möglichkeiten aus; sie stellen lediglich einen Ausgangspunkt dar.«*
> NIDO QUEBEIN

Dieser fünfte und letzte Schritt im »Conscious-Uncoupling«-Programm soll Sie dabei unterstützen, weise, gesunde und lebensbejahende Entscheidungen zu treffen, während Sie dabei sind, Ihr Leben neu zu erfinden und sich neue Strukturen aufzubauen, die Sie und alle Beteiligten nach der Übergangsphase aufblühen lassen.

Inmitten all der Krisen, die das Ende der Liebesbeziehung heraufbeschworen hat, können Sie sich höchstwahrscheinlich das schöne Leben, das Sie nach Ihrem Kummer erwartet, noch gar nicht so recht vorstellen. Es wird sich erheblich von dem unterscheiden, das Sie momentan hinter sich lassen. Aber Ihr Ziel besteht ja auch nicht darin, eine wesentlich bessere Version davon zu erschaffen. Vielmehr geht es darum, ganz neue, vielversprechende Möglichkeiten zu erkunden – neue Horizonte, Freundschaften und Interessen, die Sie und Ihre Lieben auf dem Weg in Ihr neues »*Trotz-allem*-glücklich«-Leben begleiten werden.

In Schritt fünf werden Sie:
- die alten Vereinbarungen aufkündigen, auf denen Ihre Beziehung bisher beruhte, und neue treffen, die der anderen Form, die sie jetzt annimmt, gerecht werden,
- Zusammenhalt schaffen und sich auf das Umfeld, in dem Sie leben, ausrichten, um sich ein unterstützendes, nährendes Milieu zu sichern, in dem Sie Ihr Leben neu erfinden können,
- eine herzerwärmende, sinnstiftende »Conscious-Uncoupling«-Zeremonie kennenlernen, die Sie, Ihren Ex und alle Beteiligten von der Vergangenheit befreit und Ihrer Entscheidung, im Guten auseinanderzugehen, mit einem schönen Schlussakzent versieht,
- heilsame, gesunde und auf Kooperation beruhende Möglichkeiten entdecken, für die Kinder zu sorgen, das gemeinsame Eigentum auseinanderzudividieren und juristische Regelungen zu finden, von denen alle Beteiligten profitieren können.

In seinem in Dialogform verfassten Werk *Symposion* spricht Platon von der Liebe als dem Kind der Fülle und der Leere. Und während wir alle am liebsten ständig in der Fülle der Liebe leben würden, gibt es für jeden doch auch Zeiten der Leere, denn der zyklischen Natur des Lebens und der Liebe kann sich niemand entziehen. Erhofft hatten Sie sich die Trennung nicht, aber nun ist es eben mal so. Und wenn Sie weise genug sind, hören Sie irgendwann auf, gegen das Unvermeidliche anzukämpfen, legen das Schwert der Unzufriedenheit nieder, um Ihr Herz zu öffnen und das Leben so zu akzeptieren, wie es ist.

So groß unser Widerstand auch sein mag, in die Leere einzutreten – einmal darin angekommen, erweist sie sich eigentlich als ganz friedliches Plätzchen. Denn im Loslassen werden Sie nicht nur des Lebens »entleert«, das Sie einmal führten, und der Person, die Sie in der Beziehung waren. Es befreit Sie auch von den kleinlichen, gemeinen Gedanken, dem quälenden Geplapper schwächender, immer nur halb wahrer Geschichten und schwälender, toxischer Emotionen wie Scham, destruktiven Schuldgefühlen oder Selbsthass. Viele haben Angst, auf dieses Terrain vorzudringen; dabei ist diese spezielle Leere natürlicherweise voller Sinn und Bedeutung, erfüllt mit kreativem Potenzial. Wie der Sufi-Dichter Rumi einmal sagte: »Es sieht aus wie das Ende, wirkt wie ein Sonnenuntergang, aber in Wirklichkeit ist es die Morgendämmerung.«

Das Beste am Schlimmsten, was passieren kann – und für Sie hat es ja nun Gestalt angenommen –, ist, dass es die Fantasie freisetzt. Obwohl Sie sich wahrscheinlich mit Händen und Füßen gegen diesen Moment gewehrt haben, nun, da er eingetreten ist und Sie alles loslassen, empfinden Sie seine schiere Weiträumigkeit doch vielleicht auch als überraschende Erleichterung. Wer Sie sind, was Sie lieben und wie Sie Ihre Zeit verbringen – all das können Sie plötzlich neu bestimmen. Vielleicht werden Sie sich sogar des herrlichen Umstandes bewusst, dass Sie nun frei sind, Ihr Leben so zu gestalten, wie es Ihren tiefsten Sehnsüchten, Ihren Wertvorstellungen, Interessen und Ihrer höheren Bestimmung entspricht. Ja, Sie können Ihr Leben ganz entscheidend verbessern. Und zwar dadurch, dass Sie sich alles, was Sie aus der zu Ende gehenden Beziehung gelernt haben, zunutze machen und sich eine Zukunft aufbauen, die jede Anstrengung und Entbehrungen wert sein wird.

Vereinbarungen 2.0

Jede enge Bindung beruht auf Vereinbarungen, von denen einige bewusst getroffen und andere einfach vorausgesetzt werden. Ja, man könnte sogar behaupten: Beziehungen markieren per definitionem den Eintritt in ein komplexes Geflecht aus Abkommen und Versprechen, das darüber Auskunft gibt, wie viel wir emotional in den anderen zu investieren bereit sind und welche Erwartungen wir damit verknüpfen. Versprechen wie »Du bist meine große Liebe und wirst es immer bleiben«, »Ich werde immer für dich da sein« oder »Ich bleibe dir treu bis an mein Lebensende« dienen als Vorsätze, die ein Eigenleben führen. Sie sind quasi der Motor hinter den Gewohnheiten und Dynamiken, die den Beziehungsalltag erleichtern sollen. Diese »Verträge«, die oft überaus ernst gemeint sind und voller Emotionen geschlossen werden, können uns jedoch auch nach dem Ende der Beziehung noch verfolgen. Und dazu führen, dass wir uns ambivalent, innerlich gespalten und auch irgendwie gehandicapt fühlen, wenn es doch eigentlich darum geht, einen Neuanfang zu wagen.

Emily, eine attraktive, intelligente Unternehmerin von achtundvierzig Jahren, war bereits mehr als ein Jahrzehnt von ihrem Mann geschieden. Und während er schon lange wieder verheiratet war und eine neue Familie gegründet hatte, hatte sie in all der Zeit kein einziges Rendezvous. Mich suchte sie auf, um herauszufinden, woran das liegen konnte. Als wir zusammensaßen und über ihr Leben – ihre Hoffnungen, Träume, ihre Biografie und ihre Probleme – sprachen, kam ich mit einem Mal auf die Idee, sie nach den Versprechen zu fragen, die sie ihrem Ex bei der Hochzeit gegeben hatte. Während sie mir von jenem Tag berichtete, musste sie plötzlich nach Luft schnappen. »O nein«, rief sie mit weit aufgerissenen Augen. »Ich halte mich immer noch an das Treuegelübde, das ich abgelegt habe! Nach all den Jahren fühle ich mich immer noch an das Versprechen gebunden, das ich vor dem Altar gegeben habe.« Katholisch erzogen war Emily in der Überzeugung aufgewachsen, dass Ehe lebenslänglich bedeutet. Auf der rationalen Ebene hatte sie zwar andere Vorstellungen, unbewusst aber hielt sie an dem Versprechen fest, das sie ihrem Mann vor Gott, der Familie und Freunden gegeben hatte. Obwohl sie seit fast einem Jahrzehnt kein Wort mehr mit ihm gewechselt hatte, beschloss sie, ihn noch am selben Tag anzurufen. Überrascht, von ihr zu hören, reagierte er zum Glück anständig und freundlich, als sie ihm mitteilte, dass sie sich nicht länger an ihr Treueversprechen gebunden fühle. Obwohl das im Grunde eine Selbstverständlichkeit war, gab es ihr die Gelegenheit, es ihm direkt zu sagen und auf sein Verständnis dafür zu treffen, dass sie nun die Freiheit lebte, sich neu zu orientieren und endlich auch mit anderen Männern zu verabreden.

Wenn Sie wirkliche Freiheit wollen, sollten Sie sich der Übereinkünfte, auf denen die alte Beziehung beruhte, bewusst werden und Ihre Erwartungen an sich und Ihren Ex auf den Umstand abstimmen, dass Sie von nun an getrennte Wege gehen. Dass

- er auf ewig Ihr Fels in der Brandung bleibt,
- sie nie jemanden so sehr lieben wird wie Sie,
- er für Ihr materielles Wohlergehen sorgt,
- Sie pflegen wird, wenn Sie einmal krank werden,
- er Ihren sicheren Hafen darstellt,
- Ihre Bedürfnisse für sie immer Vorrang haben werden,
- all diese und ähnliche Erwartungen müssen ans Licht kommen und bewusst so korrigiert werden, dass sie sich mit der Zukunft vereinbaren lassen, die Sie sich jetzt aufbauen müssen.

> »Für das elegante Ende gibt es einen Trick ... das Vergangene hinter sich zu lassen, ohne es zu verleugnen oder herunterzuspielen. Dabei ist es wichtig, ein Gefühl für die Zukunft zu entwickeln und sich klarzumachen, dass jedes Ende zu einem Neuanfang führt.«
> ELLEN GOODMAN

In seinem Buch *Brain at Work. Intelligenter arbeiten, mehr erreichen* bestätigt Dr. David Rock, wie wichtig die richtigen Erwartungen für ein glückliches, gesundes Leben sind. Es fühlt sich gut an, wenn unsere Erwartungen erfüllt werden. Wenn Erhofftes eintritt, leuchtet das Dopamin in den Schaltkreisen des Hirns genauso auf wie bei einem Schuss Morphium. Dann fühlen wir uns voll in der Spur. Und alles ist paletti. Unerfüllte Erwartungen dagegen bewirken einen erheblichen Abfall des Dopaminspiegels und leiten im Hirn eine Bedrohungsreaktion ein. Wenigstens zum Teil erklärt dieser Umstand die Qualen, die wir bei einer schlimmen Trennung erleiden: führt der Schock, dass unsere Erwartungen nicht erfüllt werden, doch immer wieder zu schmerzhaften Verlusterfahrungen. Zu gern würden wir auf den Boden der alten Übereinkünfte zurückkehren, werden aber immer wieder enttäuscht.

> »Wenn man irgendwo stecken geblieben ist, kommt man nicht dadurch weiter, dass man nach Antworten sucht, sondern indem man eine neue Frage findet, auf die das Leben die Antwort sein kann.«
> JENNIFER KRAUSE

In Anbetracht dessen ist es wichtig, dass Sie Ihre Erwartungen (was ich äußerst selten sage) herunterschrauben und sie den aktuellen Gegebenheiten anpassen. Verabschieden Sie sich von den

Übereinkünften, auf denen Ihre Beziehung einst beruhte, um bewusst andere, passendere zu treffen. Neue Vereinbarungen, die Sie beide sicher in Ihr künftiges Leben geleiten, sei es in Form des Übergangs zu einer Beziehung als an einem Strang ziehende Eltern, als Freunde fürs Leben oder als Geschäftspartner – oder auch einfach dadurch, dass Sie im Guten auseinandergehen.

Fragen Sie sich:
»Welche der Übereinkünfte mit meinem Ex haben ihre Gültigkeit inzwischen verloren?«
Zum Beispiel: »Ich warte auf dich, egal wie lange«, »Ich werde nie mehr jemanden so lieben wie dich«, »Du bist der einzige Seelengefährte, den ich je haben werde«.

»Welche Verpflichtungen ist mein Ex mir gegenüber eingegangen, aus denen ich ihn jetzt besser entlassen sollte?«
Zum Beispiel: »Ich übernehme die Verantwortung für dein Lebensglück«, »Emotional werde ich immer für dich da sein« oder »Solltest du mal in Schwierigkeiten geraten, hau ich dich raus«.

»Welche Übereinkünfte könnte ich jetzt vorschlagen, die der neuen Zukunft, die ich erschaffen möchte, entsprechen?«
Zum Beispiel: »Als Vater meiner Kinder werde ich dich immer achten und deine Beziehung zu ihnen unterstützen«, »Die Zeit, in der wir ein Liebespaar waren, wird mir immer lieb und teuer sein«, »Du wirst Teil meiner erweiterten Familie und ich werde dafür sorgen, dass alle eine gute, liebevolle Beziehung zu dir haben«.

Hinweis: Sollten Sie den »Conscious-Uncoupling«-Prozess allein durchlaufen und ein direkter Austausch mit Ihrem Ex darüber nicht möglich sein, können Sie ihm die Veränderungen auch in einer Unterhaltung mit seiner Seele (siehe Schritt drei) mitteilen. Dabei stellen Sie sich vor, dass Sie ihm gegenübersitzen, die alten Übereinkünfte annullieren und zu neuen Vereinbarungen kommen, die im Einklang mit der Zukunft stehen, die Sie sich aufbauen wollen.

Den Zusammenhalt der Gemeinschaft nicht schwächen

Nach beinahe zehnjähriger Beziehung beschlossen Sophie und ihre Partnerin Mary, sich zu trennen. Da sie, wie es bei vielen Paaren der Fall ist, praktisch denselben Freundeskreis hatten, wollten sie unbedingt vermeiden, dass sich die Leute gezwungen sahen, für die eine oder die andere Partei zu ergreifen. Als Mary übers Wochenende ihre Familie außerhalb der Stadt besuchte, traf sich Sophie zum Brunch mit gemeinsamen Freunden, die von der bevorstehenden Trennung noch nichts wussten. Da sie es jedoch nicht länger verheimlichen wollte, ergriff Sophie die Gelegenheit, den Leuten reinen Wein einzuschenken. Bestürzt und schockiert von der Nachricht fingen einige sofort an, schlecht über Mary zu reden, um Sophie ihrer Loyalität zu versichern. Dies unterband sie jedoch, indem sie erklärte, dass alles zwei Seiten habe und Mary genauso verletzt sei wie sie selbst. Deshalb bat sie die Freunde, sich nicht auf eine Seite zu schlagen, sondern lieber für sie beide zu beten. Denn gerade während und nach der Trennung würden sie besonders auf ihre Freunde und Freundinnen angewiesen sein.

Aus dem Wunsch heraus, Ihren Schmerz zu lindern, kann es gut sein, dass sich Ihre Angehörigen und Freunde plötzlich gegen Ihren Ex wenden und sich abfällig über ihn äußern. Dabei meinen sie es natürlich nur gut mit Ihnen: Sie wollen Sie einfach ihrer emotionalen Unterstützung versichern. Womöglich haben Sie sie in den Monaten vor der Trennung sogar selbst dazu gebracht, den Ex herabzuwürdigen und Sie in Ihrer Opferposition zu bestätigen. Eine solche Demonstration der sozialen Solidarität, bei der der Verflossene mit Vorwürfen überschüttet wird, federt den Schlag der Trennung zunächst vielleicht etwas ab. Auf lange Sicht aber kann die Verurteilung und Verunglimpfung des anderen erhebliche negative Folgen haben und es praktisch unmöglich machen, die frühere Liebesbeziehung auf eine gute neue Ebene zu bringen. Sicher, unsere primitive Natur kann uns dazu verleiten, den Ex aus dem gemeinsamen Freundes- und Bekanntenkreis zu vertreiben – als Strafe für das Verbrechen, Sie nicht so geliebt zu haben, wie Sie es brauchten. Doch einen Menschen seiner sozialen Zugehörigkeit zu berauben, indem man andere gegen ihn aufbringt, ist genauso schlimm, als würde man ihm die Knochen brechen oder eine Bratpfanne über den Kopf hauen. Es ist auch eine Form von Gewalt.

Dr. Naomi Eisenberger von der University of California hat in einem Experiment erforscht, wie sich soziale Ächtung auf das menschliche Gehirn auswirkt. Dafür schloss sie Probanden, die ein Computerspiel namens Cyberball spielten, an einen Scanner an. Cyberball ist ein einfaches Internet-Ballspiel, bei dem vorgeblich drei Teilnehmer gegeneinander antreten – das virtuelle Gegenstück eines Schulhofspiels. Der Spieler kann dabei sowohl seinen eigenen Avatar beobachten als auch die der beiden Mitspieler. Diese aber fingen im Experiment an einem bestimmten Punkt an, sich den Ball nur noch gegenseitig zuzuspielen und die Versuchsperson vollkommen zu ignorieren. »Bei den meisten«, berichtet Dr. Eisenberg, »ruft dieses Experiment heftige Emotionen hervor. Wie wir herausgefunden haben, löst das Gefühl, ausgegrenzt zu werden, Aktivitäten in den neuronalen Regionen aus, die auch mit der qualvollen Komponente des Schmerzes in Verbindung gebracht werden, welche mitunter als dessen ›Leidens-Komponente‹ bezeichnet wird.«[45] Soziale Ausgrenzung – das Gefühl, nicht dazuzugehören, eine geringere Wertigkeit zu haben als die anderen, unerwünscht und ausgestoßen zu sein – aktiviert im Hirn also dieselben Regionen wie körperlicher Schmerz. Ganze fünf Bereiche des Hirns waren es schon bei diesem einfachen Ballspiel-Experiment, das beweist, dass soziales Leid keinesfalls unterschätzt werden darf.

Viele Ihrer Freunde und Angehörigen werden stillschweigend davon ausgehen, dass sie sich nun gegen Ihren Ex wenden müssen, um Ihnen ihre Loyalität zu beweisen. Deshalb sollten Sie sie eines Besseren belehren. Als ich meiner Mutter sagte, dass Mark und ich beschlossen hatten, die Scheidung einzureichen, reagierte sie, wie es wohl jede Frau tun würde, die ihre Tochter liebt: Sie begann, ihn und unsere Beziehung schlecht zu machen, um mich ihrer unerschütterlichen Unterstützung zu versichern. Doch das trieb ich ihr schnell wieder aus. Ich dankte ihr für ihre Liebe und Unterstützung. Erklärte ihr aber zugleich auch, dass ich anders mit der Trennung umgehen würde als üblich. Da Mark der einzige Vater war, den ihre Enkelin je haben würde, sollten wir immer gut über ihn sprechen und ihm unter die Arme greifen, wann immer es nötig sein würde. Mark sei zwar nicht perfekt, ich aber auch nicht. An gegenseitigen Vorwürfen hätten wir keinerlei Interesse, erklärte ich meiner Mutter. Vielmehr sei uns daran gelegen, unserer sich verändernden Familie eine gesunde Zukunft zu ermöglichen. Wir würden uns nicht über Vermögensfragen streiten, stets versuchen, aus den richtigen Gründen das Richtige zu tun, und nie das Wohlergehen aller Beteiligten aus den Augen verlieren. Dann bat ich meine Mutter, mich bei dieser bewussten, freundschaftlichen Beendigung meiner Ehe zu unterstützen. Dieser für sie radikal andere Weg des Auseinandergehens verwirrte sie zunächst ein wenig, letzten Endes aber erlebte sie ihn auch als Erleichterung. Denn so musste sie nicht auf den Schwiegersohn verzichten, sondern sich nur daran gewöhnen, dass er nicht mehr mit ihrer Tochter verheiratet war.

Jede Beziehung hat zwei Gesichter. Das eine ist natürlich die sehr private, intime Seite, die sich hinter geschlossenen Türen abspielt. Das andere Gesicht markiert den sozialen Aspekt der Liebe. Dabei geht es um die Rolle, die das Paar für die gemeinsamen Freunde spielt, für die Kinder, für die Trauzeugen, für die Leute, mit denen es den Truthahn zu Thanksgiving anschneidet, und alle, in deren Leben es eine Rolle spielt. Eine Beziehung geht ja nie nur die beiden unmittelbar daran Beteiligten etwas an. Sie sind Teil eines ganzen Netzwerks von Menschen, die von der Trennung unter Umständen emotional sehr stark betroffen werden. Der Verlust dessen, was andere in diese Beziehung investiert haben, ist viel mehr als ein Kollateralschaden – denn auch sie fühlen sich jetzt womöglich verlassen, betrogen, verraten und verkauft.

Das gemeinsame Auseinandergehen dreht sich um das Wohl aller, auf die sich die Trennung auswirkt; es geht dabei um Zusammenhalt im größer werdenden Netz von Angehörigen und Freunden. Und darum, allen behilflich zu sein, sich auf den neuen Status der Beziehung einzurichten. Dr. Sheri Meyers und Jonathon Aslay, beides hoch angesehene Beziehungsexperten, kündigten ihre Trennung mit dem folgenden Post auf Facebook an:

»*Liebe Freunde, liebe Community,*

in tiefer Traurigkeit möchten wir euch über die Veränderung unseres Beziehungsstatus informieren. Wir bleiben zwar Seelengefährten und mögen uns immer noch sehr, aber wir sind kein Paar mehr. Zu einer Liebesbeziehung gehört ja immer mehr als Liebe und manchmal ist es im Alltag gar nicht so einfach, alles unter einen Hut zu bringen. Deshalb haben wir beschlossen, von jetzt an nur noch Freunde zu sein.

Wir trennen uns im Guten und voller Respekt voreinander. Wir freuen uns über alles, was wir gemeinsam haben lernen können, und sind für alles dankbar, was wir miteinander erleben durften. Jetzt geben wir uns Mühe, mit Würde und Anstand auseinanderzugehen, eben so, dass es den vielen Jahren gerecht wird, die wir zusammen waren.

Im Moment versuchen wir – jeder für sich – herauszufinden, wie viel Freiraum wir brauchen, damit nach der ganzen langen Zeit, in der wir uns als »Wir« definiert haben, jeder von uns wieder zu einem »Ich« werden kann. Dass das emotional nicht immer ganz einfach sein wird, ist uns natürlich auch klar. Aber wir lassen die Kommunikation zwischen uns nicht abreißen und sind fest entschlossen, uns in Liebe zu trennen. Obwohl wir beide sehr traurig sind, hoffen wir doch, dass wir einander eng verbunden bleiben und es uns gelingt, unsere Beziehung künftig so zu gestalten, dass sie für den Rest unseres Lebens Bestand hat.

Euch, unsere Freunde und unsere Community, bitten wir, unsere Privatsphäre zu respektieren und uns genügend Zeit und Raum zu lassen, damit wir uns wieder berappeln und diese große Veränderung verarbeiten können.

In Liebe

Sheri & Jonathon«

In den darauf folgenden Wochen reagierten beide auf die Posts des jeweils anderen mit aufmunternden Worten. So machten sie ihre gegenseitige Wertschätzung und Unterstützung und den Respekt, den sie voreinander hatten, öffentlich. Heute leben beide in einer neuen Beziehung. Erst kürzlich haben sie ein Foto gepostet, das sie mit ihren Partnern zeigt. Ein solch eleganter Übergang wird nicht jedem gelingen, doch als Vorbilder finde ich Sheri und Jonathon bewundernswert.

Um des Wohlergehens und Zusammenhalts Ihres Familien-, Freundes- und Bekanntenkreises im Zuge der Trennung willen möchte ich Ihnen folgende Vorschläge machen:

1. Bewahren Sie Würde

Sie dürfen nie vergessen, dass die meisten Leute gemäß dem etwa dreihundert Jahre alten Mythos vom »Glücklich bis ans Lebensende« stillschweigend davon ausgehen, dass eine Ehe zu halten hat, »bis dass der Tod uns scheidet«. Eine Trennung aus anderen Gründen wird deshalb automatisch als »Scheitern« gewertet.

Sollten Sie auf dieses Vorurteil treffen, versuchen Sie es bitte nicht allzu persönlich zu nehmen. Sehen Sie es als das, was es ist: ein kollektives Liebesideal, das bei seinem Entstehen durchaus sinnvoll war, heute aber nicht mehr zeitgemäß ist. Tragen Sie den Kopf hoch und machen Sie sich klar, dass eine Trennung auch so schon schwer genug ist – da muss man sich oder andere nicht auch noch an Standards messen, die den eigenen Werten und der persönlichen Bestimmung zuwiderlaufen. Begreifen Sie sich besser als Vorreiter, als Teil der wachsenden Bewegung von Menschen, die sich für eine neue, aufgeklärtere Form der Trennung einsetzen. Stehen Sie zu Ihrer Entscheidung, und führen

Sie sich immer wieder vor Augen, dass die Überführung der Beziehung auf eine andere Ebene aller Ehren wert ist und Respekt verdient.

2. Halten Sie sich zurück, wenn Sie Ihre Geschichte erzählen

Nach so einem traumatischen Ereignis wie einer Trennung haben die meisten von uns das Bedürfnis, darüber zu sprechen, um das Geschehene einordnen und verarbeiten zu können. Dabei geraten Sie jedoch womöglich in Versuchung, Ihre Geschichte aus der Opferperspektive heraus zu erzählen und mit dem Finger auf alles zu zeigen, was Ihr Ex falsch gemacht hat. In diese Falle gerät man leicht, schließlich hat er mit größter Wahrscheinlichkeit tatsächlich einiges getan, was verletzend, irritierend und destruktiv war. Vergessen Sie aber bitte nicht, was auch Sie zu den Geschehnissen beigetragen haben, denn nur so gewinnen Sie die Kraft, die Sie brauchen, um künftig bessere Erfahrungen machen zu können.

> »Um aus einem Maulwurfshügel ein riesiges Gebirge zu machen, muss man nur immer mehr Dreck aufhäufen.«
> ANONYM

Äußern Sie sich respektlos über Ihren Ex, machen Sie damit nicht nur ihn schlecht, sondern auch sich selbst. Und wenn Sie sich als bedauernswertes Opfer präsentieren, sinken Sie unweigerlich in der Achtung Ihrer Mitmenschen. Die bemitleiden Sie dann eher statt in Ihnen die gütige, weise Person zu bewundern, die Sie doch eigentlich sind. Womöglich berauben Sie sich unbewusst sogar selbst eines Teils der Unterstützung, weil Sie die

Leute als Mülleimer benutzen und sie das spüren. Am Anfang haben sie vielleicht noch Mitleid mit Ihnen, später aber warten sie dann nur noch darauf, dass sie ihre »Freundespflicht« endlich erfüllt haben und sich abwenden können.

Sprechen Sie dagegen selbst- und verantwortungsbewusst über die Trennung, ohne Ihre Bekannten bewusst oder unbewusst zu zwingen, dass sie Ihren Ex plötzlich verabscheuen, gewinnen Sie nicht nur deren Respekt, sondern inspirieren sie womöglich sogar, sich bei einer eigenen Trennung ein Beispiel an Ihnen zu nehmen.

Die Scheidung meiner Mutter von meinem Stiefvater war ziemlich schlimm. Doch als sie ein Vierteljahrhundert später miterlebte, wie freundlich Mark und ich auseinandergingen, berührte sie das so, dass sie trotz des kalten Krieges, der seit so langer Zeit zwischen ihr und ihrem Exmann herrschte, beschloss, ihm einen Olivenzweig zu reichen. Eines eisigen Wintertages rief sie ihn an, um ihn und meinen Bruder Scott zu sich ins wärmere Florida einzuladen. Verblüfft von dieser netten Geste nahmen sie das Angebot an. Zusammen verbrachten alle drei ein paar schöne Tage und begruben die Animositäten, die so lange zwischen ihnen geherrscht hatten. Was beweist, dass es für ein freundschaftliches Auseinandergehen nie zu spät ist.

3. Geben Sie anderen klare Verhaltensregeln an die Hand

Um einer möglichen Spaltung des gemeinsamen Bekanntenkreises vorzubeugen, sollten Sie die Leute wissen lassen, dass sie nicht Partei ergreifen müssen und sehr gern die Beziehung zu Ihnen beiden aufrechterhalten dürfen. Tun Sie das, auch wenn für Sie selbst die Versuchung eines klaren Schnittes noch so groß sein mag. Denn ist es dazu erst einmal gekommen, kann es Jahre, wenn nicht gar Jahrzehnte dauern, bis der Schaden wieder behoben ist, sollte es überhaupt gelingen.

Meine Mutter und mein Vater haben sich scheiden lassen, als ich zwei war, und wie die meisten Paare jener Zeit brachten sie einander danach nicht einmal mehr ein Mindestmaß an Sympathie entgegen. Ihre Feindschaft endete erst Jahre später, als ich auf Besuch bei meiner Mutter war und mein Vater vorbeikam, um mich zum Essen abzuholen. Plötzlich befand ich mich in der seltenen Situation, beide zur gleichen Zeit im selben Raum zu haben. Das war für mich etwas so Besonderes, dass ich die beiden geradezu zwang, rechts und links von mir Aufstellung zu nehmen und für ein Foto zu posen. Es wurde eine der ganz wenigen Aufnahmen, die uns drei zusammen zeigen.

Für mich war das Schlimmste an dieser Geschichte nicht der Verlust des Zusammenhalts, den ich als Kind natürlich empfunden habe, sondern mehr noch die Einbuße meiner Verwandtschaft, die dem Kreuzfeuer zum Opfer gefallen war. So habe ich den größten Teil meines frühen Erwachsenenlebens damit verbracht, eine Beziehung zu meinen Großeltern, zu Onkeln, Cousins und Cousinen aufzubauen. Verwandtschaftliche Bindungen, die ich in der Jugend offen gestanden gut hätte brauchen können. Meine Eltern sind mittlerweile zwar keine Freunde geworden, gehen heute aber glücklicherweise zivilisierter miteinander um. Doch für uns als Familie sind die Jahre, in denen zwischen ihnen Krieg herrschte, unwiederbringlich verloren.

Vor dem Hintergrund der verheerenden Trennungsgeschichten auf meiner Seite kam es nicht überraschen, dass viele Mark schon auf feindlichem Terrain vororteten, als wir beschlossen, uns scheiden zu lassen. Und es dauerte seine Zeit, bis wir alle vom Gegenteil überzeugt und ihnen klargemacht hatten, welches Verhalten wir uns von ihnen wünschten. In den ersten

Jahren waren einige total verblüfft, als Mark und ich zusammen Urlaub machten, mit unserer Tochter Alexandria. Und als ich Mark einlud, mit uns übers Wochenende zu Alexandrias Großeltern zu fahren, damit sie einmal ihre ganze Familie auf einem Fleck hatte, reagierte der eine oder die andere richtiggehend bestürzt. Doch die Freundlichkeit und Höflichkeit, mit der Mark und ich miteinander umgingen, faszinierten sie dann so, dass sie sich öffneten und ihn wieder ins Herz schlossen. Heute sind wir eine glückliche, gesunde »Großfamilie«, und Mark wird selbstverständlich zu allen Festen und Zusammenkünften mit eingeladen. Umgekehrt lädt Marks Family mich zu allen gemeinsamen Aktivitäten ein.

»Lass uns Freunde bleiben«

Für Melissa, eine vierunddreißigjährige sanfte, aufmerksame und intelligente New Yorkerin, war es ein harter Schlag, als ihr Freund, mit dem sie seit drei Jahren zusammen war, ihr keinen Antrag machte, sondern stattdessen vorschlug, die Beziehung auf einer rein freundschaftlichen Ebene weiterzuführen. Jeden Morgen nach dem Aufstehen schien sie das Vision Board mit den fröhlich lachenden Blumenmädchen, der Silhouette eines Brautpaares und dem funkelnden Brillantring, das an einer Wand ihres Ankleidezimmers verblasste, zu verspotten. Ernüchtert und nur in der Hoffnung darauf, dass er es sich anders überlegen würde, wenn sie weiterhin die Nächte mit ihm verbrachte, versuchte sie verzweifelt, keinen seiner Wünsche unerfüllt zu lassen. Doch die Zurückstufung auf den Status einer Freundin fühlte sich für Melissa an, als müsste sie in die kleine Kellerwohnung der heiß geliebten Prachtvilla ziehen, in der sie bislang gelebt hatte.

Vor die Wahl gestellt, ihn ganz zu verlieren oder mit ihm »befreundet« zu bleiben, entschied sie sich wohl oder übel für die zweite Alternative. Als ich sie jedoch fragte, wie die Freundschaft, die er ihr entgegenbrachte, denn genau aussah, musste sie einräumen, dass er im Grunde dieselben sexuellen Privilegien wie früher genießen wollte, nur eben ohne Verbindlichkeit, ohne Treue und ohne Hoffnung auf eine gemeinsame Zukunft. Auf meine Frage »Und was soll das mit Freundschaft zu tun haben?« fand sie keine Antwort.

Wahre Freundschaft muss man sich verdienen – durch eine liebevolle, selbstlose Geste nach der anderen. Nur so kann unerschütterliches Vertrauen zueinander entstehen. Beim »Conscious Uncoupling« geht es um ein freundschaftliches Auseinandergehen; dies darf aber nicht mit der Überführung der Beziehung in eine »wahre Freundschaft« verwechselt werden, was manche als Fortschritt betrachten würden und andere als Rückschritt. Aristoteles hielt Freundschaft für die reinste, der erotischen weit überlegene Form von Liebe. Er beschrieb sie als den aktiven Wunsch, einem anderen Gutes zu tun, ausschließlich diesem zuliebe, und ihn zu behandeln wie ein zweites Ich. Bei dieser Art der Liebe, die er als *philia* bezeichnete, liebt man die andere Person um ihrer selbst willen und nicht, weil man sich irgendeinen Vorteil von ihr verspricht. Da eine Trennung oft als eine Art emotionaler Vertreibung erlebt wird und mit dem verzweifelten, krampfhaften Bedürfnis nach Festhalten einhergeht, wird der Impuls, »Freunde« zu bleiben, seltener von dem Wunsch gespeist, sich wahrhaft um den anderen zu kümmern. Eher geht es darum, der existenziellen Bedrohung zu entgehen, als die der Tod einer intimen Liebesbeziehung in der Regel empfunden wird. Die Motive für eine solch plötzliche großherzige Geste sind oft fragwürdig, weil sie sich doch häufig mit dem eigennützigen Wunsch nach Selbstschutz vermischen. Und das ist das Gegenteil von wahrer Freundschaft. Echte Freundschaft beruht auf der Bereitschaft, sich gegebenenfalls für den anderen aufzuopfern, und ist keine Light-Version einer Liebesbeziehung. Melissas Exfreund ging es natürlich überhaupt nicht um deren Bedürfnisse, als er ihr vorschlug, »Freunde« zu bleiben; vielmehr versuchte er damit, die Folgen seines Schlussmachens für sich selbst in möglichst engen Grenzen zu halten.

Zur Verwandlung einer Liebesbeziehung in wahre Freundschaft bedarf es einer Vielzahl kleiner, aufmerksamer Gesten der Rücksichtnahme. Kürzlich hatte ich das Vergnügen, mich mit Chris Attwood und seiner Exfrau Janet Attwood zum Essen zu treffen. Während wir darauf warteten, dass der Parkservice unsere Autos vorfuhr, bot uns jemand an, ein Foto von uns zu machen. Wir unterbrachen unser Tischgespräch, standen auf, schauten in die Kamera und lächelten. Doch kurz bevor der Auslöser gedrückt wurde, trat Janet von Chris' Seite weg und stellte sich so hin, dass ich zwischen den beiden stand. »Ich würde mich nie neben Chris stellen, wenn wir fotografiert werden, seiner Frau wegen. Sie soll wissen, dass ich sie respektiere«, flüsterte sie mir ins Ohr.

Die Freundschaft, die Chris und Janet auch nach ihrer Scheidung noch verbindet, ist kein Zufall. Sie beruht auf unzähligen Gesten gegenseitiger Rücksichtnahme. Als mir ein Ex, den mein Schlussmachen derbe enttäuscht hatte, Monate nach der Trennung seine Hilfe einer Zeit des Krankseins anbot, berührte mich das sehr. Ungeachtet seiner Gefühle kümmerte er sich wochenlang rührend um mich und zeigte mir damit in Zeiten der Not, was wahre Freundschaft bedeutet. Deshalb stehen wir uns auch heute noch sehr nahe, und ich schätze ihn sehr. In den weisen Worten von Julia Roberts ausgedrückt: »Dass es Liebe ist, weiß man, wenn man dem anderen nichts als Glück wünscht, auch wenn man selbst nicht Teil dieses Glücks sein kann.«

Womöglich hoffen Sie darauf, Ihre bisherige sexuelle Beziehung in eine platonische überführen zu können, aber ich muss Sie warnen: Die Biologie spielt gegen Sie. Denn die Natur sorgt dafür, dass in den kommenden Wochen und Monaten der Duft seines Aftershaves, die Berührung ihrer Hand oder sein Lachen beziehungsweise ihr Lächeln genügt, um die Chemie Ihres Körpers im Nullkommanichts zu verändern und Sie in den euphorischen Zustand des Verliebtseins zurückzuversetzen. Deshalb empfehlen die meisten Experten einen mindestens mehrmonatigen klaren Trennungsstrich zur Entgiftung von den chemisch suchtbildenden Aspekten der Liebe.

Gönnen Sie der Beziehung die nötige Atempause, indem Sie Distanz wahren, während Sie sich auf die Veränderungen im Verhältnis zueinander einstellen. Zugegeben, das ist leichter gesagt als getan, vor allem, wenn Kinder im Spiel sind. Sollten Sie sich also treffen müssen, vergessen Sie bitte nicht, dass jede Art der Berührung zu Irritationen führen kann. Aus diesem Grund lautet meine Empfehlung: keine Küsse, kein Händchenhalten. Da schon Ansätze eines Flirts die Hormone zum Fließen bringen können, sollten Sie unbedingt darauf achten, die emotionalen und sexuellen Grenzen keinesfalls zu überschreiten. Statt sich an Ihren Ex zu wenden, wenn es Ihnen schlecht geht, suchen Sie sich lieber neue Vertrauenspersonen. Gestehen Sie ihm gegenüber auch keine eventuellen Probleme in Ihrem gegenwärtigen Liebesleben ein. Sorgen Sie dafür, dass die Kommunikation zwischen Ihnen frei bleibt von ambivalenten Botschaften oder Motiven. In Ihren Gesprächen sollten Sie sich ganz auf die Dinge konzentrieren, die zu regeln sind. Und sich so lange um eine formellere Haltung zueinander bemühen, bis Sie eine platonische Freundschaft auch nur in Erwägung ziehen können.

Um der Kinder willen

Viele von uns, die wir in den Siebziger- und Achtzigerjahren des letzten Jahrhunderts aufwuchsen, als sich die Scheidungsrate in Amerika mehr als verdoppelte, sind Zeugen der schmutzigen, zänkischen Trennungen unserer Eltern geworden. Die verschuldensunabhängige Scheidung, die Ende der Sechziger eingeführt wurde, machte es möglich, eine Ehe aufzulösen, ohne dass Beweise für Misshandlungen, Vernachlässigung oder Untreue vorliegen mussten. Dies löste eine wahre Flut schlimmer Scheidungen aus. Aufgebrachte Eltern erziehen ihre Kinder mehr im Gerichtssaal als in der Familie. Zahlreiche Studien belegten die negativen Auswirkungen einer Scheidung auf die Kinder; demnach litten sie unter der ständigen Animosität und Feindschaft der Eltern, die sie im Kampf gegeneinander oft als Waffen einsetzten.[46] Wie ich persönlich bestätigen kann, trafen diese Studien den Nagel auf den Kopf. Denn ich war eines dieser Kinder. Und wir waren ganz schön durcheinander. Bevor wir auch nur wussten, was Weisheitszähne sind, machten wir schon Party bis in die Morgenstunden und hatten bereits Sex, als uns noch kein Kondom je unter die Augen gekommen war. Nachts haben wir uns davongestohlen, wir sind von zu Hause ausgerissen, haben die Schule geschwänzt, unseren Eltern das Geld aus der Börse gemopst und uns in dunklen, feuchten Kellern eine Marlboro nach der anderen reingezogen. Viele wurden depressiv, ängstlich, aggressiv und zu Schulversagern. Wir entwickelten Essstörungen. Und hatten später instabile, schwierige Beziehungen. Dies alles wurde auf die Scheidung zurückgeführt. Und tatsächlich: Wann immer ein Kind zwischen die Mühlräder streitsüchtiger Eltern gerät, die an ihm herumzerren, damit es Partei ergreift, und ein moralisch mehr als zweifelhaftes Vorbild abgeben, wird es knietief in Schwierigkeiten landen.

Dr. John Gottman, der Autor des berühmten Buches *Die sieben Geheimnisse der glücklichen Ehe*, führte eine interessante Studie an dreiundsechzig Vorschulkindern aus Familien durch, in denen ein hohes Maß an Konflikten und Streitigkeiten herrschte. Zunächst fand er heraus, dass bei diesen Kindern (im Unterschied zu anderen) der Spiegel von Stresshormonen im Blut chronisch erhöht war. Dr. Gottman verfolgte ihre Entwicklung bis ins fünfzehnte Lebensjahr und stellte schließlich fest, dass bei ihnen praktisch dieselben Probleme auftraten, wie ich sie eben beschrieben habe, zum Beispiel ständiges Schulschwänzen, Ablehnung seitens ihrer Altersgenossen, Sitzenbleiben und schlechtere schulische Leistungen als bei Kindern, die in einem harmonischen, friedvollen Zuhause aufwuchsen. Mit anderen Worten: Kinder sind immer die Leidtragenden, wenn sie in einem emotionalen Kriegsgebiet leben müssen. Ob ihre Eltern nun verheiratet sind (beziehungsweise bleiben) oder nicht, spielt dabei keine Rolle.

Ich wünschte, die Zeiten, in denen sich Eltern wie Kindergartenlümmel im Sandkasten aufführen, wären vorbei, aber leider ist das nicht der Fall. In England führte 2014 Resolution, eine Organisation, die sich für friedliche Scheidungen einsetzt, eine Studie durch, der zufolge bei etwa 30 Prozent der befragten Teenager und jungen Erwachsenen ein Elternteil versucht hatte, das Kind gegen den anderen auszuspielen. Mehr als 25 Prozent gaben an, aktiv in den Scheidungsprozess hereingezogen worden zu sein, und genauso viele hatten, wie sie sagten, aus den sozialen Medien erfahren müssen, dass ihre Mum oder ihr Dad eine neue Partnerschaft eingegangen war. Das vielleicht traurigste Ergebnis dieser Studie war jedoch, dass fast jeder Fünfte angab, ganz den Kontakt zu einem oder beiden Großelternpaaren verloren zu haben. Wenn wir uns nach der Trennung allerdings so benehmen, darf sich auch keiner wundern, wenn man von »kaputten Familien« spricht.

Liebend gern würde ich Sie mit der Mitteilung beeindrucken, ich selbst hätte mich nie so armselig verhalten. Doch leider muss ich zugeben, dass meine »*Trotz-allem*-glücklich«-Familie auch nicht über Nacht entstanden ist, sondern eher einen Prozess darstellte. Als Mark und ich heirateten, hieß ich seine Tochter mit offenen Armen willkommen. Sarah war zu der Zeit etwa zehn und lebte mit ihrer Mutter Anne, Marks Exfrau, mehrere Autostunden von uns entfernt. Eines Thanksgivings, als unsere Tochter Alex noch ein Kleinkind war, luden wir Sarah zu unserem Festtagsdinner ein, weil wir wussten, dass sie mit ihrer Mutter in die Stadt kommen wollte. Zunächst sagte sie zu, dann aber, als ihr klar wurde, dass Anne den Abend würde allein verbringen müssen, rief sie ihren Vater an und fragte, ob sie nicht mitkommen könne. Mark fand die Idee gut, ich aber nicht und sagte klipp und klar Nein. An jenem Thanksgiving haben wir Sarah nicht gesehen. Sie ging stattdessen mit ihrer Mutter Pizza essen.

Diese Episode stellt in vieler Hinsicht den Anfang dessen dar, worum es in diesem Buch geht. Ich schämte mich für mein kleinmütiges Verhalten und dachte lange darüber nach. Aufgrund meiner mangelnden Großzügigkeit hatten Sarah und Alex auf einen gemeinsam verbrachten Feiertag verzichten müssen. Und warum? Fühlte ich mich etwa bedroht? War ich eifersüchtig? Dabei wollte Anne Mark doch gar nicht zurück. Über die menschliche Größe, zum Hörer zu greifen und mich bei ihr zu entschuldigen, verfügte ich zwar nicht, immerhin veränderte ich jedoch den Kurs. Von da an luden wir Sarah nie mehr allein zu den Festtagen ein, sondern immer auch Anne.

Seit ein paar Jahren feiern wir Weihnachten alle zusammen. Sarah ist jetzt erwachsen und lebt in einem anderen Bundesstaat, fliegt aber über Weihnachten immer in ihre alte Heimat und dann fahren sie und Anna die fünf Stunden bis zu uns nach Hause. Darauf freuen wir uns alle. Im Laufe der Zeit konnten unsere Mädchen eine schöne Beziehung zueinander aufbauen, und zwischen Anne und mir ist auch eine Freundschaft entstanden. Als wir vor einigen Jahren am Heiligen Abend alle unter dem Weihnachtsbaum zusammensaßen, beugte Alex sich zu mir herüber und flüsterte mir ins Ohr: »Mommy, darf ich Anne fragen, ob sie nicht meine Patin (›*godmother*‹, wörtlich: ›Gott-Mutter‹) werden möchte? Ich würde nämlich so gern dieselbe Mommy haben wie meine Schwester.« Worauf ich nur mit einem von Herzen kommenden Ja antworten konnte. Annes Platz in unserer verrückten, immer größer werdenden Großfamilie wurde so weiter gefestigt.

Eine Ehe können wir auflösen. Nicht so die Familie – es sei denn, wir sind bereit, die Kinder ihrer emotionalen Heimat zu berauben. Nach allem, was wir heute aus der Psychologie über die Notwendigkeit sicherer, stabiler Bindungen für die Entwicklung einer glücklichen, gesunden Persönlichkeit wissen, müssen wir unser Verhalten am Ende langfristiger Beziehungen ernsthaft überdenken.

In ihrem bahnbrechenden Bestseller *Die gute Scheidung. Die Familie erhalten, wenn die Ehe zerbricht* hat Dr. Constance Ahrons schon vor etwa zwanzig Jahren nachgewiesen, dass es gar nicht so sehr die Scheidung an sich ist, die den Kindern Schaden zufügt, als vielmehr unser barbarischer, entschieden unkreativer Umgang damit. Nicht einmal bei den sogenannten einvernehmlichen Scheidungen läuft es unbedingt besser. Einem Rosenkrieg sind sie zwar allemal vorzuziehen, doch wann immer aus einer Familie zwei werden, müssen die Kinder darunter leiden. Von ihnen zu erwarten, dass sie den einen Teil des Lebens in der einen und den Rest in der anderen Familie verbringen, heißt im Grunde, sie in einen Zustand permanenter Verlustgefühle und ständiger Sehnsucht zu versetzen. Denn man verlangt ja, dass sie sich immerzu von der einen Familie verabschieden, um wieder zur anderen zu gehen. Unter diesen Umständen ist es kein Wunder, wenn sie sich nichts sehnlicher wünschen, als dass die Eltern wieder zusammenfinden. In ihrer kleinen zerteilten Welt hungern sie nach Ganzheit. Beim »Conscious Uncoupling« gibt es nur *eine* Familie, auch wenn sie sich immer wieder neu kalibrieren muss und größer wird. Voraussetzung dafür, dass der Übergang gelingen kann, ist die Bereitschaft der *Eltern*, zu wachsen und emotional reifer zu werden. (Von den Kindern kann man das schließlich nicht erwarten.)

Es ist ein erzwungenes Wachstum, zugegeben. Aber hallo: Willkommen in der Elternschaft!

Dr. Ahrons gab diesen neuen Strukturen sogar einen Namen: Sie bezeichnet sie als *binukleare Familien*. Im Unterschied zur Kernfamilie, in der sich alles an einem Standort abspielt, sind es bei binuklearen Familien zwei Kerne an zwei Schauplätzen.

Kinder enttäuschen zu müssen, fällt einem nie leicht. Doch Gelegenheiten, Lebenserfahrung zu sammeln und Tiefgang zu entwickeln, ergeben sich auch schon in frühen Jahren. Vor unvermeidlichen Verlusten bewahren können wir unsere Kinder nicht; aber wir können ihnen unsere ganze Liebe und Unterstützung schenken, wenn es so weit ist. Und wir können ihnen helfen, zu verstehen, was da gerade vorgeht, damit sie nicht etwa auf die Idee kommen, sich selbst die Schuld an den Dingen zu geben. Die Erziehungsexpertin, Ehe- und Familientherapeutin Susan Stiffelman, Freundin und Kollegin von mir sowie Autorin des Buches *Parenting with Presence*, erteilt folgende weise Ratschläge (die sie mir in einer Mail schrieb):

> *»Mit das Schlimmste am Elternsein ist, dass unsere Kinder Erfahrungen machen müssen, die wir ihnen nur allzu gern erspart hätten. Wenn sie sauer oder verletzt sind, versuchen wir, alles zu tun, damit es ihnen besser geht. Wenn sie uns*

die Schuld an ihrer Traurigkeit geben (»Wärest du netter zu Mommy gewesen, würden wir alle noch schön zusammenleben können!«), möchten wir uns verteidigen. Wenn sie sich zurückziehen, geben wir uns größte Mühe, sie aufzuheitern. Wir verwöhnen sie mit Extraüberraschungen, um ihren Schmerz zu betäuben. Manchmal versuchen wir sie sogar davon zu überzeugen, dass in der neuen Familienkonstellation alles besser wird.

Aber Tatsache ist: Was die Kinder in derart schwierigen Momenten am meisten brauchen, sind unsere liebevollen, tröstenden Arme, in die sie sich fallen lassen können. Leicht ist das nicht, schließlich sind wir ja selbst todtraurig und leiden unter dem Verlust. Doch wenn wir unseren Kindern dabei helfen wollen zu begreifen, dass alles wieder in Ordnung kommt, müssen Mommy und Daddy präsent sein, wenn es mal nicht so gut läuft. Denn nur dann können unsere Söhne und Töchter genügend Vertrauen zu uns entwickeln, dass sie uns an ihren Emotionen teilhaben lassen. Und nur dann können wir ihnen auch helfen, sich zu erholen.«

Statt den Verlust, den Ihr Kind erlitten hat, herunterzuspielen, sollten Sie ihm helfen, ihn zu benennen, indem Sie ihm sein vermutliches Gefühl spiegeln: »Ich sehe, dass du traurig bist.« Mit ihm traurig sein können Sie ruhig. Ihren Kummer aber müssen Sie für sich behalten, denn auf gar keinen Fall darf das Kind auf irgendeine Weise in die Elternrolle gedrängt werden. Deshalb ist es wichtig, dass Sie sich Menschen und Orte suchen, die Ihnen die emotionale Unterstützung geben, die Sie brauchen, um für Ihr Kind präsent und zugänglich sein zu können. Spenden Sie ihm Trost und helfen Sie ihm, die Situation zu verstehen. Machen Sie ihm klar, dass das alles nicht sein Fehler ist, dass Sie immer noch eine Familie sind, dass es keinen Elternteil verliert, dass Sie beide es noch genauso lieben – und dass alles wieder in Ordnung kommt.

Ich weiß, das hört sich alles so cool und easy an. Ist es aber nicht. Es ist unangenehm und frustrierend und schmerzlich und schwer und herzzerreißend. An manchen Tagen wollen Sie einfach nur schreien und an anderen am liebsten die Flucht ergreifen. Aber eines verspreche ich Ihnen: Auf lange Sicht ist es das alles wert. Denn schließlich wollen wir doch alle nur das eine: dass sich unsere Kinder zu tüchtigen, gesunden, widerstandsfähigen, gutherzigen Erwachsenen entwickeln. Zu Menschen, die sich rundum wohlfühlen in ihrer Haut, die ohne groß darüber nachdenken zu müssen, wissen, wie sehr sie geliebt werden, die ihren Platz in dieser unserer schönen Welt finden und irgendwann selbst eine liebevolle, stabile Familie gründen.

Und das alles, Freunde, wird durch das »Conscious Uncoupling« möglich.

> *»In stressigen Zeiten ist es das Beste, was wir füreinander tun können, dass wir uns gegenseitig nicht nur mit den Ohren zuzuhören, sondern auch mit dem Herzen. Dass wir wissen, dass unsere Fragen genauso wichtig sind wie die Antworten.«*
> FRED ROGERS

Aus eins mach zwei

Einst lebte ich in einem wunderschönen Fünf-Zimmer-Haus mit einem Wintergarten, in dem ich morgens immer saß und die Zeitung las; im Wohnzimmer befand sich ein geschmackvoller Kamin, vor dem ich mich zuammenkuscheln und Berge von Büchern auswerten konnte; hinter dem Haus war eine Art

Zen-Garten, von dem aus ich in den Himmel schaute und die Wolken vorbeiziehen sah. Heute bewohne ich eine hübsche, aber doch bescheidene Drei-Zimmer-Wohnung in einem Hochhaus mit Ausblick auf einen Park. In dessen Zentrum steht ein großer Springbrunnen, ein Magnet für die Kinder, die um ihn herum Nachlaufen spielen und Pennys hineinwerfen, um sich etwas wünschen zu können. Den ganzen Tag über dringt das Plätschern des Wassers vermischt mit den Entzückensschreien der Kleinen durch die großen geöffneten Fenster, die viel Licht in mein nettes, geräumiges Wohnzimmer fallen lassen.

Mark und Alexandria wohnen fünf Stockwerke unter mir in einem spiegelgleich geschnittenen Apartment. So kann unsere Tochter nach Belieben den Fahrstuhl nehmen und mich so oft besuchen, wie sie will. Was Mark und mir die Gelegenheit gibt, uns täglich ihre Erziehung zu teilen. Ich vermisse zwar mein früheres großes Haus und freue mich auf den Tag, an dem ich mir ein neues kaufen kann, verzichte aber gern darauf zugunsten unserer gegenwärtigen ganzheitlichen und »benutzerfreundlicheren« Wohnverhältnisse. Sie ermöglichen es uns, ein glückliches, gesundes Mädchen aufwachsen zu sehen, dessen Probleme nicht das Geringste damit zu tun haben, dass Mark und ich nicht mehr miteinander verheiratet sind. Mir ist schon klar, dass es richtiggehend unamerikanisch wirkt, wenn ich hier so eine Lanze fürs Downsizing breche. Ich bin aber tatsächlich der Meinung, dass Lebensqualität gegenüber der Quantität unserer Besitztümer immer Vorrang haben sollte, umso mehr, wenn die psychische Entwicklung unserer Kinder auf dem Spiel steht.

> *»Die glücklichsten Menschen sind nicht etwa die mit den größten Besitztümern, sondern diejenigen, die aus allem das Beste machen.«*
> ANONYM

Die Erschütterungen, die mit dem Zerbrechen einer langfristig angelegten Beziehung einhergehen, resultieren zu einem nicht unerheblichen Teil aus dem Verlust der Hoffnung auf ein besseres – insbesondere *finanziell* besseres – Leben. Denn zu dem Mythos vom »Glücklich bis ans Lebensende« gehört ja auch die Erwartung einer sozialen Aufwärtsmobilität und keiner, die nach unten führt. Aber die harte Wirklichkeit ist nun mal: Das Familieneinkommen, von dem bislang ein Haushalt gelebt hat, muss nun für zwei reichen. Ja, Studien haben ergeben, dass fast alle Scheidungen mit einem etwa fünfjährigen Absinken des finanziellen Status einhergehen.[47] Kaum eine andere Vorstellung kann uns mehr verängstigen. Und sogar zu soziopathischem Verhalten veranlassen, wie etwa:
- darauf zu pochen, dass man mehr Zeit mit den Kindern verbringt als der Ex, damit man ein größeres Stück vom Finanzkuchen abbekommt,
- Vermögenswerte zu unterschlagen,
- die gemeinsamen Konten zu plündern oder Zahlen zu manipulieren, um mehr zugesprochen zu bekommen, als einem zusteht.

Angst lässt den Menschen eben sehr schnell vor lauter Bäumen den Wald aus den Augen verlieren.

Hass und Wut können auch in den Prozess der Güteraufteilung einfließen und die künftigen Expartner zu den bösartigsten Schachzügen verleiten. In seiner Dokumentation *Divorce Corp.* gibt der Befürworter einer Scheidungsreform Joseph Sorge eine Horrorstory wieder, die er von Thomas Zampino, Richter an einem Familiengericht in New Jersey, erfahren hat: In einem besonders strittigen Scheidungsverfahren gab ein sachverständiger Zeuge das eheliche Vermögen mit geschätzten 60 000 Dollar an. Diese Summe überraschte den Richter, denn er hatte erfahren, dass der Zeuge für sein Gutachten ein Honorar von 70 000 Dollar erhalten sollte. »Warum um alles in der Welt berechnen Sie 70 000 Dollar, wenn Sie doch wissen, dass Ihrer Klientin im Höchstfall 50 Prozent von 60 000 Dollar zustehen – weniger als die Hälfte Ihrer Honorarforderung?« Der Sachverständige zuckte mit den Schultern und schaute zu der verbitterten Ehefrau hinüber, die ihn engagiert hatte. Dann antwortete er: »Weil sie mich darum gebeten hat.«

Ein derart selbstzerstörerisches Verhalten wirkt grotesk. Doch das sogenannte Ultimatumspiel[48], ein wissenschaftliches Experiment, das David Rand von der Harvard University durchgeführt hat, gibt einen Hinweis auf mögliche Motive, eventuell sogar die Ausbildung der Kinder zu gefährden, um Rache am Partner zu nehmen. In diesem Spiel verhandeln zwei Personen über einen Topf Geld. Spieler eins macht Spieler zwei einen Vorschlag, wie die Summe verteilt werden soll. Stimmt Spieler zwei zu, gilt das Angebot als angenommen. Lehnt er ab, gehen beide leer aus. Unter diesen Umständen wäre es nur logisch, dass Spieler eins Spieler zwei einen möglichst geringen Anteil anbietet und Spieler zwei auf den Vorschlag eingeht – schließlich ist wenig Geld immer noch besser als gar keines. In der Praxis jedoch lehnen ungefähr 50 Prozent der Probanden das ungerechte Angebot ab. Viele von uns würden also eher draufzahlen, um sich an ihrem Ex für den Vorschlag einer unfairen Aufteilung zu rächen – auch wenn sie sich dabei selbst in den Finger schneiden –, als ein Angebot zu akzeptieren, das ihnen unfair vorkommt. Dass das »Gerechtigkeitsgefühl« bei einer solchen Entscheidung eine größere Rolle spielt als der tatsächlich zu erwartende Betrag wird von einer weiteren Studie bestätigt: Golnaz Tabibnia und Matthew D. Lieberman von der UCLA zeichneten die Hirnströme von Versuchspersonen auf und fanden heraus, dass fünfzig Cents von einem Dollar eine stärkere

Belohnungsreaktion auslösten als der Erhalt von 10 Dollar, wenn 50 Dollar im Topf waren.[49]

Hoffen wir also, dass Sie sich mittlerweile so weit beruhigt haben, dass Sie mit einem klaren Kopf in diese entscheidenden Verhandlungen eintreten – und in der festen Absicht, mit einem guten Gewissen daraus hervorzugehen. Weil es sehr viel schwieriger ist, sich scheiden zu lassen, als zu heiraten, sollten Sie die Beziehung im Auge behalten, die Sie im Anschluss zueinander haben wollen, und Ihr Verhalten darauf abstimmen. Bekannte von mir, Lizzie und Phil, gehörten nach dreißigjähriger Ehe mit über fünfzig zu dem Personenkreis von Scheidungswilligen, der in Amerika am schnellsten wächst. Der Verkauf des gemeinsamen Hauses und die Aufteilung der anderen Besitztümer waren von Großzügigkeit und gegenseitiger Unterstützung gekennzeichnet; sie machten mehr oder weniger halbehalbe. Kam es doch einmal zu einem kleinen Streit, dann nur, weil der eine meinte, dem anderen stünden aus irgendeinem Grund *mehr* als 50 Prozent einer bestimmten Einnahme zu – womit er sich jedoch praktisch nie durchsetzen konnte. Eines Tages, der gemeinsame Haushalt war bereits aufgelöst, rief Phil bei Lizzie an und klang außergewöhnlich fordernd. Unzweideutig teilte er mit, dass er darauf bestehe, einen größeren Anteil an den passiven Einkünften aus einer Internet-Marketingfirma für sich zu behalten, die sie gemeinsam aufgebaut hatten. Verblüfft von Phils plötzlich so herrischem Auftreten gab Lizzie sofort klein bei. »Gut, wenn du es so willst«, sagte sie und legte auf. Minuten später rief Phil wieder an, entschuldigte sich und nahm seine Forderung zurück. Er hätte einen Moment lang den Überblick verloren. »Wie ist es dazu gekommen?«, wollte Lizzie wissen. »Hast du vielleicht mit einem Anwalt gesprochen?«

»Ja«, gab Phil kleinlaut zu. »Tut mir leid.«

Um sich über Ihre rechtlichen Ansprüche zu informieren, brauchen Sie juristische Beratung. Lassen Sie sich aber bitte von niemandem vorschreiben, wie Sie in den Verhandlungen aufzutreten haben, egal, wie hochtrabend die Referenzen des jeweiligen »Experten« auch klingen mögen. Schließlich wollen Sie sich so verhalten, dass die Beziehung zu Ihrem Ex eine gute neue Gestalt annehmen kann – ohne Belastungen durch kleingeistige Gesten, die sich nur schwer vergessen lassen. Weil wir Menschen nun einmal so gestrickt sind, dass wir schnell in den Angriffsmodus geraten, sollten Sie mit größter Vorsicht vorgehen und die möglichen negativen Folgen mangelnder Großzügigkeit immer im Kopf behalten.

Einst lebte ich mehrere Jahre lang mit einem Mann zusammen. Während dieser Zeit legten wir uns einige Möbelstücke zu, die wir bei der Trennung gleichmäßig aufteilten. So behielt auch von den beiden kleinen Kommoden im Schlafzimmer jeder eine. Monate später erhob mein Ex jedoch Anspruch auf die zweite. Da er sie ursprünglich bezahlt hatte, war das im Grunde recht und billig. Doch bei mir stand sie zu der Zeit im Gästezimmer und ich wollte mich einfach nicht von ihr trennen. Das Möbel gefiel mir und ich hing an der Kommode. Deshalb sagte ich ihm, er könne sie nicht haben. Und ohne größer darüber nachzudenken behielt ich sie. Heute weiß ich, dass ich damit eine Gelegenheit verpasst hatte, mich von meiner großzügigen Seite zu zeigen. Und das kostete einen Preis: In den folgenden Jahren liefen wir uns zwar hin und wieder über den Weg, Freunde sind wir aber nie mehr geworden. Durch mein Verhalten war eine Kluft zwischen uns entstanden, die sich nicht überbrücken ließ. Dabei wäre es für mich ein Leichtes gewesen, ihm in der Kommodenfrage entgegenzukommen. Was bestimmt das Entstehen einer echten Freundschaft ermöglicht hätte. Doch stattdessen hatte ich mich für das Möbelstück entschieden. Jahre später verkaufte ich die Kommode dann auf dem Flohmarkt: für 25 Dollar. Diese Lektion habe ich nie vergessen.

> *»Heutzutage kennen viele den Preis von allem,*
> *aber von nichts den Wert.«*
> ANN LANDERS

Dass Sie sich etwas holen *könnten*, heißt noch lange nicht, dass Sie es auch tun sollten. Einige der amerikanischen Scheidungsgesetze sind schlicht dumm und ungerecht. Denken wir nur an die skurrile Regelung in New York, nach der während der Ehe erworbene berufliche Qualifikationen und Lizenzen automatisch der Gütergemeinschaft zugerechnet werden.[50] Bei ihrer Eheschließung mit Kenneth Quarty im Jahr 2000 stand Tanya Finch gerade am Anfang ihrer Ausbildung zur Krankenschwester. Als sie sich 2009 scheiden ließen, hatte sie sie erfolgreich abgeschlossen. Im Rahmen der Verhandlungen verlangte Kenneth die Vorabzahlung eines Teils der Gesamtsumme, die Tanya infolge des Examens, das sie jetzt besaß, potenziell verdienen konnte. Ob sie überhaupt je eine Stelle als Krankenschwester bekommen würde, spielte bei diesem Fall keine Rolle. Ganz abgesehen davon, dass Kenneth während der gesamten Ehe nicht gearbeitet und sich auch nicht an den Kosten von Tanyas Ausbildung beteiligt hatte. Sie war es, die ihren Mann und sich die ganze Zeit über mit mehreren Jobs über Wasser hielt. Doch weil Kenneth an den Abenden, an denen sie in der Schule war, auf ihre Tochter aufgepasst hatte, hielt das Gericht es für gerechtfertigt, ihm 25 Prozent des Einkommens zuzusprechen, das Tanya in ihrem gesamten restlichen Arbeitsleben *möglicherweise* zu erwarten hatte. Das entsprach einer Summe von 155 372 Dollar, die Tanya an Kenneth zahlen musste, wenn sie von ihm geschieden werden wollte. Und das als künftig alleinerziehende Mutter zweier Kinder, die als examinierte Krankenschwester etwa 70 000 Dollar pro Jahr verdienen konnte.

Angesichts solcher Horrorgeschichten ist es nicht weiter verwunderlich, dass in Amerika immer seltener geheiratet wird. Da kann einem die Ehe ja nur wie der vorprogrammierte finanzielle Selbstmord vorkommen!

Viele erhoffen sich von den Gerichten eine gerechte Vermögensaufteilung; weil die Gesetze aber allgemeingültig sind und nicht kontextgebunden, funktioniert das nicht immer. Was im einen Fall fair ist, kann sich bereits im nächsten als ungerecht erweisen. Bei dem Verfahren, das zur Einführung des erwähnten Gesetzes in New York geführt hatte, ging es um eine Frau, die ihren Ehemann während seines Medizinstudiums finanziell unterstützt hatte. Kaum hatte er es abgeschlossen, verließ er sie und brachte sie durch die Scheidung um die Früchte *ihrer* gesamten harten Arbeit.

Gerechtigkeit ist eine Frage der Einstellung und zeigt, dass einem im Zweifelsfall der Mensch wichtiger ist als der Profit – ein wichtiges Prinzip von Leuten mit langfristig gesunden, stabilen Beziehungen. Über das Maß an Selbstlosigkeit, das Sie bei der Beendigung Ihrer Ehe an den Tag legen wollen, können Sie natürlich selbst befinden. Doch jede der komplexen Entscheidungen, die Sie jetzt im Geiste der Fairness und nicht aus Angst heraus treffen, bringt Sie dem angestrebten neuen gesunden Stadium in der Beziehung zu Ihrem Ex ein großes Stück näher.

Fairness ist aber auch etwas Flexibles, das heißt: Dinge, die Sie momentan für gerecht halten, können sich im Laufe der Zeit durchaus als gar nicht mehr so fair erweisen. In den Verhandlungen über die Aufteilung unseres Vermögens kamen Mark und ich irgendwann auch auf die fortlaufenden Honorare für mein erstes Buch, *Calling in »The One«* zu sprechen. Der Mediator, den wir eingeschaltet hatten, teilte Mark mit, dass er von Rechts wegen Anspruch auf einen Teil dieser Royalties hatte; davon wollte er aber nichts hören, weil er der Meinung war, dass mir als Verfasserin diese Einkünfte allein zustünden. Mich hat Marks Großzügigkeit damals zutiefst bewegt. Zwei Jahre später jedoch wurde mir bei jedem Honorarscheck, den ich erhielt, unbehaglicher zumute. Obwohl Mark die Sache nie wieder ansprach, kam mir die Entscheidung, die wir getroffen hatten, mit einem Mal nicht mehr gerecht vor. Denn natürlich war auch von ihm viel Energie in die Entstehung des Buches eingeflossen, zum Beispiel dadurch, dass er jeden Abschnitt mit großer Sorgfalt gelesen und mit mir diskutiert hatte. Darüber hinaus hatte er während meines Schreibens mehr zum Haushaltseinkommen beigetragen als ich. Viele Jahre nach unserer Scheidung telefonierte ich mit unserem ehemaligen Mediator, um mich nach der Summe zu erkundigen, die Mark zugestanden hätte, wäre er nicht so großzügig gewesen, darauf zu verzichten. Danach rief ich Mark an und erklärte ihm, dass ich die seinerzeit getroffene Entscheidung revidieren wolle. Ich überwies ihm seinen Anteil an den mir seit der Scheidung zugeflossenen Honoraren und sagte ihm Entsprechendes auch für die Zukunft zu.

Ob mir dabei nicht doch auch ein Teufelchen auf der Schulter gesessen hat, das mir zuflüsterte, wie töricht mein Verhalten war? Selbstverständlich. Aber ich hatte begriffen, dass sich Integrität und Rechtschaffenheit unendlich viel besser anfühlen als alles, was ich mir von dem infrage stehenden Geld hätte kaufen können. Es geht einfach nichts über ein gutes Gewissen.

Das offizielle Ende

1969 machte der damalige Gouverneur von Kalifornien Ronald Reagan einen der, wie er später sagte, größten Fehler seiner politischen Karriere: Als erstes Oberhaupt eines Bundesstaates der USA unterzeichnete er ein Gesetz, das einvernehmliche Scheidungen ermöglichte. Was, wie Historiker vermuten, möglicherweise damit zusammenhing, dass ihm 1948 seine erste Ehefrau, Jane Wyman, »seelische Grausamkeit« zur Last gelegt hatte, um sich scheiden lassen zu können. Die neue Regelung ermöglichte Scheidungen ungeachtet der Schuldfrage. Man musste dem Richter also nicht mehr beweisen, dass es während der Ehe zu Seitensprüngen, Misshandlungen oder Vernachlässigung gekommen war, um sich auch offiziell trennen zu können. In den Siebzigerjahren traten entsprechende Gesetze auch in allen anderen Bundesstaaten in Kraft. Es war der Anfang einer Scheidungswelle, von der bald das ganze Land überschwemmt wurde.

Heute sind Scheidungen bei uns ein Riesengeschäft. Joseph Sorge, dem Autor der Dokumentation *Divorce Corp.* (und des gleichnamigen Buches), zufolge geben wir pro Jahr circa 50 Milliarden Dollar für ein enormes dezentrales Netzwerk aus Richtern, Anwälten, Psychologen, Beratern, Sachverständigen, Privatermittlern und Angehörigen anderer Berufsgruppen aus, die alle von den Familiengerichten leben. Da geht mehr Geld über den Tisch als bei allen anderen amerikanischen Gerichtshöfen zusammengenommen. Es ist ein System, das Kriege fördert, Verbitterung hervorbringt und Verfahren, die sich oft länger hinziehen, als die Ehe selbst gedauert hat. Ein geradezu absurd komplexes System.

Die vor etwa vier Jahrzehnten entstandenen amerikanischen Familiengerichte stellten den Versuch dar, die infolge des Trennungsbooms in die Zigtausende gehenden Scheidungsverfahren zu beschleunigen, von denen die Gerichtshöfe förmlich überschwemmt wurden. Konzipiert waren sie als freundlichere, sanftere Institution, doch das Gesetzwerk, auf dem ihre Arbeit beruht, ist seither von wenigen Paragrafen zu einem Konvulut zweitausend kleingedruckter Seiten angeschwollen. Verlangt wird darin die Hinzuziehung juristischer Experten, die nicht selten bis zu 700 Dollar die Stunde berechnen. Kein Wunder also, dass in Amerika eine Scheidung inzwischen die dritthäufigste Ursache aller Privatinsolvenzen ist.

Der Autorin des Buches *Good Karma Divorce*, Richterin Michele Lowrance, zufolge kostet ein Scheidungsverfahren gut und gern 30 000 Dollar[51] – die sich in strittigen Fällen leicht auf 50 000 Dollar steigern können, was dem gesamten Jahreseinkommen vieler Amerikaner entspricht. Wohingegen die Menschen in einigen zivilisierteren Gegenden der Welt nur den Preis einer Briefmarke berappen müssen, wenn sie sich scheiden lassen wollen. Joseph Sorge lässt in seiner Dokumentation die junge Schwedin Alexandra Borg zu Wort kommen. Die Frage, wie viel ihre Scheidung gekostet habe, irritiert sie zunächst. Dann erinnert sie sich schließlich, dass sie eine Briefmarke im Wert von fünf Kronen auf einen Umschlag kleben musste. Einen Anwalt brauchte sie nicht, ebenso wenig wie die anderen Geschiedenen, die ihr bekannt sind. Auch blieben ihr die immensen Kosten für die psychologische Beurteilung erspart, die in den USA darüber befindet, wem das Sorgerecht für die Kinder zugesprochen wird. Stattdessen musste Borg nur die Internetseite des Gerichts aufrufen, ein einfaches Formular herunterladen, ausfüllen und abschicken. Sechs Monate später waren sie und ihr Mann geschieden. Wieso das so einfach ging? Zunächst einmal, weil es in Schweden so etwas wie Versorgungsausgleich oder Ehegattenunterhalt nicht gibt. Mit der Scheidung enden alle finanziellen Verpflichtungen zwischen den Expartnern, ausgenommen die mögliche Zahlung von monatlich 150 Dollar pro Kind (die vom Staat geschätzten Kosten für Nahrung und Kleidung). Wobei auch interessant ist, dass die Behörden dieses Geld bei der Person einziehen, die vom Gericht dazu verpflichtet wurde, und es direkt an den anderen Elternteil weiterleiten. Dies dient dem Schutz der Kinder. Denn es erspart ihnen die schlimme Situation, zusehen zu müssen, wie die Mutter auf den Scheck wartet, bevor sie ihnen Schulbücher oder etwas zum Anziehen kaufen kann.

So geht es also auch!

Auf die Debatte um den Ehegattenunterhalt in den USA möchte ich hier nicht näher eingehen, sie ist ein richtiges Hornissennest. Und ich sehe schon ein, dass er für Frauenrechtlerinnen ein wichtiges Thema ist; schließlich vertreten sie die Interessen von zigtausend Müttern, die während ihrer Ehe keiner bezahlten Tätigkeit nachgegangen sind. Was mich an dem System in Skandinavien jedoch am meisten beeindruckt, ist zum einen das völlige Fehlen irgendwelcher Hassgefühle zwischen den scheidungswilligen Partnern und zum anderen der hohe Stellenwert, den das Kindswohl genießt. Aber klar: In den Krieg zu ziehen lohnt sich ja auch nicht, wenn es nichts gibt, worum man kämpfen könnte. Nehmen wir Island: Die Scheidungsrate dort gehört zu den höchsten der Welt. Und trotzdem sind die Menschen dort mit am glücklichsten, wie Studien belegen. Darüber hinaus außergewöhnlich klug und produktiv. Die schulischen Leistungen der isländischen Kinder in Mathematik und den naturwissenschaftlichen Fächern stellen die der jungen US-Amerikaner weit in den Schatten. Und was das Bruttoinlandsprodukt betrifft, wichtiger Indikator für die Finanzkraft einer Gesellschaft, so rangiert das von Island unter den sechs höchsten der Welt.

Ich erzähle Ihnen das alles aber nicht, um Sie von einem Umzug nach Skandinavien zu überzeugen (so verlockend die

Vorstellung auch sein mag), sondern um Ihnen klarzumachen, dass Scheidungen nicht automatisch etwas mit Hass zu tun haben müssen. Dass Sie dafür keine Boxhandschuhe brauchen und die Fäuste ruhig unten lassen können. Dass die Rachsucht, an die wir uns so gewöhnt haben, nicht nur auf biologische Faktoren zurückgeht, sondern vor allem auch auf unser Rechtssystem. Zu Hilfe kommen uns interessanterweise neben Psychologen sogar auch einige Anwälte. Bei allen Vorurteilen, die man zu Recht oder zu Unrecht gegen sie hat – von wegen: sie würden alles tun, auch ethisch nicht Vertretbares, um einen Fall zu gewinnen –, gibt es unter ihnen doch auch viele Verfechter einer Scheidungsrechtsreform, die sich für bessere, friedlichere Trennungen einsetzen.

Zu diesen gehört Michelle Crosby, die Gründerin von Wevorce.[52] Bei der Scheidung ihrer Eltern war sie neun und wurde vom Gericht gezwungen, sich zwischen ihrer Mutter und ihrem Vater zu entscheiden. Als Reaktion darauf widmet Crosby nun all ihre Kraft der Veränderung des Scheidungsprozederes in unserem Land. Das *ABA Journal* der Amerikanischen Rechtsanwaltskammer ernannte sie kürzlich zur »Legal Rebel«. Diesen informellen Ehrentitel tragen Anwälte und Anwältinnen, »die etwas bewegen, Veränderungen initiieren, nicht nach Schema F vorgehen, sondern ... sich ihren Klienten verpflichtet fühlen und sich bemühen, die Justiz zugänglicher zu machen«. Innerhalb der letzten zehn Jahre hat Cosby ein Verfahren aus Mediation und praktischer juristischer Hilfestellung entwickelt und etabliert, das kooperative, freundschaftliche Scheidungen ermöglicht. Gegenwärtig unterhält Wevorce Büros in zwanzig US-Bundesstaaten.

Michelle Cosby ist nur eine von Tausenden Jurist(inn)en in den Vereinigten Staaten, die sich sowohl für emotional und finanziell günstigere als auch billigere Trennungsverfahren engagieren. Eine andere ist die Scheidungsanwältin Lisa Forberg, Gründerin einer Kanzlei gleichen Namens in New Hampshire. Forberg verfolgt einen kooperativen, inklusiven Ansatz, der dem jeweiligen Einzelfall gerecht wird. Kürzlich erzählte sie mir von Paul und Jesse, einem schwulen Paar, das nach einigen Ehejahren beschloss, sich scheiden zu lassen. Da sie zwei Söhne adoptiert hatten, wollten beide versuchen, ihre Beziehung zu einem freundschaftlichen Abschluss zu bringen. Jesse allerdings befürchtete, dass das möglicherweise gar nicht so einfach werden würde. Er hatte sich die ganze Zeit über um die Kinder gekümmert, während Paul der Alleinverdiener war. Und er ahnte, dass Paul nicht bereit sein würde, ihm Unterhalt zu zahlen und ihr Vermögen zu gleichen Teilen aufzuteilen. Paul hatte die Trennung nicht gewollt. Er fühlte sich von Jesse betrogen, was sich auch auf die Möglichkeit eines einvernehmlichen Auseinandergehens auswirkte.

Bei einer kooperativen Scheidung wird dem Paar ein Expertenteam zur Seite gestellt. Jeder Partner erhält einen eigenen Anwalt, Finanzberater und Scheidungscoach teilen sich beide. Dies hilft bei der Suche nach Regelungen, mit denen alle Beteiligten leben können. Der Coach unterstützte das Paar dabei, sich auf ihre gemeinsamen Pflichten als Eltern zu besinnen, half Paul seinen Ärger zu zügeln und sich zu überlegen, wie viel Geld Jesse brauchte, damit er den Kindern auch weiterhin ein gutes Zuhause bieten konnte. Jesse wiederum, der begriffen hatte, dass finanzieller Status für Paul wichtiger war als für ihn selbst, kam zu der Auffassung, dass sich sein künftiger Ex intensiver an der Erziehung ihrer Söhne beteiligen würde, wenn er mehr als die Hälfte ihres Gesamtvermögens behalten konnte. Vorausgesetzt, er würde angemessen versorgt sein, bestand er nicht mehr auf einer Halbe-halbe-Aufteilung. Wichtig war ihm nur, dass Paul den Beitrag anerkannte, den er zur ehelichen Gemeinschaft geleistet hatte. Sobald er sich dessen sicher sein konnte, begannen sie mit der Suche nach Regelungen, die sie beide für fair erachteten. Anhand objektiver Daten, Tabellen und Grafiken zeigte der Finanzberater Paul, wie viel Geld Jesse monatlich benötigen würde, um nicht ins Minus zu geraten. Mit Jesse wiederum ging er die von diesem veranschlagten Unterhaltskosten durch, prüfte sie auf ihre Stichhaltigkeit und im Hinblick auf das gemeinsame Ziel der kooperativen Elternschaft. Als Paul die Zahlen schließlich schwarz auf weiß vor sich hatte, brauchte er nicht mehr so emotional zu reagieren, sondern konnte sich vernünftig damit auseinandersetzen.

Der wichtigste Grund, es nicht auf ein Gerichtsverfahren ankommen zu lassen, liegt in dem Verlust der Kontrolle, der damit einhergehen kann. Und der wiegt besonders schwer, wenn es um das Sorgerecht für die Kinder geht. Sie wollen doch – zusammen mit dem anderen Elternteil – über ihre Erziehung entscheiden. Und dies nicht etwa einem allmächtigen Richter in einschüchternd schwarzer Robe überlassen, der Ihre Familie nicht einmal kennt. Und Ihnen allen trotzdem vorschreibt, was Sie in den nächsten Jahren zu tun oder zu lassen haben. Als würden Sie und der andere Elternteil die Bedürfnisse Ihrer Kinder nicht um Welten besser kennen als jeder Richter oder sonstige Jurist.

Sollten Sie sich der Fantasie hingeben, Sie könnten die von Ihnen so heiß ersehnte Gerechtigkeit wiederherstellen, indem Sie Ihren Ex vor Gericht zerren, machen Sie womöglich einen schwerwiegenden Fehler. Es gibt Hunderte, wenn nicht gar Tausende von Elternpaaren, die mit den Folgen ungerechter Scheidungsurteile leben müssen und sich nur eines wünschen: dass sie nie einen Gerichtssaal betreten hätten. Das System spuckt zahllose Menschen aus, die sich anschließend geschändet und betrogen fühlen, sowohl im Hinblick auf den Prozess, den sie über sich haben ergehen lassen, als auch auf den Urteilsspruch. Und selbst wenn Sie und Ihr Ex keine gemeinsamen Kinder haben, ist die Wahrscheinlichkeit sehr groß, dass die Inanspruchnahme des Gerichts nur dazu dient, die Taschen hochbezahlter Juristen zu füllen.

Es gibt Alternativen zu einem Rechtsstreit. Mediation und kooperative Scheidungsverfahren zum Beispiel können Ihnen helfen, Vereinbarungen zu treffen, die Sie und alle anderen, auf die sich die Trennung auswirkt, in eine Win-win-Situation versetzen.

Hinweis: Wenn Sie den Verdacht haben, dass Ihr Ex lügt und Vermögenswerte beziehungsweise Einkünfte verheimlicht; bei häuslicher Gewalt; wenn Sie tyrannisiert wurden sowie beim Vorliegen einer Alkohol- oder Drogensucht, sollten Sie überlegen, ob Sie nicht doch lieber einen Anwalt einschalten, der Ihre Interessen vertritt. Denn der Versuch einer einvernehmlichen Trennung setzt bei *beiden Parteien* ein Mindestmaß an Bereitschaft voraus, das Richtige aus den richtigen Gründen zu tun.

> »Jedes Ende ist zugleich ein Neuanfang.«
> SPRICHWORT

»Conscious-Uncoupling«-Rituale

Als die Performancekünstler Marina Abramović und Ulay (Uwe Laysiepen) nach zwölf Jahren sowohl ihre Liebesbeziehung als auch die künstlerische Zusammenarbeit beendeten, ließen sie sich etwas ganz Besonderes einfallen: den langen Marsch auf der großen Chinesischen Mauer. Sie begann ihn an einem Ende, er am anderen; in der Mitte trafen sie sich, nahmen einander in den Arm und gingen von da an getrennte Wege. Das ganze

Unternehmen dauerte neunzig Tage, in denen sie 2500 Kilometer hinter sich legten.

Zu einem Wiedersehen kam es erst dreiundzwanzig Jahre später bei einer Performance von Marina Abramović im New Yorker Museum of Modern Art, die den Titel *The Artist is Present* trug. Sechs Tage die Woche saß die Künstlerin je sieben Stunden vollkommen ruhig im heißen Scheinwerferlicht an einem Holztisch und schaute in die Augen von Fremden. Wer mochte und bereit war, gegebenenfalls Stunden Schlange zu stehen, durfte ihr einen Moment lang gegenübersitzen. Nach jedem Besucher schloss Abramović die Augen, bis der nächste vor ihr Platz nahm. Als sich Ulay auf den Stuhl setzte und das Publikum gespannt auf Marinas Reaktion wartete, hätte man eine Stecknadel fallen hören können. Schließlich schlug sie die Augen auf, ein Leuchten trat in ihren Blick und ein leichtes Lächeln legte sich über das Gesicht. Tränen rannen ihr über die Wangen und plötzlich löste sie sich aus ihrer Pose; sie griff über den Tisch und nahm Ulays Hand in ihre. Die Zuschauer flippten völlig aus, applaudierten wie wild – und vergossen ihrerseits viele Tränen. Es gibt wenig, was uns so bewegt wie das Zeugnis einer Zuneigung jenseits von Trennung und Entfremdung.

Rituale, die das Ende einer Liebe besiegeln, sind oft sehr emotional. Doch dabei weinen wir nicht aus Traurigkeit, sondern weil wir so gerührt sind. Es geht ans Herz, zu erkennen, dass die Liebe auch eine Veränderung der Beziehung überleben kann. Man mag den Begriff »Scheidungsfeier« für einen Widerspruch in sich halten, aber immer mehr Menschen suchen nach Möglichkeiten, sich so voneinander zu verabschieden, dass darin eine Würdigung ihrer gemeinsamen Zeit zum Ausdruck kommt. Zeuge sein zu dürfen, wenn zwei Menschen, die sich trennen, einander um Vergebung bitten, schöne Erinnerungen austauschen und sich für die Zukunft nur das Beste wünschen, ist eine sehr bereichernde Erfahrung, voller Liebe und überaus ergreifend.

Es gibt bestimmt Leute, die sich unter einer Scheidungsparty eine Kurzreise mit Freunden vorstellen, ein großes Besäufnis und Auf-den-Tischen-Tanzen bis in die frühen Morgenstunden – unter wiederholtem Anstimmen von *I will survive*, der Hymne aller frisch Getrennten. Aber die Mehrheit derer, die ihre langjährige Beziehung mit einer Art Zeremoniell beenden möchten, denkt dabei doch wohl eher an etwas Persönlicheres, Gefühl- und Liebevolleres.

Valentinstagrituale, Heiratsantrag, Verlobungsfeier, Junggesell(inn)enabschied, Hochzeitszermonie, Flitterwochen – um die Anfänge unserer Beziehungen ranken sich so viele Bräuche und Festlichkeiten. Warum also sollten wir ihr Ende nicht ebenso feierlich begehen. Mit einer Zeremonie, die den Schlusspunkt einer Lebensphase markiert und den Weg zu neuen Ufern freimacht.

> *»Die Trennung wird ein heiliger Augenblick, wenn Sie sich dafür entscheiden, sie als einen Katalysator dazu zu benutzen, ein außergewöhnliches Leben zu führen.«*
> DEBBIE FORD

Ich weiß von einem Paar, das als Schauplatz für das Ende seiner vierzigjährigen Beziehung einen Irrgarten in der Nähe der ehemaligen gemeinsamen Wohnung wählte. Als Zeugen der Rücknahme ihres Gelübdes hatten sie einige der engsten Angehörigen und Freunde eingeladen. Gemeinsam begaben sich die beiden in das Zentrum des Labyrinths, wo sie einander noch einmal die schönsten Erlebnisse der Vergangenheit in Erinnerung brachten und gute Wünsche austauschten. Nach einer letzten Umarmung verließen sie den Irrgarten schließlich als Symbol für ihre Trennung durch zwei verschiedene Ausgänge.

Ein anderes – jüngeres – Paar lud seine Freunde an den Strand ein, an dem es fünf Jahre zuvor getraut worden war. Die beiden dankten einander von ganzem Herzen für alles Gute, das sie gemeinsam erlebt hatten, und würdigten das persönliche Wachstum, das ihnen durch die Beziehung ermöglicht worden war. Dann kam es zum Ringtausch – diesmal allerdings in umgekehrter Reihenfolge: Jeder nahm seinem Gegenüber den Ring vom Finger und legte ihn in ein eigens dafür mitgebrachtes Kästchen. Der Erlös aus dem Verkauf der Schmuckstücke sollte später einer karitativen Einrichtung gespendet werden, die beiden am Herzen lag. Anschließend kamen die Freunde zu Wort. Sie sprachen den Expartnern Mut zu, versuchten sie zu inspirieren. Zugleich nahmen sie die Gelegenheit wahr, sie ihrer Liebe zu versichern und jedem von ihnen alles erdenklich Gute zu wünschen. Anschließend gingen alle gemeinsam zum Essen und stießen auf die Zukunft an.

Nun wird vielleicht nicht jeder Lust haben auf so eine richtige Zeremonie oder der Ex will dabei nicht mitspielen. Aber es gibt auch weniger ausgefallene kleine Rituale, mit denen Sie den Schlusspunkt untermalen können – nicht nur für sich und den Ex, sondern auch für den Kreis von Freunden, die Ihre Beziehung begleitet haben. Vielleicht möchten Sie ein Essen geben, zu dem Sie diese Menschen einladen. Bei Tisch könnten Sie einen Toast auf die schönen Erinnerungen ausbringen und auch Ihre Gäste bitten, ein paar Worte zu sprechen. Sollten Sie einer religiösen Gemeinschaft angehören, wäre es womöglich eine gute Idee, mit den Freunden gemeinsam zu beten und einander zu segnen. Auch eine kleine Umzugsparty wäre denkbar, wenn einer von Ihnen das bisher gemeinsame Zuhause verlässt und seine neue Wohnung bezieht. Alle könnten mit anpacken und ein kleines Geschenk zur Einweihung mitbringen, Süßigkeiten, eine Topfpflanze oder ein schönes Fläschchen Wein.

Denjenigen unter Ihnen, die nicht mit dem geliebten Menschen verheiratet waren, empfiehlt eine enge Freundin von mir, die Beziehungsexpertin Lauren Frances, eine Beziehungsbestattung.[53] Menschen, die das Ende einer Liebesbeziehung zu beklagen haben, empfinden oft eine unerträgliche Einsamkeit. Insbesondere, wenn der Partner verheiratet war oder Freunde und Familie der Beziehung ablehnend gegenüberstanden. In solchen Fällen schlägt Lauren vor, die Leute, die einem am nächsten stehen, zu sich nach Hause zu bitten. Während Sie über die Bedeutung sprechen, die die Beziehung für Sie hatte, könnten Sie den anderen Fotos zeigen, auf denen Sie mit dem Ex zu sehen sind, und sie dann verbrennen. Es wäre auch eine gute Gelegenheit, Gegenstände, die Sie an die Romanze erinnern, zu verschenken und auf eine bessere Zukunft anzustoßen.

Alle diese Rituale spielen sich im Kreis von Freunden und Angehörigen ab. Genauso sinnvoll aber kann eine Zeremonie sein, bei der nur die beiden Personen zugegen sind, die sich trennen. Es geht sogar ganz für sich allein, zum Beispiel in Form eines Gesprächs von Seele zu Seele (siehe Schritt drei), wenn es aus irgendeinem Grund nicht möglich oder wünschenswert ist, sich mit dem Ex zu treffen.

Höher und weiter

Eine meiner Lieblingsstellen der Bibel stammt aus Psalm 30:5 und lautet: »... den Abend lang währt das Weinen, aber des Morgens ist Freude.« Denn nach all den Tränen haben Sie sich eine große Portion Fröhlichkeit mehr als verdient. Sie wird sich gewiss von der Freude unterscheiden, die man empfindet, wenn sich eine Hoffnung erfüllt hat. Aber die Leichtigkeit des Herzens, die daraus resultiert, dass Sie Ihrer persönlichen Wahrheit folgen und sich all der Möglichkeiten bewusst sind, die die Zukunft birgt, ist auch nicht zu verachten.

> »Wenn wir vor lauter Lachen schon nicht mehr können, verwandelt sich das Universum in ein ganzes Kaleidoskop neuer Möglichkeiten.«
>
> JEAN HOUSTON

Nun, da sich meine Ausführungen ihrem Ende nähern, liebe Leserinnen und Leser, möchten auch Sie vielleicht mit diesem Kapitel Ihres Lebens abschließen, den Verlust hinter sich lassen und das neue Leben, die neue Liebe in Angriff nehmen, die Sie jenseits des Kummers erwarten. Oder, wie der große Schauspieler und Regisseur Orson Welles einmal sagte: »Wenn Sie auf ein Happy End aus sind, kommt es natürlich ganz darauf an, wo Sie mit Ihrer Geschichte aufhören.« Bei Ihnen ist nun gerade ein Teil der Geschichte zu Ende gegangen und der neue fängt an. Mögen Sie sich dem erstaunlichen, einzigartigen Abenteuer Ihrer Zukunft voller Widerstandskraft, Kreativität und Courage stellen. Und mit unerschütterlichem Vertrauen in all das Gute, das Ihnen Leben zu bieten hat.

Vorschläge zur Selbstfürsorge
(Setzen Sie täglich mindestens zwei davon um:)

1. **Unternehmen Sie praktische Schritte zur Umsetzung eines Lebenstraumes**; so könnten Sie sich etwa zu einem Schauspielkurs anmelden, eine große Reise buchen oder endlich mit dem Roman anfangen, den Sie schon immer schreiben wollten.

2. **Schließen Sie sich einer Gruppe an** (zum Beispiel einem Buch- oder Wanderklub), besuchen Sie Veranstaltungen wie Weinproben oder Vorträge über Themen, für die Sie sich interessieren.
3. **Nehmen Sie an einem Meditationsretreat teil** oder an einem spirituell orientierten Kurs, in dem Sie die höheren Dimensionen Ihres Seins erkunden können.
4. **Kümmern Sie sich um Ihre Gesundheit**, erweitern Sie Ihr tägliches Sport- und Wellnessprogramm. Melden Sie sich in einem Fitnesscenter an. Guttun könnte es Ihnen zum Beispiel auch, eine ganzheitliche Ernährungsberatung aufzusuchen, es mal mit Rohkost zu versuchen, an einem Stadtlauf teilzunehmen oder sogar für einen Marathon zu trainieren.
5. **Bedanken Sie sich bei allen, die Sie in der hinter Ihnen liegenden schweren Zeit unterstützt haben.** Schreiben Sie Dankesbriefe, verschicken Sie Blumen, lassen Sie sich kleine, aber bedeutsame Geschenke einfallen. Oder aber Sie schreiben einfach nur E-Mails, in denen Sie den Menschen von ganzem Herzen danken und ihnen versichern, dass Sie ihre Liebe und Unterstützung sehr zu schätzen wissen.
6. **Erstellen Sie eine Liste**, auf der Sie sich alles notieren, was Sie an dieser Erfahrung hat weiser, reifer, liebevoller und zu einer besseren Version Ihrer selbst werden lassen.

Hinweis für Paare, die das Programm gemeinsam durchlaufen (haben): Mit diesem fünften und letzten Schritt Ihres »Conscious-Uncoupling«-Programms verknüpfe ich die Empfehlung, dass Sie sich nach und nach unabhängiger voneinander machen. Jeder von Ihnen sollte sich sein eigenes Netz von Unterstützern aufbauen, die Ihnen helfen, mit den Dingen klarzukommen, die Sie zuvor gemeinsam gemacht haben. Und auf den Gebieten, in denen Sie auch künftig noch miteinander zu tun haben, sollten Sie sich um einen fairen, achtbaren Umgang bemühen, der von Respekt und Höflichkeit spricht. Hören Sie einander zu, betrachten Sie die Dinge auch vom Standpunkt des anderen aus und versuchen Sie stets, den Bedürfnissen aller Beteiligten Rechnung zu tragen. Verhalten Sie sich verantwortungsbewusst, rundum erwachsen und nutzen Sie die Erkenntnisse und neuen Fähig- beziehungsweise Fertigkeiten, zu denen Ihnen das Programm verholfen hat. Sie können Sie Ihre bisherige Beziehung auf eine neue, gesündere Ebene heben, zum Beispiel durch das Setzen von Grenzen und einen besseren Kommunikationsstil.

Denn letztlich wollen Sie ja in Frieden auseinandergehen. Tun Sie also alles, um einander Ihre Wertschätzung und Ihr Wohlwollen zu beweisen, indem Sie verantwortungsbewusst handeln und ernsthaft versuchen, die Fehler der Vergangenheit nicht zu wiederholen. Sehen Sie zu, dass Sie ein gutes Gewissen behalten, aufgeschlossen und warmherzig bleiben, sodass Sie beide bereichert, großartiger und klüger aus der Beziehung hervorgehen, als Sie es waren, bevor Sie einander kennengelernt haben.

PS: Immer schöner, die Liebe

> »Die neue Welt wird von Menschen erbaut werden,
> die sich davor hüten, realistisch zu sein ... Erst im Kampf um
> die Zukunft, die wir uns wünschen, werden wir erfahren,
> was alles möglich ist.«
>
> RABBI MICHAEL LERNER

In den Vereinigten Staaten leben wir im Spannungsfeld zwischen einem starken Glauben an die Ehe und dem Bedürfnis nach persönlicher Entfaltung und individueller Weiterentwicklung. Einerseits legen sich 90 Prozent der Bevölkerung irgendwann in ihrem Leben auf einen Partner fest, schwören ihm ewige Treue und wollen eine Familie mit ihm gründen; andererseits dürfen wir auch die Intentionen unserer Gründerväter nicht vergessen: die frühen Siedler, die zu Zigtausenden ihre Angehörigen, Freunde und Heimatländer verließen, um ein besseres Leben führen zu können. Sie haben unsere Nation auf den Idealen von Selbstverwirklichung und Streben nach individuellem Glück erbaut. Und da ist es ja eigentlich kein Wunder, dass wir uns zwischen diesen beiden Idealen immer ein bisschen hin und her gerissen fühlen – zwischen dem Festhalten an einer einmal eingegangenen Verbindung und dem Aufbruch ins Unbekannte, das ein womöglich erfüllenderes, authentischeres Leben verheißt.

Sollten Sie, liebe Leserinnen und Leser, nach der Lektüre dieses Buches davon ausgehen, dass das »Conscious Uncoupling« darauf abziele, langfristige Beziehungen zugunsten des nächsten spannenden Abenteuers leichtfertig aufzugeben, wäre ich sehr enttäuscht. Weil mir nämlich Geschichten von Menschen, die ihr persönliches Glück dem Wohl ihrer Familie opfern, genauso ans Herz gehen wie Ihnen. Auch mich rührt es zu Tränen, wenn Leute aus den richtigen Gründen das Richtige tun, wenn sie sich von ihrem Gewissen leiten lassen statt von momentanen Gelüsten. Jeder Akt der Loyalität und Treue gegenüber einer guten Sache bestärkt in mir den Glauben an die Menschheit, umso mehr, wenn diese gute Sache der Familienverband ist. Die Ehe und feste, dauerhafte Beziehungen sind ja gerade das Schöne an unserer Gesellschaft. Ihr Rückgrat. Deshalb beunruhigt mich die Tendenz, den Partner zu verlassen, sobald er unseren Visionen von der unmittelbaren Zukunft nicht mehr entspricht, genauso wie jeden anderen. Er ist ja schließlich kein Auto, das man nach Belieben gegen ein neues Modell austauschen kann, wenn es einem langweilig wird und man genug davon hat.

Auch ich bin nicht im Besitz der Antwort auf alle Beziehungsfragen, die sich in der heutigen Zeit stellen. Ich könnte zum Beispiel nicht sagen, wie sich die dramatische Erhöhung der Lebenserwartung auswirken mag. (In einer Titelgeschichte des *Time*-Magazins hieß es vor nicht allzu langer Zeit, dass Kinder, die derzeit geboren werden, bis zu 142 Jahre alt werden können. Die goldene Hochzeit stünde dann fast noch am Anfang einer Liebesbeziehung.[54]) Oder die gesteigerten Erwartungen, die heute mit der Partnerschaft verknüpft werden; das Leben in einer Gesellschaft, die in vielerlei Hinsicht mehr Wert auf Individualität legt als auf Dauerhaftigkeit; einer Gesellschaft zumal, in der eine solche Mobilität herrscht, dass es den Familienzusammenhalt ernsthaft gefährdet.

Ein paar Dinge allerdings weiß ich mit Sicherheit: dass wir unsere Beziehungen, ganz unabhängig davon, ob wir zusammenbleiben oder uns trennen, mehr wertschätzen und hochhalten sollten, selbst wenn sie uns enttäuschen und unsere Erwartungen nicht erfüllen. Dass die Bindungen, die wir eingehen, von großer Bedeutung sind und wir Verantwortungsbewusstsein, Reue, Respekt und Bereitschaft zu irgendeiner Form von Wiedergutmachung an den Tag legen müssen, wenn wir sie lockern oder ganz aufgeben wollen. Und nicht zuletzt, dass es ganz von uns abhängt, wie es weitergeht. Unsere lange betrübliche Geschichte zerstörerischer Trennungen und Scheidungen muss nicht automatisch zur Folge haben, dass wir uns auch weiterhin so primitiv, destruktiv und rücksichtslos verhalten. Wir können daran arbeiten. Es liegt ganz an uns. Und ich hoffe, dass wir die richtigen Entscheidungen treffen, nicht nur um unserer selbst willen, sondern auch als Beitrag zu einer menschlicheren Zukunft.

Was wir von der Scheidung halten, ob wir sie richtig oder falsch finden, moralisch vertretbar oder nicht, spielt keine Rolle. Paare lassen sich scheiden. Und das wird auch so bleiben. Bei uns scheint die Scheidungsrate so hoch zu sein wie nie, Fakt aber ist: In der Menschheitsgeschichte ist sie immer ungefähr auf dieses Niveau angestiegen, sobald Frauen dieselbe Macht hatten wie Männer. Das ist nun einmal Tatsache. Wenn Frauen eine schlechte oder auch nur mittelmäßige Beziehung hinter sich lassen können, tun sie es oft auch. Und da ich mir nur schwer vorstellen kann, dass die Amerikanerinnen in nächster Zeit auf ihre Unabhängigkeit und Macht verzichten, müssen wir davon ausgehen, dass unsere Scheidungsrate auch in Zukunft so hoch bleibt wie bisher.

> *»Die Evolutionsgeschichte der Liebe ist die Geschichte von Individuen, die sich an neuen Beziehungsformen versuchen und sie gegen alle Anfeindungen verteidigen, bis sie schließlich von der Gesellschaft als ganzer übernommen werden.«*
> JEFF CARREIRA

Durch das gemeinsame Auseinandergehen als Alternative zur feindseligen Trennung wird der Ausstieg aus festen Beziehungen zwangsläufig erleichtert. Was ich sehr bedauere. Um Buße zu tun, werde ich meine nächsten Berufsjahre wohl der Suche nach Möglichkeiten widmen, sie zu retten und zu verbessern. Eines aber finde ich interessant: Obwohl das »Conscious Uncoupling« Trennungen eigentlich leichter macht, kann es sie auch verhindern. Viele, die sich auf diesen Prozess einlassen, erweitern dabei ihre Kompetenzen als Liebende und Geliebte. Deshalb kann man fest davon ausgehen, dass manche Beziehungen durch das »Conscious Uncoupling« auch wiederbelebt werden – weil dabei ja größter Wert auf persönliche Reifungsprozesse und Wachstum gelegt wird. Und das eröffnet die Chance, eine Partnerschaft zu kitten, die man eigentlich lösen wollte.

> *»Gott hat ja keine anderen Hände als die unsrigen.«*
> DEBRAH PONEMAN

Und nichts könnte mich glücklicher machen. Denn ob wir nun zusammenbleiben oder uns trennen: Letzten Endes geht es doch ausschließlich um die Liebe. Und wenn wir es schaffen, unseren Kummer zum Ausgangspunkt einer aufregenden Reise zu machen, die uns lehrt, uns selbst und andere mehr zu lieben, dann, liebe Leserinnen und Leser, hat sich doch alles gelohnt, was wir durchgemacht haben, nicht wahr?

Das Glaubensbekenntnis des gemeinsamen Auseinandergehens

Wir streben eine lebensbejahende Trennung beziehungsweise Scheidung an, die sich durch das ernsthafte Bemühen auszeichnet, uns, aber auch alle anderen Beteiligten wohlbehalten, unversehrt und von der Liebe, die uns einst verband, bereichert zurückzulassen, ohne dass irgendjemandem irgendein Schaden aus unserem Auseinandergehen entsteht.

Statt einander zu beschämen oder mit Vorwürfen zu belegen, wählen wir die Selbstverantwortung.

Statt auf Rache oder Vergeltung aus zu sein, versuchen wir uns selbst und einander zu vergeben.

Statt uns in Geiz und Habgier zu ergehen, wollen wir auf die Bedürfnisse aller Beteiligten Rücksicht nehmen, uns um Gerechtigkeit und Fairness bemühen und durch Großmut zu gegenseitigem Wohlwollen beitragen.

Inmitten der Angst wählen wir das Vertrauen.

Inmitten des Kummers glauben wir an das Gute in der Welt.

Angesichts der schwierigen Probleme, vor die wir uns gestellt sehen, suchen wir nach den für alle Beteiligten besten Lösungen.

Etwaigen aggressiven Impulsen versuchen wir mit Entscheidungen und Verhaltensweisen zu begegnen, die ausschließlich das Ziel verfolgen, unsere Beziehung zu einem gesunden

Abschluss zu bringen und allen Beteiligten zu Hoffnung und Heilung zu verhelfen.

Wir mögen Versprechen gebrochen und einander verletzt haben, grundsätzlich aber wissen wir unsere gemeinsamen Jahre zu schätzen; wir halten sie in Ehren und sind dankbar für sie.

Da wir uns zwar der Schwächen unserer Beziehung bewusst sind, vor allem aber auch der generellen Heiligkeit aller menschlichen Verbindungen, kaprizieren wir uns nicht auf die negativen Seiten, sondern konzentrieren uns auf all das Gute, das unsere Liebe hervorgebracht hat.

Wir sind bemüht, uns selbst, einander, den Kindern und dem Kreis der Freunde und Angehörigen, die unsere Verbindung unterstützt haben, durch unser Auseinandergehen so wenig Schaden zuzufügen wie irgend möglich.

Niemand darf sich genötigt fühlen, Partei ergreifen zu müssen. Wir bitten sogar darum, die Freundschaft zu jedem von uns einzeln aufrechtzuerhalten.

Sollten Kinder im Spiel sein, haben deren Bedürfnisse absolut Vorrang. Wir werden Möglichkeiten finden, dass wir alle eine Familie bleiben können und keine zwei Haushalte entstehen, in denen die Kinder leicht zwischen die Räder geraten.

Bei der Suche nach Lösungen steht im Vordergrund nie der kurzfristige Vorteil, sondern immer langfristiges Wachstum, beruhend auf neuen Übereinkünften und Strukturen, die die nächste Phase, in die die Beziehung jetzt eintritt, gesund und heilsam gestalten.

Was die Aufteilung unserer Vermögenswerte und finanziellen Verpflichtungen angeht, so werden unsere Überlegungen auf Fairness, Vernunft und Aufgeschlossenheit beruhen. Denn unser Ziel besteht nicht in irgendeiner Form von Bestrafung, sondern im Erhalt und Schutz der bestehenden Aktiva.

Wir vermeiden unnötige, kostenintensive Gerichtsverfahren, die irreparablen Schaden anrichten und uns finanziell ruinieren könnten. Stattdessen lassen wir uns bei der Lösung unserer Probleme von Profis helfen, die uns in unserem Streben nach Rechtschaffenheit, Gerechtigkeit, Ehrlichkeit und Ausgewogenheit unterstützen.

Und was das Wichtigste ist: Bei allem Schmerz, den wir empfinden, streben wir stets an, aus den richtigen Gründen das Richtige zu tun und der Moral und Ethik zum Triumph über unsere Emotionen zu verhelfen. Denn jetzt steht es in unserer Macht, so zu handeln, dass sich darin das gütigere, schönere Leben abzeichnet, das wir uns für uns selbst, aber auch für unsere Kinder und künftige Generationen wünschen.

Ein herzliches Dankeschön geht an ...

Wie ich fürchte, wird es mir kaum auch nur annähernd gelingen, das ganze Ausmaß und die Tiefe meiner Dankbarkeit für all die Unterstützung zum Ausdruck zu bringen, ohne die ich dieses Buch nie hätte schreiben können. In erster Linie und am meisten gilt sie meiner lieben Freundin und langjährigen Lehr-Kollegin Claire Zammit, die durch ihre außergewöhnliche Klarheit sowie das innige Bestreben, einen positiven Beitrag zur Evolution unserer Kultur zu leisten, unermesslichen Einfluss auf das Entstehen dieses Buches hatte. Claire, von ganzem Herzen danke ich dir für die unzähligen Male, die du mich in den letzten Jahren dabei unterstützt und mich inspiriert hast, das Erhabenste und Beste in mir zum Vorschein zu bringen. Auch Craig Hamilton, der mir die Gelegenheit gab, ein Kursprogramm für Evolving Wisdom zu entwickeln, und mir dadurch bei der Präzisierung meiner Ideen half, fühle ich mich zu großem Dank verpflichtet.

Dasselbe gilt für mein »Conscious-Uncoupling«-Team bei Evolving Wisdom: Juliana Farrell, Khristina Kravis, Brian Hamilton, Ashley Fuller, Ben Schick, Katy Rawson, Christine Kriner, Katharine McCarthy, Theresa Factora, Sylvie Curran, Cami Elen, Sese Abejon und die vielen anderen, die mich über Jahre bei der Entwicklung dieses Werkes unterstützt haben, bevor es schließlich Buchform annehmen konnte.

Ich danke meiner hervorragenden literarischen Agentin Bonnie Solow, die meine Arbeit während des gesamten Prozesses betreut und die Latte so hoch gelegt hat, dass ich das Beste aus mir herausholen konnte. Ein großes Dankeschön geht auch an die begabte Lektorin Heather Jackson, den Traum einer jeden Autorin. Danke für deine Geduld und die vielen Tipps, die du mir gegeben hast. Überhaupt gilt mein Dank allen bei Crown. Bei der Verbreitung des Buches seid ihr mir ganz tolle Partner.

Dank an meine brillante wissenschaftliche Mitarbeiterin Dr. Karey Pohn, die mehr Einfluss auf dieses Buch hatte, als ich es mit Worten ausdrücken kann. Dank natürlich auch an Ellen Daly, Blu Cohen, Jenny Gladding, Lisa Steele, Lindy Franklin und Marci Levin für die große Unterstützung, mit der ihr mich in schweren Zeiten beschenkt habt.

Riesendank an den glorreichen Clan meiner herrlichen Freundinnen, die ihr mir so viel gegeben habt: Alanis Morissette, Marianne Williamson, Marci Shimoff, Debra Poneman, Arielle Ford, Geneen Roth, Janet Attwood, Susan Stiffelman, Jen Kleiner, Deborah Ward, Dianna Burdick, Wendy Zahler, Meredith Scott Lynn, Chris Faulconer, Karen Abrams, Carol Allen, Lauren Frances, Amy Edelstein und (Mutter, dich darf ich doch auch zu meinen Freundinnen zählen?) Sandra Pullman.

Dank an die liebevollen Männer in meinem Leben, die es nie müde werden, mir Mut zuzusprechen: Mark Thomas, Jeff Carreira, Jay Levin, Bob Kersch, Jeff Brown, Michael Beckwith, Brian Hilliard, Jeremiah Abrams, Bill Farber, Hank Grupe, Todd Grupe, Richard France und Kit Thomas, dessen magisches Wortspiel von so weitreichender, ja weltumspannender Bedeutung war.

Dank an meine wunderbare, kluge PR-Dame Emily Lawi, meinen großartigen Mentor Dr. Don Beck und an meinen ebenso großzügigen wie begabten Coach Joel Roberts. Dank für Rat und Tat an Rose Rossi, Carey Campbell, Nita Rubin und Maria Flores.

Dank an alle zertifizierten »Conscious-Uncoupling«-Coaches, mit denen ich zusammenarbeite, vor allem an die Mitarbeiterinnen unseres fünfwöchigen Online-Kurses: Dr. Jana Smith, Janet Webber, Lyndra Hearn Antonson, Mary Rizk, Melissa Erin Monahan, Senami Fred, Victoria Rose, Sara Wilson, Rochelle Edwards, Susan Reiner; ein ganz besonderer Dank geht an Lina Shanklin, Jeanne Byrd Romero und Marilyn Hager, die mir seit den Anfängen zur Seite stehen.

Dank auch an die zertifizierten »Calling-in-›The-One‹«- und »Feminine-Power«-Coaches, insbesondere an den harten Kern von Personen, die selbst sehr viel eingebracht haben: Prem Glidden, Judy Waters, Juli Stone, Keren Clark und Jane Velten. Voller Dankbarkeit seien auch genannt meine »Feminine-Power-Mastery«-Schwestern, insbesondere Jen Conkie und Sue Little, die mich beide ständig inspirieren. Es war mir eine Ehre, eure Lehrerin zu sein, und dafür möchte ich euch danken.

Meine tief empfundene Dankbarkeit gilt nicht zuletzt dem Großmut von Gwyneth Paltrow und Chris Martin, die den vorliegenden Teil meiner Arbeit überhaupt erst bekannt gemacht haben.

Das letzte – aber selbstverständlich nicht weniger herzliche – Dankeschön richtet sich an meine »*Trotz-allem*-glücklich«-Familie: an Mark, Alexandria, Sandi, Don, Bob, Barbara, Hank, Scott, Todd, Anne, Sarah, Kay und Kelly. Ich liebe euch alle und bin äußerst dankbar dafür, dass ich diesem unserem herzensguten Clan angehören darf.

Hilfsangebote online

ConsciousUncoupling.com
Als virtuelles Zuhause des »Conscious-Uncoupling«-Prozesses stellt diese Website eine Reihe kostenfreier Angebote zur Verfügung, die Ihr Leiden und Ihre Trauer lindern helfen können und Sie beim Aufbau Ihres »*Trotz-allem-glücklich*«-Lebens unterstützen. Hier finden Sie auch ein Verzeichnis zertifizierter »Conscious-Uncoupling«-Coaches sowie Gratis-Downloads in Schriftform oder als Audiodateien, die dieses Buch ergänzen.

ConsciousRecoupling.com
Als virtuelle »Schwester« von ConsciousUncoupling.com richtet sich diese Website an Paare, die sich entscheiden, zusammenzubleiben. Sie zeigt Möglichkeiten auf, alte Verletzungen zu überwinden, verlorenes Vertrauen wiederaufzubauen und die Beziehung auf eine gesündere, glücklichere und liebevollere Ebene zu heben.

CallinginTheOne.com
Hier dreht sich alles um den bewährten siebenstufigen Prozess, der zum Bruch mit alten, überkommenen Verhaltensweisen in der Liebe führt und schon Tausenden von Menschen geholfen hat, den oder die Richtige(n) zu finden. Hier können Sie sich auch ein fünfundsiebzigminütiges (englischsprachiges) Audioseminar zu diesem Thema herunterladen.

FemininePower.com
Ganze zehn Jahre haben meine Freundin/Kollegin Claire Zammit und ich an der Entwicklung dieses wirksamen Transformationsprogramms für Frauen gearbeitet. Feminine Power soll unsere Geschlechtsgenossinnen in allen Bereichen des Lebens bei der Ausschöpfung ihres vollen Potenzials unterstützen. Warum schließen nicht auch Sie sich den Hunderttausenden von Frauen

überall auf der Welt an, die sich ihrer Stärke bereits bewusst geworden sind? Um es ihnen gleichzutun, laden Sie sich kostenfrei das fünfundsiebzigminütige Audio *The Three Keys to Feminine Power* runter.

TheAnatomyOfLove.com
Auf dieser außergewöhnlich spannenden Seite hat die Bestsellerautorin und weltbekannte Expertin in Sachen Liebe Dr. Helen Fisher zusammen mit ihrer Forschungskollegin Dr. Lucy Brown vom Albert Einstein College of Medicine wichtige Informationen über die jeweiligen Hirnaktivitäten in den verschiedenen Phasen einer Beziehung zusammengestellt. Besonders hilfreich sind die Materialien, unter anderem auch Videos, über den Liebeskummer, aus denen hervorgeht, warum wir uns so fühlen, wie wir uns fühlen, wenn das Herz zu brechen droht, und was wir dagegen tun können.

MarsVenus.com
Dr. John Gray und seine Tochter Lauren Gray stellen auf dieser Website kostenlos eine Unmenge Infomaterial zur Verfügung, von täglichen Vlogs über Kolumnen, Foren bis hin zu Ernährungsempfehlungen. Mit seinen Büchern gehört John Gray bekanntlich zu den Pionieren auf dem Gebiet der Verbesserung des Liebeslebens. Entsprechend viel Wissenswertes hat er zu erzählen: nicht nur aus der eigenen Biografie, sondern auch aus dem reichen Schatz seiner Forschungsergebnisse.

Dr-Alexandra-Dill.de
Diese deutschsprachige Website bietet Informationen und Unterstützung durch Dr. Alexandra Dill, Ärztin und von Katherine Woodward Thomas zertifizierter »Conscious-Uncoupling«-Coach. Leserinnen und Leser, die durch Beratungsgespräche bei den Prozessen des »Conscious-Uncoupling«-Buches Begleitung wünschen oder in manchen Bereichen tiefer gehen möchten, können hier Tipps und Ratschläge nachlesen, Kontakt aufnehmen und Beratungstermine ausmachen.

Ob Sie gerade daran denken, sich zu trennen, sich gerade mitten in einer Trennung befinden oder ob Sie eine lang vergangene Trennung verarbeiten wollen: Diese professionelle und persönliche Begleitung wird Ihnen helfen, Lösungen zu finden, sich selbst und auch Ihrem Partner mit Wohlwollen, Großzügigkeit und Respekt zu begegnen und Ihr Leben in die Richtung zu lenken, die Sie sich für Ihre Zukunft wünschen.

Dr. Alexandra Dill steht Ihnen bei dieser Entwicklung zur Seite und begleitet Sie bei dieser neuen Art der Trennung, die auf Selbstfürsorge, Achtung, Eigenverantwortung und Wertschätzung basiert.

Literatur

Ahrons, Constance: *Die gute Scheidung. Die Familie erhalten, wenn die Ehe zerbricht*, Droemer Knaur 1995

Dies.: *We're Still Family. What Grown Children Have to Say About Their Parents' Divorce*, Perennial Currents 2005

Beck, Don Edward, und Christopher C. Cowan: *Spiral Dynamics. Leadership, Werte und Wandel*, Kamphausen 2007

Birnbach, Lawrence, und Beverly Hyman: *How to Know If it's Time to Go. A 10-Step Reality Test for Your Marriage*, Sterling Ethos 2010

Blau, Melinda: *Families Apart. Ten Keys to Successful Co-Parenting*, Perigee 1995

Bottigheimer, Ruth B.: *Fairy Tales. A New History*. State University of New York Press 2009

Bramlett, Matthew D., und William Mosher: »Cohabitation, Marriage, Divorce, and Remarriage in the United States«, in: *Vital and Health Statistics* 23, Nr. 22, 2002

»Broken Heart Syndrome. Real, Potentially Deadly but Recovery Quick«, in: *Johns Hopkins Medicine*, 9. Februar 2005. www.hopkinsmedicine.org/Pross_releases/2005/02_10_05.html

Brown, Brené: *Verletzlichkeit macht stark. Wie wir unsere Schutzmechanismen aufgeben und innerlich reich werden*, Kailash 2013

Dies.: *Die Gaben der Unvollkommenheit. Leben aus vollem Herzen*, Kamphausen 2012

Bryant, Lauren: »The Blame Game« in: *Ohio University Research Newsletter*, 7. November 2011, www.ohio.edu/research/communications/blamegame.cfm

Carstensen, Laura: »The New Age of Much Older Age« in: *Time*, 23. Februar 2015, 185. http://time.com/3706775/in-the-latest-issue-23/

Cherlin, Andrew J.: *The Marriage-Go-Round. The State of Marriage and the Family in America Today*, Vintage Books, 2010

Chödrön, Pema: *Wenn alles zusammenbricht. Hilfestellung für schwierige Zeiten*, Goldmann 2001

Citron, Stephen: *Jerry Herman. Poet of the Showtune*, Yale University Press 2004

Clarke-Stewart, Alison, und Cornelia Brentano: *Divorce. Causes and Consequences*, Yale University Press 2006

Cohen, Andrew: *Evolutionary Enlightenment. A New Path to Spiritual Awakening*, Select Books 2011

Colgrove, Melba, Harold H. Bloomfield und Peter McWilliams: *Die nächste Liebe kommt bestimmt*, Ullstein 1995

Collins, Tara. J., und Omri Gillath: »Attachment, Breakup Strategies, and Associated Outcomes. The Effects of Security Enhancement on the Selection of Breakup Strategies« in: *Journal of Research in Personality* 46, Nr. 2 (2012): 210-222. doi:10.1016/j.jrp.2012.01.008

»Complicated Grief. Symptoms«, Mayo Clinic. www.mayoclinic.org/diseases-conditions/complicated_grief/basics/symptoms/con-20032765

Coontz, Stephanie: *In schlechten wie in guten Tagen. Die Ehe – eine Liebesgeschichte*, Lübbe 2006

Cozolino, Louis: *Die Neurobiologie menschlicher Beziehungen*, VAK 2007

Dean, Jeremy: »Reconstructing the Past. How Recalling Memories Alters Them. The First Experiment to Show the Enhancing and Distoring Effect of Recall«, in: *PsyBlog. Understanding Your Mind*, 19. Februar 2013. www,sorubg,irg,zj/2013/02/reconstructing-the-past-how-recalling-memories-alters-them.php

Dodson, Brian: »Quantum ›Spooky Action at a Distance‹ Travels at Least 10.000 Times Faster Than Light«, In: *Gizmag*, 10. März 2013. www.gizmag.com/quantum-enganglement-speed-10000-faster-light/26587

Dworkin, Andrea: *Heartbreak. The Political Memoir of a Feminist Militant*, Basic Books 2002

Eisenberger, Naomi I.: »The Pain of Social Disconnection. Examining the Shared Neural Underpinnings of Physical and Social Pain«, in: *Nature Reviews Neuroscience* 13, Nr. 6 (Juni 2012). www.nature.com/nrn/journal/v13/n6/full/nrn3231.html.doi:10.1038/nrn3231

Dies. et al.: »An Experimental Study of Shared Sensitivity to Physical Pain and Social Rejection«, in: *Pain* 126 (2006). www.scn.ucla.edu/pdf/Eisenberger,Jarcho,Lieberman,Naliboff%282006%29.pdf.doi:10.1016/j.pain.2006.06.024

Ellin, Abby: »Untying the Knot, and Bonds, of Marriage«, in: *New York Times*, 27. April 2012, www.nytimes.com/2012/04/29/fashion/weddings/leaving-a-spouse-behind-for-good.html?pagewanted=all&_r=o

Elliott, Susan J.: *Getting Past Your Breakup. How to Turn a Devastating Loss into the Best Thing That Ever Happened to You.* Da Capo Press 2009

»Exam Results ›Suffering‹«, in: *Resolution*, 24. November 2014. www.resolution.org.uk/news-list.asp?page_id=2288page=1&n_id=251

Felder, Raoul, und Barbara Victor: *Getting Away with Murder. Weapons for the War Against Domestic Violence*, Touchstone Books 1996

Fisher, Helen E.: *Anatomie der Liebe. Warum Paare sich finden, sich binden und auseinandergehen*, Droemer Knaur 1995

Dies.: »The Brain in Love«, YouTube, TED-Talk-Video. Hochgeladen am 15. Juli 2008. www.youtube.com/watch?v=OYfoGTIG7pY

Dies.: »Lost Love. The Nature of Romantic Rejection«, in: *Cut Loose: (Mostly) Older Women Talk About the End of (Mostly) Long Term Relationships*, herausgegeben von Nan Bauer-Maglin, Seite 182–95. Rutgers University Press 2006

Ford, Arielle: *Das Geheimnis der Liebe. Finden Sie Ihren Seelenpartner*, Goldmann 2012

Ford, Debbie: *Spirituelle Trennung. Sich trennen, weitergehen, innerlich wachsen*, Integral 2001

Forward, Susan, mit Donna Frazier: *Emotional Blackmail. When the People in Your Life Use Fear, Obligation and Guilt to Manipulate You*, Quill 2001

Frances, Lauren: »How to Stage a Relationship Funeral! Lauren Frances in der Ricki Lake Show« (Video), YouTube. www.youtube.com/watch?v=GhbZ6MGpErM

Frankl, Viktor: *Trotzdem Ja zum Leben sagen. Ein Psychologe erlebt das Konzentrationslager*, Kösel 2009

Gilbert, Daniel: *Ins Glück stolpern. Suche dein Glück nicht, dann findet es dich von selbst*, Riemann 2007

Gilbert, Elizabeth: *Das Ja-Wort. Wie ich meinen Frieden mit der Ehe machte*, Random House 2010

Gilligan Stephen: *Liebe dich selbst wie deinen Nächsten. Die Psychotherapie der Selbstbeziehung*, Carl Auer 2011

Goleman, Daniel: *EQ. Emotionale Intelligenz*, dtv 1997

Ders.: *Soziale Intelligenz. Wer auf andere zugehen kann, hat mehr vom Leben*, Knaur 2008

Gopnik, Blake: »Golden Seams: The Japanese Art of Mending Ceramics at Freer«, in: *Washington Post*, 3. März 2009. www.washingtonpost.com/wp-dyn/content/article/2009/03/02/AR2009030202723.html

Gottman, John, und Nan Silver: *The Seven Principles for Making Marriage Work. A Practical Guide from the Country's Foremost Relationship Expert*, Harmony Books 1999

Dies.: »What Makes Marriage Work? It's How You Resolve Conflict That Matters Most«, in: *Psychology Today*, 1. März 1994. www.psychologytoday.com/articles/200910/what-makes-marriage-work

Gray, John: *Mars & Venus – neu verliebt. Nach der Trennung den Mut für eine neue Liebe finden*, Goldmann 2001

Gregoire, Carolyn: »This Man Faced Unimaginable Suffering, and Then Wrote the Definitive Book About Happiness«, in: *Huffington Post*, 4. Februar 2014. www.huffingtonpost.com/2014/02/04/this-book-youve-probably-_n_4705123.html

Hanh, Thich Nhat: *Ärger. Befreiung aus dem Teufelskreis destruktiver Emotionen*, Goldmann 2007

Hay, Louise L., und David Kessler: *Heile dein Herz. Wege zu Liebe und Kraft bei Trennung, Verlust und Abschied*, Allegria 2016

Hendrix, Harville: *So viel Liebe wie du brauchst. Der Wegbegleiter für eine erfüllte Beziehung*, RGV 2009

Herman, Judith Lewis: *Die Narben der Gewalt. Traumatische Erfahrungen verstehen und überwinden*, Junfermann 2014

Herzog, Roberta: »Forgiveness Prayer«, in: *Interspiritual Mindfulness and Meditation Study Group – Circle of Friends*, 16. Juli 2010. http://cof-interspiritualmindfulness.blogspot.com/2012/07/forgiveness-prayer-as-offered-by.html

Hollander, Sophie: »After Divorce, a Degree Is Costly. New York, Unlike Most States, Treats Education Achievements and Even Talents as Property to Be Divided Between Spouses«, in: *Wall Street Journal*, 23. Dezember 2012. www.wsj.com/articles/SB10001424127887322244812045781801326376 28330

Horstman, Judith: *The Scientific American Book of Love, Sex and the Brain. The Neuroscience of How, When, Why and Who We Love*, Jossey-Bass 2012

Houston, Jean: *Jump Time. Shopping Your Future in a World of Radical Change*, Sentient 2004

Ivy, Marilyn: »Benedict's Shame«, in: *Cabinet*, Herbst 2008. http://cabinetmagazine.org/issues/31/ivy.php

Johnson, Sue: *Liebe macht Sinn. Revolutionäre Erkenntnisse über das, was Paare zusammenhält*, btb 2014

Katz, Lynn Fainsilber, und John M. Gottman: »Buffering Children from Marital Conflict and Dissolution«, in: *Journal of Clinical Child Psychology* 26, Nr. 2 (1996): Seite 157–71

Kersey, Cynthia: *Unstoppable Women. Achieve Any Breakthrough Goal in 30 Days*. Emmaus, PA: Rodale Books, 2005

Khasla, Sita: »Morrnah Nalamaku Simeona, Hawaiian Healer«, in: *Amazing Women in History*. www.amazingwomeninhistory.com/morrnah-nalamaku-simeona-hawaiian-healer/

Kingma, Daphne Rose: *Coming Apart. Why Relationships End and How to Live Through the Ending of Yours*, Conari Press 2012

Kipnis, Laura: *Liebe – eine Abrechnung*, Campus 2004

Kirshenbaum, Mira: *Soll ich bleiben, soll ich gehen? Ein Beziehungs-Check*, Scherz 2008

Lachmann, Suzanne: »How to Mourn a Breakup to Move Past Grief and Withdrawal«, in: *Psychology Today*, 4. Juni 2013. www.psychologytoday.com/blog/me-we/201306/how-mourn-breakup-move-past-grief-and-withdrawal

Lesser, Elizabeth: *Broken Open. How Difficult Times Can Help Us Grow*, Villard Books 2005

Levine, Amir, und Rachel S. F. Heller: *Warum wir uns immer in den Falschen verlieben. Beziehungstypen und ihre Bedeutung für die Partnerschaft*, Goldmann 2015

Lewis, Michael: »Shame. The Exposed Self«, in: *Zero to Three* 12, Nr. 4 (April 1992): Seite 6–10

Lewis, Thomas, Fari Amini und Richard Lannon: *A General Theory of Love*, Vintage Books 2001

Li, Victor, und Stephanie Francis Ward: »Legal Rebels 2014«, in: *ABA Journal*, 1. September 2014. www.abajournal.com/magazine/article/lebel_rebels_2014

Lieberman, Matthew: »Diaries. A Healthy Choice«, in: *New York Times*, 25. November 2012. www.nytimes.com/roomfordebate/2012/11/25/will-diaries-be-published-in-2050/diaries-a-healthy-choice

Lieberman, Matthew D., und Naomi Eisenberger: »The Pains and Pleasures of Social Life. A Social Cognitive Neuroscience Approach«, in: *Neuroleadership* 1 (2008). www.scn.ucla.edu/pdf/Pains&Pleasures%282008%29.pdf

Lieberman, Matthew D., et al.: »Putting Feelings into Words. Affect Labeling Disrupts Amygdala Activity in Response to Affective Stimuli«, in: *Psychological Science* 18, Nr. 5 (2007)

Loftus, George: »If You're Going Through Hell, Keep Going – Winston Churchill«, in: *Forbes*, 9. Mai 2012. www.forbes.com/sites/geofflotus/2012/05/09/if-youre-going-through-hell-keep-going-winston-churchill/

»Lovers' Hearts Beat in Sync, UC Davis Study Says«, in: *UC Davis News and Information*, 8. Februar 2013. news.ucdavis.edu/search/news_detail.lasso?id=10494

Lowrance, Michele: *The Good Karma Divorce. Avoid Litigation, Turn Negative Emotions into Positive Actions, and Get On with the Rest of Your Life*, HarperOne 2010

Luskin, Frederic: *Die Kunst zu verzeihen. So werfen Sie Ballast von der Seele*, mvg 2003

May, Simon: *Love. A History*, Yale University Press 2011

McGhee, Christina: *Parenting Apart. How Seperated and Divorced Parents Can Raise Happy and Secure Kinds*, Berkley 2010

McGowan, Kat: »The Second Coming of Sigmund Freud«, in: *Discover*, 6. März 2014. http://discovermagazine.com/2014/april/14-the-second-coming-of-sigmund-freud

McNamee, Gregory: »Shame vs Guilt«, in: *Virginia Quarterly Review* 91, Nr. 1 (2015). www.vqronline.org/essays-articles/2015/01/shame-vs-guilt

McTaggart, Lynne: *The Bond. Wie in unserer Quantenwelt alles mit allem verbunden ist*, Arkana 2011

Mehrabian, Albert: *Silent Messages. Implicit Communication of Emotions and Attitudes*, Wadsworth 1981

Miller, Mark: »Surviving the Jolt«, in: *AARP Magazine*, April 2014. http://pubs.aarp.org/aarptm/20140405_NC?sub_id=1HyCsDRRPuvA#pg60

Moore, Thomas: *Die Seele lieben. Tiefe und Spiritualität im täglichen Leben*, Knaur 1995

Nadler, Relly: »What was I Thinking? Handling the Hijack«, in: *Business Management*, 1. Juli 2009. www.busmanagement.com/issue-16/what-was-i-thinking-handling-the-hijack/

Najib, Arif, et al.: »Regional Brain Activity in Women Grieving a Romantic Relationship Breakup«, in: *American Journal of Psychiatry* 161, Nr. 12 (Dezember 2004): Seite 2245–56. doi:10.1176/appi.ajp.161.12.12.2245

Oxhorn-Ringwood, Lynne, und Louise Oxhorn mit Marjorie Vego Krausz: *Stepwives 10 Steps to Help Ex-Wives and Stepmothers End the Struggle and Put the Kids First*, Fireside 2002

Paris, Ginette: *Heartbreak. New Approaches to Healing. Recovering from Lost Love and Mourning*, Mill City Press 2011

Phillips, Roderick: *Untying the Knot. A Short History of Divorce*, Cambridge University Press 1991

»The Philosopher's Stone. The Magic of Harry Potter That Turned Celluloid into Gold for Robert Matthews«, in: *The Telegraph*, 2. Dezember 2001. www.telegraph.co.uk/news/science/science-news/4767654/The-Philosophers-Stone.html

Phipps, Carter: *Evolutionaries. Unlocking the Spiritual and Cultural Potential of Science's Greatest Idea*, Harper Perennial 2012

Popenoe, David, und Barbara Dafoe Whitehead: »The State of Our Unions 2007: The Social Health of Marriage in America«, National Marriage Project 2007

Prigerson, Holly G., et al.: »Prolonged Grief Disorder. Psychometric Validation of Criteria Proposed for *DSM-V* and *ICD-11*«, in: *PloS Medicine* 6, Nr. 8 (2009). doi: 10.1371/journal.pmed.1000121

Procter, Francis, und Walter Frere: »Chapter XV, The Occasional Services: Section 1 Solemnization of Matrimony«, in: *A New History of the Book of Common Prayer with a Rationale of Its Offices*, Macmillian 1910. www.justus.anglican.Org/resources/bcp/Procter&Frere/ch15.htm#note19

Quinn, Daniel: *Beyond Civilization. Humanity's Next Great Adventure*, Broadway Books 2000

Ray, Paul H., und Sherry Ruth Anderson: *The Cultural Creatives. How 50 Million People Are Changing the World*, Harmony Books 2000

Reuell, Peter: »When Fairness Prevails: Harvard Research Shows How Uncertainty Affects Behavior«, in: *Harvard Gazette*, 30. Januar 2013. http://news.harvard.edu/gazette/story/2013/when-fairness-prevails/

Roberts, Sam: »Divorce After 50 Grows More Common«, in: *New York Times*, 20. September 2013. www.nytimes.com/2013/09/22/fashion/weddings/divorce-after-50-grows-more-common.html

Rock, David: »A Hunger for Certainty: Your Grain Craves Certainty and Avoids Uncertainty Like It's Pain«, in: *Psychology Today: Your Brain at Work*, 25. Oktober 2009. http://psychologytoday.com/blog/your-brain-work/200910/hunger-certainty

Ders.: »SCARF. A Brain-Based Model for Collaborating with and Influencing Others«, in: *NeuroLeadership* (2008). www.davidrock.net/files/NLJ_SCARFUS.pdf

Ders.: »Status. A More Accurate Way of Understanding Self-Esteem«, in: *Psychology Today*, 18. Oktober 2009. www.psychologytoday.com/blog/your-brain-work/200910/status-more-accurate-way-understanding-self-esteem

Ders.: *Brain at Work. Intelligenter arbeiten, mehr erreichen*, Campus 2011

Sanchez, Sharon: »Working with Difficult Emotions. Shame's Legacy«, in: *The Therapist*, November/Dezember 2013. www.camft.org/Content/NavigationMenu/ResourceCenter/ReadTheTherapist/NovemberDecember13/default.htm

»Second, Third Marriages. Divorce Rate Explained«, in: *Huffington Post*, 6. März 2012. www.huffingtonpost.com/2012/03/06/second-third-marriages-divorce-rate_n_1324496.html (Videoclip eines Interviews mit Gail Saltz in der *Today Show*)

Sedikides, Constantine, und Jeffrey D. Green: »On the Self-Protective Nature of Inconsistency/Negativity Management. Using the Person Memory Paradigm to Examine Self-Referent Memory«, in: *Journal of Personality and Social Psychology* 79 (2000), Seite 906–92

Shimoff, Marci, mit Carol Kline: *Glücklich ohne Grund: In sieben Schritten das Glück entdecken, das längst in Ihnen steckt*, Goldmann 2008

Solomon, Marion F., und Daniel J. Siegel (Hrsg.): *Healing Trauma. Attachment, Mind, Body, and Brain*, W. W. Norton 2003

Sorge, Joseph, mit James Scurlock: *Divorce Corp*, DC Books 2013

St. Jacques, Peggy L., und Daniel L. Schacter: »Modifying Memory. Selectively Enhancing and Updating Personal Memories for a Museum Tour by Reactivating Them«, in: *Psychological Science*, 13. Februar 2013. http://pss.sagepub.com/content/24/4/537, doi: 10.1177/0956797612457377

Sussman, Rachel A.: *The Breakup Bible. The Smart Woman's Guide to Healing from a Breakup or Divorce*, Three Rivers Press 2011

Tabibnia, Golnaz, und Matthew D. Lieberman: »Fairness and Cooperation Are Rewarding Evidence from Social Cognitive Neuroscience«, in: *Annals of the New York Academy of Science* 1118 (2007): Seite 90–101. doi: 10.1196/annals.1412.001

Taylor, Barbara Brown: *Learning to Walk in the Dark*, HarperOne 2014

Tesler, Pauline H., und Peggy Thompson: *Collaborative Divorce. The Revolutionary New Way to Restructure Your Family, Resolve Legal Issues, and Move On with Your Life*, Harper 2007

Tipping, Colin: *Ich vergebe. Der radikale Abschied vom Opferdasein*, Kamphausen 2004

Ders.: *Radikale Selbstvergebung. Liebe dich so, wie du bist, egal, was passiert!*, Integral 2009

Tsing Loh, Sandra: »Let's Call the Whole Thing Off«, in: *The Atlantic*, 1. Juli 2009. www.theatlantic.com/magazine/archive/2009/07/lets-call-the-whole-thing-off/307488/

Vaughan, Diane: *Wenn Liebe keine Zukunft hat. Stationen und Strategien der Trennung*, Rowohlt 1998

Viorst, Judith: *Mut zur Trennung. Menschliche Verluste, die das Leben sinnvoll machen*, Hoffmann und Campe 1990

Voo, Jocelyn: »Love Addiction – How to Break It«, *CNN*, 16. Oktober 2007. www.cnn.com/2007/LIVING/personal/10/09/end.relationship/

Walker, Douglas: »Indiana Woman to Claim Self-Defense in Torn Scrotum Case. Christina Reber Is Charged with Aggravated Battery in Alleged Attack on Former Boyfriend«, in: *USA Today*, 25. Februar 2014. www.usatoday.com/story/news/nation/2014/02/25/woman-self-defense-torn-scrotum/5813897/

Wallerstein, Judith S.: »The Long-Term Effects of Divorce on Children. A Review«, in: *Journal of the American Academy of Child & Adolescent Psychiatry* 30, Nr. 3 (Mai 1991): Seite 349–60. doi: 10.1097/00004583-199105000-00001

Wasser, Laura A.: *It Doesn't Have to Be That Way. How to Divorce Without*

Destroying Your Family or Bankrupting Yourself, St. Martin's Press 2013
Weiss, Robert: »Self-Soothing: How We Balance Ourselves«, in *The Therapist*, November/Dezember 2013. www.camft.org/Content/NavigationMenu/ResourceCenter/ReadTheTherapist/NovemberDecember13/default.htm
»What Is Karma?« Unfettered Mind. Pragmatic Buddhism. Posting 2015. www.unfetteredmind.org/karma-genesis-conditions
Whitelocks, Sadie: »Silber Surfers. Over 60s the Fastest Growing Group to Tap Into Online Dating«, in: *Daily Mail*, 13. Februar 2012. www.dailymail.co.uk/femail/article-2100568/Silver-surfers-Over-60s-fastest-growing-group-tap-online-dating.html
»Who Initiates the Divorce More Often, the Wife or the Husband?« Divorce Lawyer Source. www.divorce-lawyer-source.com/faq/emotional/who-initiates-divorce-men-or-women.html
Wilcox, Bradford: »The Evolution of Divorce«, in: *National Affairs*, Herbst 2009. www.nationalaffairs.com/publications/detail/the-evolution-of-divorce
Williamson Marianne: *Enchanted Love. The Mystical Power of Intimate Relationships*, Simon & Schuster 2001
Dies.: *Das Gesetz des göttlichen Ausgleichs. Ein spiritueller Kurs für ein reicheres Leben*, Ansata 2014
Dies.: *Ein Jahr in Wundern. Reflexionen, Gebete und Meditationen für jeden Tag*, Ansata 2015
Wolinsky, Stephen: *Der Weg des Menschlichen. Multidimensionale Bewusstheit entwickeln. Notizbücher zur Quantenpsychologie*, Lotos 2001

Anmerkungen

1 Stephanie Coontz: *Marriage, A History. How Love Conquered Marriage* (New York: Penguin, 2006), 4.
2 Dr. Karey Pohn in einer E-Mail an die Autorin vom 7. Mai 2014, basierend auf: Dan Radecki, »Expectations«, Präsentation des Kursprogramms zur Erlangung »des Graduate Certificate in the Neuroscience of Leadership«.
3 Ruth Bottigheimer: *Fairy Tales. A New History* (Albany, State University of New York Press, 2009), Seite 16f.
4 Helen Fisher: *Anatomy of Love* (New York, Ballantine Books, 1994), Seite 279.
5 »Second, Third Marriages: Divorce Rate Explained«, in: *Huffington Post*, 6. März 2012, www.huffingtonpost.com/2012/03/06/second-third-marriages-divorce-rate_n_1324496.html (Videoclip eines Interviews mit Gail Saltz in der Today Show). Vgl. auch David Popenoe und Barbara Dafoe Whitehead: »The State of Our Unions 2007. The Social Health of Marriage in America« (Piscataway, NJ: National Marriage Project, 2007), Seite 18f; Matthew D. Bramlett und William D. Mosher: »Cohabitation, Marriage, Divorce, and Remarriage in the United States«, in: *Vital and Health Statistics 23*, Nr. 22 (2002), Seite 17ff.
6 Sam Roberts: »Divorce After 50 Grows More Common«, in: *New York Times*, 20. September 2013, www.nytimes.com/2013/09/22/fashion/weddings/divorce-after-50-grows-more-common.html?_r01&
7 Sadie Whitelocks: »Silver Surfers. Over 60s the Fastest Growing Group to Tap into Online Dating«, in: *Daily Mail*, 13. Februar 2012, www.dailymail.co.uk/femail/article-2100568/Silver-surfers-Over-60s-fastest-growing-group-tap-online-dating.html
8 Andrew J. Cherlin: *The Marriage-Go-Round. The State of Marriage and the Family in America Today* (New York: Vintage Books, 2010).

9 Raoul Felder und Barbara Victor: *Getting Away with Murder. Weapons for the War Against Domestic Violence* (New York: Touchstone Books, 1996), Seite 133f.

10 Helen Fisher: »The Brain in Love«, YouTube (hochgeladen am 15. Juli 2008), www.youtube.com/watch?v0OYfoGTIG7pY

11 Douglas, Walker: »Indiana Woman to Claim Self-Defense in Torn Scrotum Case. Christina Reber Is Charged with Aggravated Battery in Alleged Attack on Former Boyfriend«, in: *USA Today*, www.usatoday.com/story/news/nation/2014/02/25/woman-self-defense-torn-scrotum/5813897/

12 Alanis Morissette und Glen Ballard: »You Oughta Know«, *Jagged Little Pill* (Maverick/Reprise, 1995). Herzlichen Dank an die wunderbare Alanis Morissette und ihren brillanten Coautor Glen Ballard für die freundliche Genehmigung, diese Zeilen zitieren zu dürfen.

13 Helen Fisher: »Lost Love. The Nature of Romantic Rejection«, in: *Cut Loose. (Mostly) Older Women Talk About the End of (Mostly) Long Term Relationships,* herausgegeben von Nan Bauer-Maglin (New Brunswick, NJ: Rutgers University Press, 2006), Seite 182–95.

14 Matthew D. Lieberman und Naomi I. Eisenberger: »The Pains and Pleasures of Social Life. A Social Cognitive Neuroscience Approach«, in: *Neuroleadership* 1 (2008), Seite 38–43, www.scn.ucla.edu/pdf/Pains&Pleasures%282008%29.pdf

15 Horstman: *The Scientific American Book of Love, Sex and the Brain*, S. 172. Vgl. auch »Broken Heart Syndrome. Real, Potentially Deadly but Recovery Quick«, in: *Johns Hopkins Medicine*, 9. Februar 2005, www.hopkinsmedicine.org/Press_releases/2005/02_10_05.html

16 Holly G. Prigerson u. a.: »Prolonged Grief Disorder. Psychometric Validation of Criteria Proposed for DSM-V and ICD-11«, in: *PloSMedicine 6*, Nr. 8 (2009), doi: 10.1371/journal.pmed.1000121

17 Naomi I. Eisenberger u. a.: »An Experimental Study of Shared Sensitivity to Physical Pain and Social Rejection«, in: *Pain* 126 (2006): Seite 132–38, www.scn.ucla.edu/pdf/Eisenberger,Jarcho,Lieberman,Naliboff%282006%29.pdf

18 Louis Cozolino: *The Neuroscience of Human Relationships. Attachment and the Developing Social Brain* (New York: W. W. Norton, 2014).

19 Ginette Paris: *Heartbreak. New Approaches to Healing. Recovering from Lost Love and Mourning* (Minneapolis, MN: Mill City Press, 2011), Seite XVII.

20 »What Is Karma?«, *Unfettered Mind. Pragmatic Buddhism,* Post aus dem Jahr 2015, www.unfetteredmind.org/karma-genesis-conditions

21 Daniel Quinn: *Beyond Civilization. Humanity's Next Great Adventure* (New York: Broadway Books, 2000), Seite 137.

22 Daniel Gilbert: *Stumbling on Happiness* (New York: Vintage Books, 2007), Seite 223ff.
23 David Popenoe und Barbara Dafoe Whitehead: »The State of Our Unions. The Social Health of Marriage in America, 1999«, Piscataway, NJ: National Marriage Project. Zitiert in Laura Kipnis: *Against Love. A Polemic* (New York: Vintage Books, 2004), Seite 149. Vgl. auch Sandra Tsing Loh: »Let's Call the Whole Thing Off«, in: *The Atlantic*, 1. Juli 2009, www.theatlantic.com/magazine/archive/2009/07/lets-call-the-whole-thing-off/307488/
24 Laura A. Wasser: *It Doesn't Have to Be That Way. How to Divorce Without Destroying Your Family or Bankrupting Yourself* (New York: St. Martin's Press, 2013), Seite 24.
25 Suzanne Lachmann: »How to Mourn a Breakup to Move Past Grief and Withdrawal«, in: *Psychology Today*, 4. Juni 2013, www.psychologytoday.com/blog/me-we/201306/how-mourn-breakup-move-past-grief-and-withdrawal; vgl. auch Arif Najib et al.: »Regional Brain Activity in Women Grieving a Romantic Relationship Breakup«, in: American *Journal of Psychiatry* 161, Nr. 12 (Dezember 2004): Seite 2245–56, http://ajp.psychiatryonline.org/doi/abs/10.1176/appi.ajp.161.12.2245
26 Naomi I. Eisenberger et al.: »The Pain of Social Disconnection: Examining the Shared Neural Underpinnings of Physical and Social Pain«, in: *Nature Reviews Neuroscience* 13, Nr. 6 (Juni 2012), Seite 421–34.
27 Matthew D. Lieberman et al.: »Putting Feelings into Words. Affect Labeling Disrupts Amygdala Activity in Response to Affective Stimuly«, in: *Psychological Science* 18, Nr. 5 (2007), Seite 421–28.
28 Unter der ursprünglichen Bezeichnung »Tägliche Kraftübung« war diese Praxis Teil des Lehrplans der Feminine Power Transformative Courses for Women (www.FemininePower.com). Sie geht auf die Self-Relations Psychotherapy Dr. Stephen Gilligans zurück.
29 Thich Nhat Hanh: *Ärger*, Goldmann 2007. Seite 40.
30 Lewis, Amini und Lannon: *General Theory of Love*, New York: Vintage Books, 2001, Seite 157.
31 Vgl. Kat McGowan: »The Second Coming of Sigmund Freud«, in: *Discover*, 6. März 2014, http://discovermagazine.com/2014/april/14-the-second-coming-of-sigmund-freud
32 Zitiert nach: Mark Miller: »Surviving the Jolt«, in: *AARP Magazine*, April 2014, Seite 62, http://pubs.aarp.org/aarptm/20140405_NC?sub_id=1HyCsDRRPuvA#pg60
33 Nach Diane Vaughan: *Uncoupling. Turning Points in Intimate Relationships* (New York: Vintage, 1990). Vgl. auch Matthew Lieberman: »Diaries: A Healthy Choice«, in: *New York Times*, 25. November 2012, www.nytimes.

com/roomfordebate/2012/11/25/will-diaries-be-published-in-2050/diaries-e-healthy-choice
34 Viktor E. Frankl: *Trotzdem Ja zum Leben sagen*, Kösel, Seite 125.
35 Vgl. Stephen Wolinsky: *Der Weg des Menschlichen*, Lotos 2001.
36 John Gottman und Nan Silver: »What Makes Marriage Work? It's How You Resolve Conflict That Matters Most«, in: *Psychology Today*, 1. März 1994, www.psychologytoday.com/articles/200910/what-makes-marriage-work
37 Unter dem ursprünglichen Titel »Transformation und Identität« gehört diese Übung zum Online-Kurs Feminine Power (www.FemininePower.com). In den letzten Jahren hat sie schon Zehntausenden von Frauen geholfen, aus dem Teufelskreis der ewig reproduzierten suboptimalen Verhaltensweisen in Beziehungen herauszukommen und ihr höheres Potenzial auszuschöpfen.
38 Stephen Gilligan: *Liebe dich selbst wie deinen Nächsten*, Carl Auer, Seite 33.
39 »The Philosopher's Stone. The Magic of Harry Potter That Turned Celluloid into Gold for Robert Matthews«, in: *The Telegraph*, 2. Dezember 2001, www.telegraph.co.uk/news/science/science-news/4767654/The_Philosophers-Stone.html
40 Jeremy Dean: »Reconstructing the Past. How Recalling Memories Alters Them. The First Experiment to Show the Enhancing and Distorting Effect of Recall«, auf: PsyBlog: *Understanding Your Mind*, 19. Februar 2013, www.spring.org.uk/2013/02/reconstructing-the-past-how-recalling-memories-alters-them.php; vgl. auch Peggy L. St. Jacques und Daniel L. Schacter: »Modifying Memory: Selectively Enhancing and Updating Personal Memories for a Museum Tour by Reactivating Them«, in: *Psychological Science*, 13. Februar 2013, http://pss.sagepub.com/content/24/4/537; Constantine Sedikides und Jeffrey D. Green: »On the Self-protective Nature of Inconsistency/Negativity Management. Using the Person Memory Paradigm to Examine Self-referent Memory«, in: *Journal of Personality and Social Psychology* 79 (2000), Seite 906ff.
41 Roberta Herzog: »Forgiveness Prayer«, *Interspiritual Mindfulness and Meditation Study Group* – Circle of Friends, 16. Juli 2010, http://cof-interspiritual-mindfulness.blogspot.com/2012/07/forgiveness-prayer-as-offered-by.html
42 Siehe auch Colin Tipping: *Radikale Selbstvergebung. Liebe dich so, wie du bist, egal, was passiert!*, Integral 2009.
43 McTaggart, Lynne: *The Bond. Wie in unserer Quantenwelt alles mit allem verbunden ist*, Arkana 2011, Seite 51.
44 Blake Gopnik: »Golden Seams: The Japanese Art of Mending Ceramics at Freer«, in: *Washington Post*, 3. März 2009, www.washingtonpost.com/wp-dyn/content/article/2009/03/02/AR2009030202723.html

45 Naomi I. Eisenberger: »The Pain of Social Disconnection. Examining the Shared Neural Underpinnings of Physical and Social Pain«, in: *Nature Reviews Neuroscience* 13, Nr. 6 (Juni 2012): Seite 421–34, http://www.nature.com/nrn/journal/v13/n6/full/nrn3231.html. Und David Rock: »Status. A More Accurate Way of Understanding Self-Esteem«, in: *Psychology Today*, 18. Oktober 2009, www.psychologytoday.com/blog/your-brain-work/200910/status-more-accurate-way-understanding-self-esteem

46 Judith S. Wallerstein: »The Long-Term Effects of Divorce on Children. A Review«, in: *Journal of the American Academy of Child & Adolescent Psychiatry* 30, Nr. 3 (Mai 1991), Seite 349–60. Vgl. auch Alison Clarke-Stewart und Cornelia Brentano, *Divorce: Causes and Consequences* (New Haven, CT: Yale University Press, 2006), Seite 106.

47 Clarke-Stewart und Brentano: *Divorce. Causes and Consequences*, Seite 68.

48 Peter Reuell: »When Fairness Prevails. Harvard Research Shows How Uncertainty Affects Behavior«, in: *Harvard Gazette*, 30. Januar 2013, http://news.harvard.edu/gazette/story/2013/01/when-fairness-prevails/

49 Golnaz Tabibnia und Matthew D. Lieberman: »Fairness and Cooperation Are Rewarding Evidence from Social Cognitive Neuroscience«, in: *Annals of the New York Academy of Science* 1118 (2007), Seite 90–101. Vgl. auch David Rock: »SCARF. A Brain-Based Model for Collaborating with and Influencing Others«, in: *NeuroLeadership* 1 (2008), Seite 78–87, www.davidrock.net/files/NLJ_SCARFUS.pdf

50 Sophia Hollander: »After Divorce, a Degree Is Costly. New York, Unlike Most States, Treats Education Achievements and Even Talents as Property to Be Divided Between Spouses«, in: *Wall Street Journal*, 23. Dezember 2012, www.wsj.com/articles/SB10001424127887324481204578180132637628330

51 Michele Lowrance: *The Good Karma Divorce. Avoid Litigation, Turn Negative Emotions into Positive Actions, and Get On with the Rest of Your Life* (New York: HarperOne, 2010), Seite 53.

52 Victor Li und Stephanie Francis Ward: »Legal Rebels 2014«, in *ABA Journal*, 1. September 2014, www.abajournal.com/magazine/article/legal_rebels_2014/

53 Lauren Frances: »How to Stage a Relationship Funeral« in: *The Ricki Lake Show* (Video), YouTube, www.youtube.com/watch?v=GhbZ6MGpErM

54 Laura Carstensen: »The New Age of Much Older Age«, Sonderheft »Gesundheit«, *Time*, 23. Februar 2015, http://time.com/3706775/in-the-latest-issue-23/